基层检察工作若干
实践问题研究

郭箐 著

Research on Practice of
Grassroots Procuratorial Work

上海人民出版社

目 录 C O N T E N T S

第一章　单位犯罪研究

第一节　单位犯罪的概述

一、单位犯罪的概念和立法沿革

（一）企业犯罪与单位犯罪的概念界分

在我国现行法律体系中并无企业犯罪这一概念，单位犯罪则有明确的规定。根据《中华人民共和国刑法》（以下简称《刑法》）第三十条的规定，单位犯罪的行为主体必须是公司、企业、事业单位、机关、团体，也就是说部分单位犯罪行为可由企业作出。申言之，企业犯罪和单位犯罪之间并不能想当然地画等号。对于企业犯罪的概念，实务界和理论界还存在较大的争议：如江苏省苏州市检察机关将企业犯罪规定为"企业实施的单位犯罪，以及以企业名义或者为企业利益实施的个人犯罪"；有学者认为，企业犯罪指企业组织体所实施的犯罪；[1]也有学者指出，企业犯罪指行为人违反公司企业法，实施的妨害公司、企业的正常管理秩序，破坏公司、企业正常有序发展的行为。[2]

我们认为，在界定企业犯罪前，应当先明确《刑法》第三十条规定的企业是除公司以外的其他社会经济组织，至于企业的类型则较为宽泛，可以是国有或者民营企业、内资或者外资企业、大中小微企业等各种类型。因

---

① 何秉松主编：《法人犯罪与刑事责任》，中国法制出版社 2000 年版，第 526 页。

② 曾月英：《公司、企业犯罪研究》，中国方正出版社 2000 年版，第 12 页。

此,企业犯罪应当是企业或企业的员工为了企业的利益而实施的犯罪,甚至可以扩大到企业员工实施的与生产经营活动相关的犯罪。相较于企业犯罪,对单位犯罪的认识,理论和实务上趋于一致。刑法上将由单位作为主体实施的犯罪,称为单位犯罪,一般来说,指公司、企业、事业单位、机关、团体为本单位谋取非法利益或者以单位名义为本单位全体成员或多数成员谋取非法利益,由单位的决策机构按照单位的决策程序决定,由直接责任人员具体实施,且《刑法》明文规定单位应受刑罚处罚的犯罪。①最高人民法院(以下简称"最高法")于1999年6月通过的《关于审理单位犯罪案件具体应用法律有关问题的解释》中的有关规定,就体现了部分企业在单位犯罪中的界定区分,其中不具有法人资格的独资企业、私营企业和个人合伙企业,不能成为单位犯罪主体。

(二)我国单位犯罪的立法沿革

我国在1979年《刑法》中并未规定单位犯罪,而在经济体制由计划经济向社会主义市场经济转型后,特别是企业制度改革之后,企业开始自主经营、自负盈亏,单位犯罪的现象日益严重。为遏制单位犯罪的蔓延,立法者开始将单位犯罪引入我国的法律规定。1987年1月,全国人大常委会通过的《中华人民共和国海关法》最早规定了单位犯罪,明确了犯罪的主体可以包括单位。1988年通过的《关于惩治贪污罪贿赂罪的补充规定》(已失效)、《关于惩治走私罪的补充规定》(已失效)进一步明确了单位能够成为行受贿犯罪、走私犯罪、逃汇套汇犯罪的犯罪主体。在随后的近10年中,11个单行刑法陆续对60余种单位犯罪进行规定,为1997年《刑法》有关单位犯罪的修订奠定了基础。1997年《刑法》在总则和分则部分分别对单位犯罪进行规定,第一次确立了单位犯罪制度,并对其处罚原则、罪名、法定刑等作了明确具体的规定,不仅将实践中已经存在的单位

---

① 张明楷:《刑法学》,法律出版社2021年版,第176页。

犯罪行为纳入刑法的惩处范围,还在危害公共安全犯罪、侵犯财产犯罪、渎职犯罪等类罪中对单位犯罪进行了详细规定。在此之后,立法机关持续通过刑法修正案对单位犯罪进行调整,《中华人民共和国刑法修正案(十一)》(以下简称《刑修十一》)实施后,我国刑法体系中共有 483 个罪名,其中单位犯罪罪名 164 个,占比 33.95％。

通过梳理具体的刑法条文,可以发现上述单位犯罪在立法沿革中的变化主要体现在以下两个方面。一是适用罪名的数量不断扩大。自 1997 年《刑法》出台后,经过历次刑法修正案的修订,单位犯罪的数量已经从最初的 140 多个增加到现在的 160 多个。与此同时,总则中出现了有关单位犯罪的一般规定,分则中存在纯正的单位犯罪和不纯正的单位犯罪共存的立法现状。二是对单位犯罪的刑事处罚力度有加大趋势。这主要反映在单位本身及直接负责的主管人员和其他直接责任人员的责任承担方面。一则,《刑法》对单位本身的罚金刑开始加重;二则,针对直接负责的主管人员和其他直接责任人员的刑罚力度有所提高。第二点在《刑修十一》中变化较为明显,以洗钱罪为例,条文中直接删除了针对直接负责的主管人员和其他直接责任人员的独立法定刑,按照该罪中自然人的相关规定判处刑罚,实际上是加大了处罚力度。①

二、单位犯罪罪名与刑罚分析

(一)适用罪名分析

根据最高人民检察院(以下简称"最高检")公布的办案数据,2020 年之前的单位犯罪案件数量呈逐年递增的趋势,但是 2021 年呈明显下降趋势。单位犯罪的罪名相对集中,且集中分布在《刑法》第三章"破坏社会主义市场经济秩序犯罪"及第六章"妨害社会管理秩序罪"中。究其原因,刑法本身对

---

① 《刑修十一》第十四条规定:"……单位犯前款罪的,对单位判处罚金,并对其直接负责的主管人员和其他直接责任人员,依照前款的规定处罚。"

单位犯罪的设置,就呈现一定的集中化。在"破坏社会主义市场经济秩序犯罪"这一章节中设置的单位犯罪最多,司法实践中涉及的犯罪数量也位居首位。2017年至2021年检察机关起诉的单位犯罪案件中,该类犯罪案件有1.05万起,占起诉单位犯罪案件总数的75%。因此,单位犯罪的罪名集中分布在"破坏社会主义市场经济秩序犯罪"等章节中也较为正常。

（二）刑罚结构分析

刑罚是刑法预防和惩治犯罪的主要手段,而刑罚结构作为各种刑罚的整体架构,本质上构成了刑罚功能的基础。因此,通过对刑罚结构的研究,能够更好地发挥刑罚的功能。在最近最高检发布的15个典型案例中,涉及单位犯罪的12个罪名中,在自由刑方面,法定刑第一档在3年以下有期徒刑或者拘役的罪名共有10个,比例达到83.3%。只有内幕交易、泄露内幕信息罪和提供虚假证明文件罪第一档法定刑为五年以下有期徒刑或者拘役。最高档法定刑为十年以上有期徒刑或者无期徒刑的仅有2个罪名,分别为虚开增值税专用发票罪和走私普通货物罪。在罚金刑方面,《刑法》对自然人犯罪和单位犯罪全部规定了罚金刑。另外,经数据统计,12个罪名中对自然人实际判处刑罚的仅有4个,宣告刑均在三年有期徒刑以下,均适用缓刑且判处罚金,其余均由检察机关对自然人或者单位按照不起诉处理或者建议公安机关撤案处理。

第二节 单位犯罪的域外考察

一、英美法系刑法的考察

（一）美国

美国刑法对于企业的刑事责任承担规定了两种原则:一是雇主责任原则,主要是联邦层面和部分州适用;二是同一性原则,为大多数州所采用。雇主责任原则,也称"上级责任原则",脱胎于普通法中"仆人过错主人负责"的民事法律原理,即员工在职务范围内为实现企业利益所实施的犯罪行为由企业承担责任。同一性原则,也称"同一视原则",指企业的高级管理人员的意志代表了企业意志,其在职务范围内为实现企业利益所实施的犯罪行为由企业承担责任。总体而言,同一性原则是对雇主责任原则的限缩,一是将行为人限制为董事、经理等高级管理人员,二是关注企业的主观过错,考察高级管理人员的认识和意志。这两种原则以企业成员为中介进行归责,均存在处罚面过宽的问题。近来,美国逐步发展出"组织责任"理论。该理论将企业法人拟制为独立的人格体,具有认识能力和意志能力,只要企业或者企业成员实施了体现企业整体意志的犯罪行为,就要追究企业的刑事责任。以此为理论基础,美国刑法学界出现了"法人主动过错理论""法人品格论""推定法人责任论"等一系列法人归责理论,为单位犯罪的发展提供了理论依据。

（二）英国

替代责任原则主要适用于按照严格责任确立的犯罪,如涉及健康、安全、环境等问题的特殊犯罪案件。而其他适用同一视原则的犯罪中,由于高级管理人员的主观心态和企业主观心态,以及二者之间的关联性的证明难度较高,同一视原则在实践中的应用遇到困难。于是,英国发展出"预防失职理论",企业需要承担"预防欺诈及其他经济犯罪"方面的义务,当企业人员实施了相应的经济犯罪行为,不需要证明企业主观过错,可以直接推定企业刑事责任的成立,但此时企业并不构成行为人的罪名,而是成立特定的失职犯罪。在此理论下,企业可以通过举证证明自己不存在失职行为进行无罪抗辩。

二、大陆法系刑法的考察

（一）德日刑法的考察

德国刑法受到罗马法的深刻影响,没有关于单位犯罪的规定,但德国

《违反秩序法》作为广义上的经济刑法,其第三十条规定,单位能够被科处罚款。同时,从判决结果看,日本将企业的刑事责任认定为对企业人员选任、监督上的过失责任。除非企业能证明在选任时尽到相关注意义务,法院才能在量刑时予以从宽。在理论层面,日本刑法学者主要以监督过失理论为基础,开展单位犯罪的法理建构。以"转嫁责任说"为代表,认为处罚法人的根据是将企业人员犯罪行为的责任转嫁给企业,而转嫁的依据就是企业对行为人存在选任监督上的过失责任。①这种学说与英国的"预防失职理论"非常类似。

(二)法意刑法的考察

1994年《法国刑法典》修订后,正式明确了法人的犯罪主体资格,改变了大陆法系国家以自然人犯罪为基础的理论传统。《法国刑法典》第一百二十一之二条第一款规定:"如果犯罪行为是为了法人利益并且由法人机关或者代表实施,那么除国家之外的所有法人都应承担刑事责任。"2004年,法国还通过一项刑事法令,将法人适用的罪名扩展到所有自然人适用的罪名。②在理论层面,法国受到英美雇主责任原则、同一视原则等理论的影响,逐步形成"代表责任理论"的共识,即法人的机关或代表为了法人的利益而实施的犯罪行为应当归责于法人。同时,同为大陆法系国家的意大利紧跟法国的步伐,于2001年通过第231号法令,正式确立了法人犯罪制度。法令规定:"公司内部享有管理职权并代表公司承担责任的人,以公司的名义或者为实现公司的利益实施的犯罪行为,应当由公司承担法律责任。"但第231号法令仍然存在理论上的缺陷。学术界的争论点主要在于,在过失犯罪中,主观上不符合为实现公司利益的目的,因而无法追究企业的刑事责任,并且以过失犯罪追究企业的责任也不符合

① [日]前田雅英著:《刑法总论讲义》,曾文科译,北京大学出版社2018年版,第38页。
② 卢建平、杨昕宇:《法人犯罪的刑事责任理论——英美法系与大陆法系的比较》,载《浙江学刊》2004年第3期。

法令第五条的规定。于是,立法机关创设了新的责任形式,以"组织过错"为基础,规定由于企业的疏忽,没有采取防止犯罪行为发生的防范和预警机制的,成立单位犯罪。

第三节　单位犯罪的现实困境

一、刑事归责原则方面的困境

我国刑事立法基本上借鉴和移植了大陆法系国家的思路,1997 年《刑法》以自然人犯罪为基础进行修订,总则部分对单位犯罪仅有两条原则性规定,并未明确单位犯罪的基本概念。有学者评价:"对单位犯罪的规定本身就是立法回应社会现实的仓促之举,缺乏理论上深入的探讨。"在司法实践中,认定单位犯罪的逻辑往往也是以认定自然人犯罪为前提的逆向推定。无论是在立法还是司法层面,单位犯罪的归责都存在"发育不良"的现象。结合一系列司法解释和学术观点,单位犯罪的归责原则可以归纳为三个要件:第一,单位成员以单位的名义实施犯罪;第二,为了单位的利益实施犯罪;第三,经单位决策或主要负责人决定。[①]要件一和要件二体现了单位犯罪与自然人犯罪最本质的区别,承认了单位的独立地位,并不存在太多争议;要件三涉及单位主观意志的认定,无论是在理论还是实践中,都存在诸多亟待解决的问题。

一是要件与司法解释之间的冲突。1999 年最高法《关于审理单位犯罪案件具体应用法律有关问题的解释》第二条规定,个人为进行违法犯罪活动而设立的单位,或者设立后以实施犯罪为主要活动的,不以单位犯罪论处。该条优先认定自然人的犯罪意图,并否认单位的独立犯罪意图,与单位归责原则相冲突。

---

① 　参见《最高人民法院、最高人民检察院、公安部、司法部、生态环境部关于办理环境污染刑事案件有关问题座谈会纪要》。

二是主要负责人自然人犯罪与单位犯罪的界限不清。一方面,"主要负责人决定"的含义模糊。且不论主要负责人的范围将直接影响单位犯罪的范围这一典型问题,就所谓的"决定"是何含义而言,应当理解为形式意义上的审批签字,还是口头同意,抑或其本人的客观行为? 是否上述三者都可以认定为单位犯罪? 都并不明确,无论前者还是后者都存在缩小或扩大单位犯罪范围的可能。另一方面,在当今企业的运行模式下,尤其是大型企业,难以要求所有执行策略都经过单位的集体决策。比如在行贿犯罪中,难以证明已满足经单位决策的形式要件,将会导致单位犯罪的归责范围受限。[①]

三是不作为和过失责任方面的漏洞。单位犯罪归责的三个要件,主要是从故意的积极作为犯罪来进行定义的,但对于单位主观意志上是否有放任或过失的状态,无法从三个要件中找到解答。单位内部员工实施与单位业务相关联的犯罪行为,但又不完全符合单位犯罪的三个要件,单位以不作为的方式默许,或者在防止犯罪方面存在过失责任时,单位是否要承担刑事责任,刑法及其相关司法解释都没有给出回应。

二、刑事处罚模式方面的困境

我国单位犯罪的处罚模式为双罚制与单罚制并存,而且绝大多数单位犯罪都采用双罚制的原则,即既处罚单位,又处罚责任人员。双罚制原则以承认单位具有独立的刑罚能力为前提。但我国《刑法》分则中的重大劳动安全事故罪、工程重大安全事故罪、教育设施重大安全事故罪等事故类犯罪都采用单罚制,在上述犯罪中,罪状的表述都是以单位作为犯罪主体违反相关规定、存在过失为前提,却仅以处罚责任人员为结果,间接否认了单位的刑事责任主体地位,在实体层面存在矛盾之处。

---

① 赵学敏:《单位犯罪的刑事责任基本问题探究》,载《北京工业职业技术学院学报》2020年第2期。

三、定罪量刑标准方面的困境

从入罪标准来看，单位和自然人之间的差异化追诉标准日渐统一，但依然有个别罪名适用不同标准。2022年修订后的《最高人民检察院、公安部关于公安机关管辖的刑事案件立案追诉标准的规定（二）》将单位与自然人犯罪采用不同追诉标准的罪名进一步限缩为 3 个，分别是对非国家工作人员行贿罪，对外国公职人员、国际公共组织官员行贿罪，以及非法经营罪，3 个罪名中自然人犯罪的入罪标准都远小于单位犯罪。而从法定刑来看，《刑法》对单位犯罪中的直接负责的主管人员和其他直接责任人员课以的刑罚大多等同于对自然人犯罪课以的刑罚。如高利转贷罪，内幕交易、泄露内幕信息罪，诱骗投资者买卖证券，期货合约罪等，根据不同的数额，自然人犯罪有多个法定量刑幅度，而单位犯罪中的责任人员只有较轻的一个法定量刑幅度；又如走私普通货物、物品罪中，单位犯罪时责任人员最高刑为十年以上有期徒刑，而自然人犯罪的最高刑为无期徒刑。显然，无论是入罪标准还是法定刑，单位犯罪整体上是轻于自然人犯罪的。但是，从多个角度出发，这种定罪量刑标准上的差异都存在逻辑上的悖论。首先，从作为刑罚依据的社会危害性角度来看，当单位与自然人实施相同的危害行为，对法益的侵害也是相同的，但是单位犯罪通过决议采取了周密的计划，以自身权力、人力和财力为后盾，易出现连续、多发性犯罪，更有可能诱发其他单位犯罪。①因此，许多学者认为单位犯罪理论上社会危害性更大，但这与现实中单位犯罪量刑标准整体上轻于自然人犯罪相矛盾，有违背罪责刑相适应原则之虞。其次，从单位犯罪的立法初衷来看，设立单位犯罪就是为了打击以单位为名义实施的、所得利益归属单位的犯罪。在单位犯罪达到了自然人犯罪入罪标准的情况下，单

---

① 陈鹏晨：《单位犯罪司法实务问题释疑》，中国法制出版社 2007 年版，第 59 页。

位却实质上获得了从宽处理,更有自然人犯罪通过伪装成单位犯罪来脱罪的现象,这样的结果与立法的目的及刑事法公平公正的价值观显然是相违背的。①

四、刑罚裁量结果方面的困境

如前所述,我国当前刑法依然以自然人犯罪为中心,由此也形成了单位犯罪案件中自然人与单位"捆绑"处理的现象,重自然人处罚而轻单位处罚。②加之单位犯罪定罪量刑标准本身就有不合理之处,也就导致司法实践当中单位犯罪刑罚裁量结果普遍存在不均衡、不统一的现象。例如,有学者通过实证分析走私普通货物、物品罪的 195 份判决书后发现,在91 起单位犯罪案件中,宣告罚金金额基本等于偷逃应缴税额的占40.7%,小于或者严重低于偷逃应缴税额的占 41.8%,罚金金额大部分都不会超过偷逃数额,而《刑法》明确规定自然人犯罪应当处偷逃应缴税额一倍以上、五倍以下的罚金,二者之间相去甚远。③同样的犯罪行为,单位犯罪明显具有更大的社会危害性,宣告刑却相较而言轻于自然人犯罪,其合理性有待商榷。另外,单位犯罪量刑情节的立法和司法缺陷也是刑罚裁量结果不合理问题的诱因。一是立法层面的缺失,现行《刑法》中对于单位能否成立自首、坦白、立功及如何认定没有明确规定,单位的酌定量刑情节同样缺乏立法的重视;二是司法实践规范化不足,缺少单位犯罪的量刑规范细则,相关的指导性案例也寥寥无几,司法经验缺乏。

五、行刑责任衔接方面的困境

在程序衔接机制层面,作为市场主体的监管部门,行政机关对单位主

---

① 赵能文:《单位犯罪与自然人犯罪的处罚标准宜统一》,载《法学》2015 年第 1 期。

② 时延安、孟珊:《单位量刑学理对完善不起诉制度的启示》,载《人民检察》2021 年第 7 期。

③ 陈晖、陈菊、贾亮亭:《从实证统计分析看走私普通货物、物品罪罪刑均衡的若干问题(二)》,载《海关与经贸研究》2015 年第 36 卷。

体的监管更为直接,对涉案企业拥有法定的行政执法权,且在掌握其行业背景、生产经营情况、违法行为记录等信息方面具有优势。但在目前的刑事诉讼活动中,行政机关参与度不高,且与检察机关尚未建立办案程序上的协同配合机制。针对商业贿赂、违反税收监管、侵犯知识产权、违反网络安全管理、污染环境、扰乱金融管理秩序、违反产品质量法规定等方面的违法犯罪行为,仍需要相应行政监管部门与检察机关协作配合,利用其特定领域内的专业优势。同时,行政机关与检察机关在相应的处罚措施衔接方面存在问题。一方面,在我国行政处罚前置的制度下,涉案企业进入刑事程序之前,已经在前期的行政执法环节受到了行政处罚,甚至存在被取消特许经营资格、吊销营业执照的情况。另一方面,在尚未作出行政处罚决定的情形下,检察机关作出不起诉决定后,只能通过检察意见的方式建议行政监管机关对涉案企业从宽处罚,但是,检察意见不具有强制约束力。

第四节 单位犯罪的理论重构

一、单位犯罪的概念厘清

（一）单位犯罪的基本内涵

由单位作为行为主体所实施的犯罪是单位犯罪,我国关于单位犯罪的规定主要体现在《刑法》第三十条、第三十一条之中。一般说来,司法实践中对单位犯罪的把握集中在"以单位名义实施犯罪"和"违法所得归单位所有"两个方面。其中"以单位名义实施犯罪"主要指经由单位集体研究决定,或者由单位负责人、具有决策权的高级管理人员或者被授权的其他人员决定或者同意。"违法所得归单位所有"通常表现为为本单位牟取非法利益,违法所得由单位所有或者为本单位全体成员或多数成员所有。之所以将上述两个方面作为单位犯罪的判断依据,是因为上述两个方面充分体现了行为的单位意志属性,证明行为是在单位整体意志的支配下而实施,从而将体现个人意志的盗用、冒用单位名义实施犯罪、违法所得归个人私分或者单位内部成员未经单位决策机构批准而实施的犯罪行为与单位犯罪行为区分开来。

根据最高法于 1999 年 6 月 25 日颁布的《关于审理单位犯罪案件具体应用法律有关问题的解释》,"个人为进行违法犯罪活动而设立的公司、企业、事业单位实施犯罪的,或者公司、企业、事业单位设立后,以实施犯罪为主要活动的,不以单位犯罪论处。盗用单位名义实施犯罪,违法所得由实施犯罪的个人私分的,依照刑法有关自然人犯罪的规定定罪处罚"。对于个人为违法犯罪而设立单位和单位成立后以犯罪为主要活动这两种行为而言,由于行为本身实际上体现的仍是个人的犯罪意志,单位只是自然人伪装的外衣,单位本身并没有正常生产经营的独立意志,因此即使涉案人员系单位负责人或者具有决策权的高级管理人员,也无法掩盖自然人犯罪的本质,无法认定为单位犯罪中的"以单位名义"。对于盗用单位名义犯罪,违法所得归个人私分的行为而言,虽然其在客观上具有单位的名义,但是从最终的利益归属来看,行为人实施犯罪行为的目的仍是谋求个人利益,而非为单位谋取利益,因此也无法认定其为单位犯罪。

(二)我国现行单位犯罪司法认定中存在的障碍

如前所述,我国现行单位犯罪行为的认定以自然人行为为依托,无论是对单位名义的判断还是违法所得归属的判断,最终都要落实到对单位中特定人员的行为判断之中。该种认定方法过于强调单位和自然人犯罪在机理上的等价性,而忽视了单位本身在刑法意义上的独立人格,导致我国单位犯罪的认定不仅违背刑法的责任主义原则,还与单位犯罪的实践相差甚远。

首先,该种认定方法违背刑法罪责自负原则,且有重复评价之嫌。将单位负责人、具有决策权的高级管理人员的意志作为单位意志的体现,实际上就是将单位成员的意志等同于单位意志,那么单位犯罪的范围就和自然人犯罪的范围如出一辙,且不管企业负责人实施何种性质的犯罪行为,只要经过一定的决策程序,最终都可以转嫁到企业之上。这样,单位犯罪和其组成人员的自然人犯罪就无法通过主客观的表现有效区分开来,企业不可避免地会成为自然人犯罪的替罪羔羊,现代刑法所坚持的罪责自负的个人责任主义原则也荡然无存。按照这种认定思路,在单位直接负责的主管人员就是单位法人或者实际负责人的情况下,其主观意志一方面在单位犯罪的认定中被评价为单位意志的体现,另一方面在确定应受处罚的单位责任人员的意志时被重新评价,难免有重复评价之嫌。

其次,该种认定方法会不当扩大或者缩小单位犯罪的成立范围。如果将企业负责人的意志或者企业集体决策作为单位意志,并将在此意志支配下的行为作为单位行为,则会导致上述成员所实施的背离企业宗旨或内部规定的行为也被认定为单位犯罪行为,这显然扩大了单位犯罪的成立范围。相反,如果即使企业员工按照企业的既定规则或者政策开展业务活动时带来了严重的危害社会的结果,只要没有证据表明该结果和企业代表或者主管成员的意思决定有关,企业就可以不承担任何刑事责任,则会显然缩小单位犯罪的成立范围。

再次,该种认定方法会严重限制成立犯罪的企业类型。一般而言,在现代公司治理模式下,具有影响力的大型企业往往具备严密的组织架构、完善的决策程序和健全的管理体系,企业法人或者实际经营人通常不会直接干预具体的业务活动,而是授权各个职能部门自主决定并具体实施。此种情况下,如果相关职能部门的成员实施犯罪行为,囿于该种治理模式的分权效应,则很难将成员的行为归属于单位的集体决策或者单位负责人的决定,因此也很难将相应的犯罪行为认定为单位犯罪。然而,对于大型企业来说,除了企业员工会为了谋取个人私利而实施个人犯罪外,企业员工在执行业务活动时也会因为企业文化或者单位考评等制度的刺激链而走险,实施犯罪行为,该种行为在谋取个人利益的同时,无疑为单位谋取了巨大利益,这种个人利益往往在客观上表现为单位的创收或者利润,而实施这种行为的动机更直接发端于单位内部的规章制度或者文化氛围。如果按照我国现行单位犯罪的认定思路来看,则该种行为由于无法体现单位意志,而难以认定为单位犯罪,由此不但难以有效惩治犯罪,而且无法发挥预防犯罪的功能。与此相对,对于一些规模较小的中小企业,特别是大量存在的小微企业而言,企业本身从业人数不多,组织结构较为简单,企业的管理权限相对集中,企业法人或者实际经营人通常身兼数职,直接参与企业活动的具体策划和实施。因此,企业员工的行为与单位意志之间的因果关系较易确定,单位意志的判断更为明晰,从而导致此类企业在实践中极易被认定为单位犯罪。纵观上海市松江区的司法实践,单位犯罪主要出现在中小企业涉税类犯罪及侵犯知识产权犯罪中,大型企业则鲜少涉及,由此而来的结果是,对于同种犯罪行为是否构成单位犯罪,主要取决于单位规模的大小,这显然与单位犯罪的立法初衷相悖。

二、单位犯罪归责理论重构

产生上述司法认定障碍的原因在于,我国现行单位犯罪理论仍然将单位作为自然人的附属物,没有考虑到单位本身的独立意志,以及单位本身的制度、文化、政策等因素对身处其中的自然人的重要影响,因而无法系统全面地反映单位犯罪的责任内涵。单位犯罪的刑事治理在面对上述理论障碍与实践困境时,亟须借助新的制度理念来扭转当前单位主体性评价不充分、程序性保护不周延的局面。

(一)单位犯罪归责原则的比较借鉴

如前所述,世界各国针对单位的刑事追责问题确立了不同的归责理论,概括起来,主要有以下三种基本倾向。(1)不考虑单位的主观过错,要求单位在没有犯意的情况下,也要为单位内部成员的犯罪承担刑事责任。

该理论主要表现为英美法系的替代责任原则和雇主责任原则。(2)重视单位的主观意志,但在单位意志的判断上以单位内部自然人的意志为依托,以单位成员的意志作为单位意志的判断标准,从而确定单位刑事责任。这种认定方法的代表性理论是英美法系所倡导的同一视原则。(3)强调单位本身的独立意志,将单位意志独立于自然人意志之外,以单位的行为和主观过错追究单位的刑事责任。该理论主要表现为英美法系最新的组织体责任论。

替代责任原则适用于按照严格责任确定的犯罪,意味着企业在没有犯意和行为的情况下也要为员工和其代理人的行为承担责任。这种归责原则来源于罗马法的准私犯和法国法的准侵权行为,是侵权法中的特殊侵权责任,其通过责任扩张,实现更有利于被害人获得赔偿的目的,民事责任的财产性也使责任扩张成为可能。①然而,不同于侵权法的赔偿目的,刑法具有惩罚和预防的双重目的,如果不加鉴别地将替代责任原则照搬入单位犯罪领域,让雇主在实际上承担无过失责任,无疑会造成处罚范围的不当扩大,也与传统的罪责自负原则存在冲突。同一视原则也被称为"非替代性责任",其在一定程度上克服了替代责任原则在责任认定方面过于宽泛的弊端,开始重视单位本身的主观意志,具有一定的进步意义,但是在单位意志的判断过程中仍然没有摆脱自然人意志的桎梏。无论是将单位集体决定还是单位负责人的决定作为单位意志的判断依据,都是以单位中的自然人意志作为单位意志的体现,这种做法不但无法解决单位高级管理人员将单位作为犯罪工具实现个人犯罪的问题,而且会在客观上造成一些管理制度相对健全的大中型企业因为难以证明高层人员参与犯罪决策而逃脱单位刑事责任的现象。组织体责任论着眼于单位自身的因素,强调单位具有独立于自然人的刑事归责资格,以单位本身的

---

① 李本灿:《单位刑事责任论的反思与重构》,载《环球法律评论》2020年第4期。

主观过错和独立行为作为追究单位刑事责任的依据,将企业责任与员工责任彻底分离,避免了企业因为个别员工或高管的不当行为而不合理地承担刑事责任。但是,在单位意志的判断方面,该理论将企业的组织结构、治理方法、文化氛围等作为确定企业是否具有主观过错的根据,不免过于模糊,也无法将企业的主观罪过和企业的客观行为有机联系起来。

(二)单位刑事责任的反思与重构

我国单位犯罪的归责原则与自然人犯罪相同,均坚持罪责自负原则及主客观相统一原则,要求构成犯罪的单位在客观上实施了危害社会的行为,在主观上具有构成犯罪的主观罪过。但是在客观行为与主观罪过的判断上,以单位成员特别是能够代表单位意志的成员的行为和罪过为基础。这种归责方式类似于英美法系的同一视原则。正如前文所述,与同一视原则一样,该种归责方式由于忽视了单位本身的独立人格,在实践中也暴露出一些难以解决的问题,因此理论界和实务界均对是否需要重构我国单位归责理论展开了激烈的讨论。

主张重构我国单位归责理论的观点主要是借鉴英美法系组织体责任论的观点,突出强调单位本身的独立意志,认为应当将企业的主观意志与员工的主观意志加以分离,使企业的犯罪意图和主观罪过得到独立的认定。只有企业的整体意志得到独立的认定,对其刑事责任的追究才具有合理性和正当性。另有持类似观点的学者认为,单位犯罪的教义构建理应与自然人犯罪相区分,在对单位犯罪归责的理解方面,可以参考凯尔森有关中心归责的理论,即只考虑某一危害后果能否归责于单位,而不再考虑导致这个后果的行为是否基于自由意志。对单位犯罪进行刑事归责,应当考虑部分放弃罪责主义,即放弃主观归责部分。与其牵强地为单位犯罪人为地构造出故意或过失,不如从存在论的角度,将单位的刑事归责建立在其单位内部治理和经营方式上。主张无需重构我国单位归责理论的观点认为,英美法系所倡导的代位责任论和同一视理论存在违背责任主义和扩大单位处罚范围的缺陷,将单位法人内部员工的行为拟制为法人行为的做法也违背我国刑法的一贯主张。将单位刑事责任归因于单位内部治理结构和运营方式的观点,虽然看到了企业不当治理方式的危害,但缺乏可行的规范评价标准,只能滞留在理论的应然层面。

我们认为,无论是单位犯罪还是自然人犯罪,都不能违背罪责自负的刑法基本原则,我国现有的单位归责理论虽然肯定了单位意志的存在,但是在单位意志的判断上仍然没有脱离自然人的束缚。纵观我国《刑法》分则中关于单位犯罪的规定,基本可以将其分为两种类型:一种是通常由单位负责人或单位集体研究决定而实施的犯罪,如单位行贿罪等;另一种是通常由单位普通员工因单位业务活动而实施的犯罪,如污染环境罪等。上述两种类型都在单位犯罪制度的应然效能内,但显然,如果按照我国现有单位归责理论,以单位负责人或者集体决策作为单位意志的判断标准的话,第二种类型就很难在实践中被纳入单位犯罪的实际调整范围,从而导致单位犯罪的应然效能在实然层面不当收缩,使得部分实定法规定形同虚设。①此外,对于某些业已制定完善的规章制度的企业而言,即使单位负责人为了单位利益决定铤而走险实施犯罪行为,也不能要求单位因此承担单位犯罪的刑事责任,否则会造成让单位为其成员的意思和行为承担罪责的不利局面,同样会违背罪责自负的基本原则。因此,笔者认为有必要重构我国单位犯罪归责理论,在现有单位犯罪归责理论的基础上,将单位意志彻底从自然人意志中独立出来,以单位本身的行为来推断单位的主观意志。

具体到单位意志的判断方面,单位内部治理结构和运营方式并不缺乏可行的规范评价标准,可以聘请较为权威的专业机构,对单位的经营管理进行有效评估,并由此推断单位的主观心态。

---

① 耿佳宁:《单位固有刑事责任的提倡及其教义学形塑》,载《中外法学》2020 年第 6 期。

第五节　单位犯罪的立法完善

一、定罪量刑标准的统一化

如前所述,考虑到犯罪的本质在于行为的严重社会危害性,而不在于犯罪主体是否单位化,单位犯罪立法的初衷在于惩罚单位犯罪,而不是放纵单位犯罪,刑法理论已经从纯粹的主观主义刑法向客观主义刑法或者主客观主义刑法过渡,建议统一自然人犯罪和单位犯罪的定罪量刑标准,既包括入罪的标准,又包括提升法定刑的标准,还包括法定刑的档次。具体如下:一是建议统一单位犯罪和自然人犯罪的入罪标准。针对《最高人民检察院、公安部关于公安机关管辖的刑事案件立案追诉标准的规定(二)》的有关规定,建议取消"对非国家工作人员行贿罪、对外国公职人员、国际公共组织官员行贿罪、非法经营罪"三个罪名入罪解释中有关单位犯罪的定罪标准,统一采用自然人犯罪的定罪标准。同时,系统梳理相关立案追诉标准和司法解释中关于自然人犯罪与单位犯罪的入罪标准分立的情况,并采取逐步统一为自然人犯罪的定罪标准。相应地,在量刑标准上,应取消单位犯罪的独立量刑标准,进而使单位犯罪和自然人犯罪在量刑标准上相一致。二是建议逐步修改《刑法》,梳理《刑法》条文中对单位犯罪和自然人犯罪法定刑设置不一致的罪名,并取消单位犯罪独立的法定刑配置。一方面,针对高利转贷罪,内幕交易、泄露内幕信息罪,诱骗投资者买卖证券、期货合约罪等罪名存在单位犯罪与自然人犯罪法定刑档次差异的问题,建议未来修法时调整为一致的法定刑档次。另一方面,针对走私普通货物、物品罪等在单位犯罪与自然人犯罪法定刑上档次一致但法定刑幅度存在差异的问题,建议未来修法时在各个法定刑档次内采用统一的法定刑幅度。

二、刑事处罚模式的科学化

考虑到刑事立法明文规定了单位犯罪,这意味着单位作为犯罪主体应当承担相应的刑事责任,建议未来修改单位犯罪的处罚模式,取消现有单罚制单位犯罪的立法模式,并区分情况,将原单罚制单位犯罪立法模式调整为自然人犯罪或者双罚制单位犯罪的立法模式。例如,针对我国《刑法》分则中规定的重大劳动安全事故罪、工程重大安全事故罪、教育设施重大安全事故罪等事故类单罚制单位犯罪,由于单位内部相关直接责任人员之所以违反规定组织劳动、违反规定组织施工、没有及时维修教育设施,主观上有为单位之因,客观上存在单位的短期利益,而且直接责任人员的岗位和行为存在单位授权,单位本身对危害结果也存在监督过失,因此调整为双罚制单位犯罪并无不当。同时,针对私分国有资产罪、私分罚没财物罪,尽管行为人也是以单位名义将国有资产、罚没财物集体私分给个人,但单位本身不仅不是犯罪者,反而由于私分行为丧失了原本占有的财物,更像是受害者,故将此类犯罪调整为自然人犯罪更为合适。

三、刑罚裁量结果的规范化

单位犯罪轻于自然人犯罪不仅体现在定罪量刑标准上,还实实在在体现在刑罚裁量的结果上。考虑到这一现状与行为的严重社会危害性理论相冲突,建议在前述统一单位犯罪和自然人犯罪定罪量刑标准的基础上,进一步在司法上规范刑罚裁量结果。具体措施包括:一方面,对单位犯罪中预备、未遂、中止等未完成形态,主从犯、帮助犯、教唆犯等共犯形态,一罪与数罪等罪数形态,以及自首、坦白、立功等法定量刑情节和赔偿、谅解等酌定量刑情节的认定与适用予以明确。例如,单位犯罪中直接责任人员为数个自然人时是否可以区分主从犯,单位与单位、单位与单位外自然人、单位与单位内自然人是否可以成立共同犯罪,如可以成立共同犯罪,又当如何区分主从犯等问题。再如,单位犯罪中单位自首和坦白与负有领导责任的直接责任人自首和坦白是否可以区分,如可以区分,又当如何区分等问题。另一方面,在目前立法阙如的情况下,建议从检察机关检委会案例库、典型案例库、指导性案例库的建设角度出发,就司法实践中办理的单位犯罪疑难复杂案件,进行专项梳理、总结、提炼,形成一批不同层级、不同要旨的参考案例,以指导司法实践,防止实践中法律适用的偏差。在条件适当的前提下,可以出台有关的量刑规范细则,就单位犯罪的量刑问题进行系统指导和顶层设计,以解决单位犯罪的宣告刑差异问题。

第二章 危害生产安全类犯罪治理研究

一般而言,危害生产安全类犯罪主要包括铁路运营安全事故罪,重大责任事故罪,强令、组织他人违章冒险作业罪,危险作业罪,重大劳动安全事故罪,大型群众性活动重大安全事故罪,危险物品肇事罪,工程重大安全事故罪,教育设施重大安全事故罪,消防责任事故罪,不报、谎报安全事故罪共11个罪名。新形势下,党中央提出"总体国家安全观"的概念,可知生产安全是国家安全的重要组成部分,需要在总体国家安全观的统筹下重新认识和定位。然而,随着我国经济社会不断发展,危害生产安全类违法犯罪活动屡见不鲜,造成群死群伤的恶性案件时有发生,生产环节不安全的因素依然存在,不可麻痹大意。危害生产安全类犯罪的治理离不开法律,必须在法治的轨道上进行。检察机关深处刑事执法办案活动一线,在对危害生产安全类犯罪的审查逮捕、审查起诉等工作中,对情况掌握得较为全面,在治理工作中具有天然优势,但具体如何开展工作,仍待研究。

第一节 危害生产安全类犯罪的概述

一、危害生产安全类刑事案件的司法实践状况

以上海为样本,通过中国裁判文书网、威科先行法律数据库等搜集到上海市2019年至2022年危害生产安全类刑事案件的91份判决书,下面

以此 91 份刑事判决书为基础进行分析。

（一）罪名分布情况

在所搜集到的上海市危害生产安全类刑事犯罪的案件中，各年份的刑事案件判决数量如图 1 所示。可见，2019 年至 2022 年判决数量呈下降趋势，其中，2022 年案件数量最少，这可能与 2022 年上半年上海市大规模暴发的新冠疫情有关。

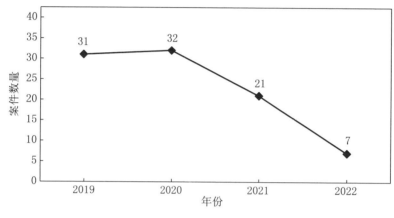

图 1　刑事案件判决数量

在 91 份判决书中，重大责任事故罪案件有 83 起，危险作业罪和消防责任事故罪各 3 起，重大劳动安全事故罪和危险物品肇事罪各 1 起，强令、组织他人违章冒险作业罪，大型群众性活动重大安全事故罪，工程重大安全事故罪，教育设施重大安全事故罪，不报、谎报安全事故罪 0 起，总体情况汇总在图 2 中。可见，危害生产安全类犯罪以重大责任事故罪为主，占比 91.2%。

（二）被告人职业分布情况

如图 3 所示，91 起案件中的被告人大多有固定职业，其中，公司法定代表人及公司高层、中层管理人员 63 人，公司员工 9 人，现场管理人员 24 人，作业人员 33 人，驾驶员 5 人，个体经营者 8 人，无业人员 3 人，职业不详者 13 人。

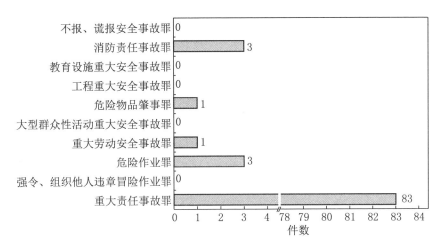

图2 上海市2019—2022近四年危害生产安全类刑事判决案例

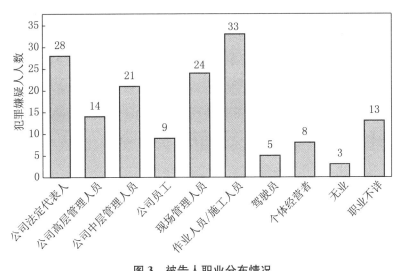

图3 被告人职业分布情况

进一步分析各职业的占比情况,从图4可以看出,有固定职业的人员占比为89.9%,其中,公司法定代表人及公司高层、中层管理人员所占比例高达39.9%。不同于其他刑事案件,危害生产安全类犯罪案件的被告人多有固定职业,其中三分之一以上为企业法人及公司管理人员,他们作为企业负责人及管理人员,承担着安全生产的责任。

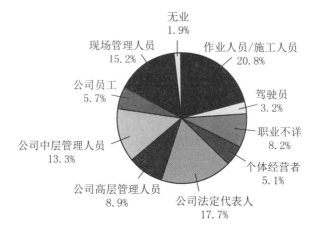

图 4　被告人职业分布情况

（三）犯罪后果情况

上述 91 起案件多为造成群死群伤、带来巨大直接经济损失的生产安全事故，犯罪后果特别严重，危及人身生命、财产安全。如图 5 所示，造成 6 人重伤的 1 起，造成 1 人死亡的 69 起，造成 2 人死亡的 6 起，造成 3 人死亡的 4 起，造成 500 万元以下直接经济损失的 4 起，造成 500 万元以上直接经济损失的 3 起，造成 6 人死亡且直接经济损失 500 万元以上的 1

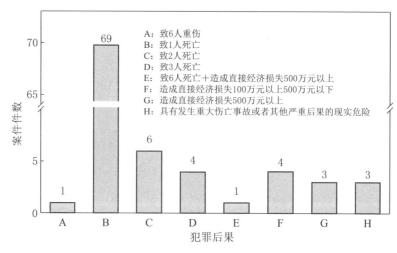

图 5　犯罪后果统计情况

起,另有 3 起危险作业案件的后果为"具有发生重大伤亡事故或者其他严重后果的现实危险"。

（四）涉案企业的行业分布情况

根据图 6 展示的结果可知,在搜集到的 91 件危害生产安全类刑事案件中,涉案企业数量达 112 家。从所属行业分布看,建筑业的占比最高,为 24.1％;同时该统计结果反映出犯罪涉及的行业呈现多元化趋势,除传统的建筑业、加工制造业、道路运输业外,还涉及零售批发业、服务业等。

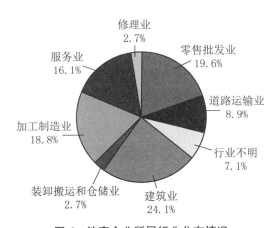

图 6　涉案企业所属行业分布情况

（五）判处刑罚情况

91 起案件中,共有 158 名被告人被判处重大责任事故罪、危险作业罪、重大劳动安全事故罪、危险物品肇事罪、消防责任事故罪等危害生产安全类罪名,详细汇总在图 7 中。从判处刑罚结果来看,免于刑事处罚者 3 人;拘役缓刑者 11 人;有期徒刑缓刑者 133 人,其中 6 名被告人被附加禁止在缓刑考验期内从事相关作业工作;有期徒刑实刑者 11 人。判处有期徒刑缓刑的最长刑期为有期徒刑三年,缓刑四年,判处有期徒刑实刑的最长刑期为两年,可见被告人的宣告刑罚普遍较低。

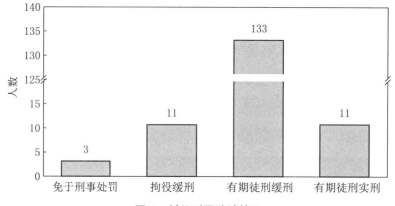

图 7 判处刑罚统计情况

通过以上数据分析,我们可以归纳出危害生产安全类刑事案件的几大特点,包括重大责任事故罪占绝对多数,案件被告人多为企业法人及公司管理人员,安全生产事故多造成危及生命、财产的后果,涉及的行业呈现多元化趋势,以及判处被告人刑罚普遍较低等。同时,从分析 91 份刑事判决书中造成事故发生的原因来看,危害安全生产类刑事案件中大多存在涉案单位或人员安全意识淡漠、缺乏从业资质、违反安全操作规程、内部监管混乱等问题。有的涉案单位受经济利益等因素驱动,长期违法违规生产作业,为重大事故发生埋下隐患;有的涉案单位将项目发包给无相关资质的人员;还有的涉案企业未对施工人员进行必要的安全生产教育培训,甚至没有为作业人员配备安全防护必需品。要减少实际生产中安全事故的发生,就要结合办案挖掘其中的原因,进行源头治理,加大安全生产法治教育,以更好地维护人民群众的生命财产安全。

第二节 危害生产安全类刑事案件办理面临的困境

一、重大责任事故罪的认定困境

通过上述分析可以看出,在危害生产安全类犯罪中,重大责任事故罪占绝对多数。本罪认定的难点如下所述。

首先,安全事故的范围问题。日常生活中许多生产、作业离不开交通运输活动,在公共交通管理范围内发生重大事故时,究竟以重大责任事故罪论还是以交通肇事罪论,有时并不容易界定。夏某某等人重大责任事故案①,邹某国、赵某某等重大责任事故案②,周某某重大责任事故案③中的重大事故均发生在公共交通运输环节,实践中存在交通肇事罪与重大责任事故罪的罪名适用争议。

其次,事故调查报告的证据资格问题。从上述 83 份重大责任事故罪刑事判决书的内容可以发现,在司法实践中,事故调查报告往往是极为重要的证据,而事故调查报告尚不属于《中华人民共和国刑事诉讼法》(以下简称《刑事诉讼法》)中规定的八种证据形式之一,该报告形成于行政调查过程中,如何在刑事诉讼中作为证据使用,时有争议。

再次,重大责任事故案件中往往存在多原因力交织问题,最常出现的是多因一果这种复杂情况,如何确定行为与事故后果之间是否存在刑法意义上的因果关系成为司法实务中的又一个难点。如马某某、李某重大责任事故案中,控辩双方的争议焦点系被告人马某某、李某的行为与事故的发生是否具有刑法意义上的因果关系。马某某的辩护人提出,即使本案系马某某的焊渣引起的火灾,也系多种因素综合导致,马某某也未造成 2 883 万余元的直接经济损失。④

最后,重大责任事故罪与重大劳动安全事故罪的区分问题。重大责任事故罪指行为人"在生产、作业中违反有关安全管理的规定",重大劳动安全事故罪指生产经营单位的"安全生产设施或者安全生产条件不符合

---

① 参见检例第 97 号。
② 参见上海市松江区人民法院(2017)沪 0117 刑初 279 号刑事判决书。
③ 参见上海市松江区人民法院(2018)沪 0117 刑初 1910 号刑事判决书。
④ 参见上海市虹口区人民法院(2020)沪 0109 刑初 655 号刑事判决书。

国家规定"。两罪在罪名上的区别是明显的,但司法实践中,在某些情况下会出现难以区分的情况。例如余某某等人重大劳动安全事故、重大责任事故案①中,事故的发生系上述两个方面的混合因素所致,在两罪出现竞合的情况下,如何区分重大责任事故罪与重大劳动安全事故罪,就成为司法实践必须解决的问题。

二、强令、组织他人违章冒险作业罪的认定困境

《刑修十一》在强令违章冒险作业罪②的基础上,增加了"明知存在重大事故隐患而不排除,仍冒险组织作业"的法定情形,通过扩充强令冒险作业的行为类型,进一步扩大该罪的打击范围。实践困难如下所述。

首先,"存在重大事故隐患"的认定存在困难。根据原国家安全生产监督管理总局(现应急管理部)《安全生产事故隐患排查治理暂行规定》第三条的规定③,事故隐患指在生产作业过程中可能导致的危险,具体表现为物的危险状态、人的不安全行为和管理上的缺陷,又可分为一般事故隐患和重大事故隐患。按照《中华人民共和国安全生产法》(以下简称《安全生产法》)第一百一十八条第二款的规定④,重大事故隐患的判定标准由国务院应急管理部门和其他负有安全监管职责的部门来确定。截至目前,只

---

① 参见检例第 94 号。

② 《中华人民共和国刑法修正案(六)》第二条第二款规定:"强令他人违章冒险作业,因而发生重大伤亡事故或者造成其他严重后果的,处五年以下有期徒刑或者拘役;情节特别恶劣的,处五年以上有期徒刑。"

③ 《安全生产事故隐患排查治理暂行规定》(中华人民共和国国家安全生产监督管理总局令第 16 号)第三条规定:"本规定所称安全生产事故隐患(以下简称事故隐患),是指生产经营单位违反安全生产法律、法规、规章、标准、规程和安全生产管理制度的规定,或因其他因素在生产经营活动中存在可能导致事故发生的物的危险状态、人的不安全行为和管理上的缺陷。事故隐患分为一般事故隐患和重大事故隐患。一般事故隐患,是指危害和整改难度较小,发现后能够立即整改排除的隐患。重大事故隐患,是指危害和整改难度较大,应当全部或者局部停产停业,并经过一定时间整改治理方能排除的隐患,或者因外部因素影响致使生产经营单位自身难以排除的隐患。"

④ 《安全生产法(2021 修正)》第一百一十八条第二款规定:"国务院应急管理部门和其他负有安全生产监督管理职责的部门应当根据各自的职责分工,制定相关行业、领域重大危险源的辨识标准和重大事故隐患的判定标准。"

有化工和危险化学品、烟花爆竹、工贸、矿山、煤矿等部分行业领域出台了重大事故隐患判定标准,且现有判定标准的效力级别参差不齐。刑法上对重大事故隐患的判断虽可参考行政机关对重大事故隐患的判定标准,但案件中符合行政机关重大事故隐患标准的某一隐患,是否可以直接认定为《刑法》第一百三十四条第二款规定的"重大事故隐患",不无疑问,在没有可供参考的行政标准时,如何认定"存在重大事故隐患"也不明确。

其次,对"明知"的理解,实践中把握不一。行为人只有明知存在重大事故隐患,在没有排除的情况下仍冒险组织作业的,才构成强令、组织他人违章冒险作业罪。关于"明知"的理解历来是刑法学中的难点,如何理解本条中的"明知"也成为认定本罪的难点。

最后,对"仍冒险组织作业"的理解。"冒险"一词并非多余的规定,它具有必要性,起到确认重大事故隐患没有得到排除、在组织作业时仍然存在的作用。①既然"冒险"一词如此重要,那么在司法实践中如何判定行为人是在"冒险组织作业"需要明确。另外,实践中本罪的主体往往为生产、作业一线的组织人员,追究上级责任人员刑事责任的情况很少,但上级负责人指挥、默认或纵容一线组织人员去冒险组织作业的情况又往往真实存在,是否需要追究上级的刑事责任也是实践中的难点。

三、危险作业罪的认定困境

《刑修十一》增设了危险作业罪作为《刑法》第一百三十四条之一②,

---

①　杨绪峰:《"强令、组织他人违章冒险作业罪的司法误识与纠偏"》,载《政治与法律》2022年第2期。

②　《中华人民共和国刑法(2020修正)》第一百三十四条之一规定:"在生产、作业中违反有关安全管理的规定,有下列情形之一,具有发生重大伤亡事故或者其他严重后果的现实危险的,处一年以下有期徒刑、拘役或者管制:(一)关闭、破坏直接关系生产安全的监控、报警、防护、救生设备、设施,或者篡改、隐瞒、销毁其相关数据、信息的;(二)因存在重大事故隐患被依法责令停产停业、停止施工、停止使用有关设备、设施、场所或者立即采取排除危险的整改措施,而拒不执行的;(三)涉及安全生产的事项未经依法批准或者许可,擅自从事矿山开采、金属冶炼、建筑施工,以及危险物品生产、经营、储存等高度危险的生产作业活动的。"

对在生产、作业中违反有关管理的规定，并具有发生重大伤亡事故或者其他严重后果的现实危险的三种违法行为，追究刑事责任。

首先，根据法条规定，"具有发生重大伤亡事故或者其他严重后果的现实危险"是成立危险作业罪的重要条件。"现实危险"标志着危险作业罪是具体危险犯，有无危险状态需要承办人根据具体情况加以具体判断。这一判断需要以发生违法行为当时的情况为依据，判断行为是否具有导致生产安全事故的风险，侧重考察具体危害行为和可能损害结果之间的关系。[①]因此，危险作业罪的认定重点和难点将集中在对"现实危险"的把握上。从羊某某等危险作业罪[②]、方某等危险作业罪[③]、李玉兰危险作业罪[④]三份刑事判决书来看，判决书中均认定被告人的行为具有发生重大伤亡事故等严重后果的现实危险，进而以危险作业罪追究三人刑事责任，但是判决书中并没有对如何认定具有现实危险进行说明。

其次，根据法条规定，危险作业罪的行为方式可以概括为侵害生产安全设施及相关信息数据的行为、基于重大安全隐患的不作为、未经批准或许可从事高危生产作业的行为三种类型。[⑤]危险作业罪仅仅规定了这三类有关生产作业的危险行为，没有设置兜底条款，那么掌握这三类行为方式的特征和核心认定要素就显得非常重要，这也是当前司法实务中的难点。

最后，对危险作业罪构成要件的理解还涉及对违反有关安全管理规定的认识问题。"有关安全管理规定"是仅指违反国家制定的强制性安全生产法律法规，还是也包括违反企事业单位自己制定的安全生产规章制

---

① 参见代海军：《风险刑法背景下我国惩治危害生产安全犯罪功能转向——基于〈刑法修正案（十一）〉危险作业罪的分析》，载《中国法律评论》2021年第5期。
② 参见上海铁路运输法院（2021）沪7101刑初329号刑事判决书。
③ 参见上海市宝山区人民法院（2022）沪0113刑初568号刑事判决书。
④ 参见上海市嘉定区人民法院（2021）沪0114刑初2121号刑事判决书。
⑤ 钱小平：《积极预防型社会治理模式下危险作业罪的认定与检视》，载《法律科学（西北政法大学学报）》2021年第6期。

度等,实践中往往存在争议,需进一步予以明确。

第三节　危害生产安全类犯罪的治理策略

一、传统罪名刑法规制的难点析疑——事故调查报告

在危害生产安全类刑事案件的办理中,事故调查报告是据以定罪量刑的重要"依据"。①然而不管是理论还是实践中,对于生产安全事故调查报告的证据属性认定均莫衷一是。

（一）事故调查报告的刑事证据属性的传统观点与评析

当前,对于生产安全事故调查报告所属的证据种类主要有以下几种观点:第一种观点认为其属于书证,第二种观点认为其属于证人证言,第三种观点认为其属于鉴定意见。三种观点均有不妥之处,理由如下。

首先,事故调查报告不符合书证的基本特征。一是从形成时间上看,所谓书证是以其所表述的内容和思想来发挥证明作用的文件或物品。一般而言,书证形成于案件发生过程中,至少是案发前形成的,然而,事故调查报告是在生产安全事故发生后,由特定的主体依照一定的程序所撰写的。二是从形成的主体来看,书证所产生的主体广泛,包括但不限于刑事诉讼参与人,而事故调查报告是由事故调查组织部门在综合各工作组提交的专业报告的基础上撰写的。②三是从证据排除规则看,根据2021年《最高人民法院关于适用〈中华人民共和国刑事诉讼法〉的解释》（以下简称《刑诉解释》）的相关规定,对于书证存在瑕疵的,可以通过补正或者作出合理解释来满足证据资格的要求,进而产生证据效力和能力,至于事故

---

①　根据2007年6月1日施行的《生产安全事故报告和调查处理条例》（以下简称《条例》）第三十条的规定,事故调查报告经负责事故调查的人民政府批复后才具有法律效力,因此本文的事故调查报告指经过批复的事故调查报告。

②　参见《上海市实施〈生产安全事故报告和调查处理条例〉的若干规定》第二十条第一款规定。

调查报告,尽管当前有部分学者认为应当赋予其可诉性以实现救济和勘误[1],但目前实践中惯常的做法仍然是由政府部门作出是否重新调查的决定。

其次,事故调查报告不符合证人证言的基本特征。所谓证人证言,指证人就其所了解的案件事实向司法机关所作的口头陈述,证人之所以能够了解案件事实,是因为他运用自己的感觉器官,对案件情况进行了感知,从而在头脑中形成了直观的印象。[2]一是从形成时间来看,在排除传闻证据的情况下,大多数证人证言经历了案件的过程,对于案件具有亲历性,而事故调查报告是案发后相关部门依据事后调查所得出的。二是从内容来看,证人证言要求客观地反映案件的事实,具有很强的客观性,然而事故调查报告不仅记录了事故发生的经过、救援情况、损失情况,还包括对事故原因的分析、责任的认定及处理的建议,具有很强的主观性。三是从格式来看,应排除证人亲笔书写的书面证言,实践中证人证言大多是由司法人员依照法定程序对证人进行询问过程的记录,呈现双方性,而事故调查报告是以单方的书面报告形式呈现的。

最后,事故调查报告不符合鉴定意见的基本特征。所谓的鉴定意见,指鉴定人运用科学技术或者专门知识,对诉讼中所涉及的专门性问题通过分析、判断形成的一种鉴别意见。[3]尽管鉴定意见与事故调查报告在帮助司法机关查明案件事实方面均具有一定的科学性和权威性,但二者在很多方面存在着质的不同。一是从制作的主体看,鉴定意见系由具备相

---

[1]　实践中关于事故调查报告批复的可诉性也存有争议,如内蒙古自治区高级人民法院终审的《北京铁运通科贸有限责任公司准格尔七星湖农场、王文生其他行政行为二审行政裁定书》(2019)内行终 315 号就认为生产安全事故调查报告设计了上诉人的权利和义务,是一种可诉的行政行为;而北京市高级人民法院《田兴福与国家煤矿安全监察局其他二审行政裁定书》(2017)京行终 1197 号则认为不具有可诉性。

[2]　陈瑞华:《刑事证据法》(第四版),北京大学出版社 2021 年版,第 364 页。

[3]　同上书,第 332 页。

应鉴定事项鉴定资格的人员出具的,而事故调查报告虽然可能包含鉴定意见的内容,但主要是由事故调查小组出具的。二是从规范化程度来看,司法解释对鉴定意见的审查与认定进行了详细的规定,从另一个层面来说,这些规定即鉴定所必须遵循的程序,显然鉴定意见的规范化程度远远高于事故调查报告。三是从救济程序来看,法律赋予当事人申请重新鉴定的权利,而对于事故调查报告来说,其依据事故的等级决定了负责调查的政府级别,也就是说,出具报告的主体具有唯一性,当事人不可申请其他主体进行调查。①

（二）事故调查报告的证据属性与审查要点

尽管对于事故调查报告的证据属性存有争议,但毫无疑问的是,在《刑诉解释》第一百零一条确定其可以作为刑事诉讼证据使用后,其即具备了刑事诉讼证据的资格。②而关于事故调查报告具体属于哪一种证据种类,不宜作出简单的评价。

首先,事故调查报告整体上不属于现有的法定证据种类。尽管《刑诉解释》在第五节"鉴定意见的审查与认定"中赋予了事故调查报告的证据资格,但是并不当然表示其属于鉴定意见,具体原因前文已述。此外,除去鉴定意见,事故调查报告在其形成的时间、制作的主体、证明的内容、证明的效力及救济程序等方面与剩余七种证据种类均不相符。其次,根据《条例》的规定,事故调查报告包括六个方面的内容(还包括相应的证据材料),可见事故调查报告是一份综合性证据,其中既包括法定的刑事证据,

---

① 《条例》第十九条规定:"特别重大事故由国务院或者国务院授权有关部门组织事故调查组进行调查。重大事故、较大事故、一般事故分别由事故发生地省级人民政府、设区的市级人民政府、县级人民政府负责调查。省级人民政府、设区的市级人民政府、县级人民政府可以直接组织事故调查组进行调查,也可以授权或者委托有关部门组织事故调查组进行调查。未造成人员伤亡的一般事故,县级人民政府也可以委托事故发生单位组织事故调查组进行调查。"

② 《刑诉解释》第一百零一条规定:"有关部门对事故进行调查形成的报告,在刑事诉讼中可以作为证据使用;报告中涉及专门性问题的意见,经法庭查证属实,且调查程序符合法律、有关规定的,可以作为定案的根据。"

如鉴定意见、证人证言、书证、物证等,又包括非法定的刑事证据种类,如对事故责任的认定及对事故责任者的处理意见。①最后,鉴于事故调查报告包括多个方面的内容,检察机关在对事故调查报告进行实质性审查时,可以部分采纳报告的内容,而并非必须全盘认可或全盘否定。如对于事故单位概况的记录和相关证据,可以按照书证的标准进行审查;对于事故调查报告中的技术鉴定意见,则可以按照鉴定意见的标准进行审查;而对于事故责任的认定及对事故责任者的处理建议,则可以按照言词证据的标准进行审查。

二、新修改罪名刑法规制的若干难点析疑——组织他人违章冒险作业罪

(一)本罪的主观方面

众所周知,我国刑法分则中多个条文的罪状描述包含了"明知",具体到个罪中,既包括故意犯罪,比如生产、销售有毒、有害食品罪,又包括过失犯罪,比如教育设施重大安全事故罪。因此,对于明知的理解,既包含故意层面的确定性和可能性认识,又包含过失层面的"预见"。据此有观点认为,本罪的主观方面是过于自信的过失。②这一观点存在争议。

首先,故意与过失的区分,不仅要考虑认识因素,还要考虑意志因素。不管是间接故意还是直接故意,都对危害结果抱有不排斥的态度。而不管是疏忽大意的过失还是过于自信的过失,都对危害结果抱有排除的态度。刑法分则的"明知"一般指对于具体行为对象等因素的明知,虽然从

---

① 《条例》第三十条规定:"事故调查报告应当包括下列内容:(一)事故发生单位概况;(二)事故发生经过和事故救援情况;(三)事故造成的人员伤亡和直接经济损失;(四)事故发生的原因和事故性质;(五)事故责任的认定以及对事故责任者的处理建议;(六)事故防范和整改措施。事故调查报告应当附具有关证据材料。事故调查组成员应当在事故调查报告上签名。"

② 杨续峰:《强令、组织他人违章冒险作业罪的司法误识与纠偏》,载《政治与法律》2022年第2期。

明知内容上看与总则中的明知存在一定差异,但行为人如果符合分则中的"明知"认定条件,就很有可能被认定为总则中的"明知"。这是因为分则中对于具体客观要素的"明知"可以间接地推定行为人对总则中危害后果的"明知"。具体到本罪中,行为人已经认识到存在重大事故隐患,这种认识从生活常识来看,不同于对一般事故隐患的认识,实质上可以推定行为人认识到,如果继续实施相关生产、作业行为就会或者可能会出现发生重大事故的危害后果。

其次,从意志因素来看。本罪的罪状清晰地描述了行为人对于重大事故隐患的熟视无睹与毫无顾忌。显然,在行为人冒险组织作业时,重大事故发生的可能性或者确定性一直存在,但行为人仍旧不管不顾,至少可以反映出行为人主观上对于重大事故发生的放任态度。

最后,从刑罚配置来看。罪责刑相一致是我国刑法的基本原则之一,该原则体现在立法层面,就是要求立法者对于个罪刑罚的配置必须契合行为的社会危害性。具体而言,同样是危害社会的行为,基于故意支配下与基于过失支配下实施时,所反映出的社会危害性会有所不同,相应地,刑法对其行为苛责的程度也应有所不同,这也体现了责任主义的要求。当前我国《刑法》规定的危害生产安全类犯罪中,多以过失犯罪为主,设置刑罚时也贯彻了罪责刑相一致的原则。如重大责任事故罪、重大劳动安全事故罪、大型群众性活动重大安全事故罪等罪名均设置了两档法定刑,其中第一档为三年以下有期徒刑,第二档为三年以上七年以下有期徒刑。以与过失致人死亡罪的配置相契合,兼具体系上的协调性。反观《刑法》第一百三十四条第二款规定,立法者设置了较重的刑罚,最高刑期能够达到十五年有期徒刑。此种刑罚配置可以反向论证行为人在实施组织冒险作业时不可能是过失的心态,否则就会有违罪责刑相一致的原则,破坏整个刑罚体系的协调性。综上,本罪的主观方面起码是放任的间接故意。如果行为人系过失,则可能构成重大责任事故罪或者其他罪名。

（二）本罪的客观方面

就行为方式进行理解，本罪的行为方式为不作为与作为的结合，缺一不可。这里的"不作为"指无效的作为，与刑法传统意义上的不作为存在着一定区别。具体而言，本罪要求在行为人冒险组织作业时，重大事故隐患依然存在且并未被有效排除。换言之，"不排除"是一个客观的现象或者结果。即使行为人在当时不具有排除重大事故隐患的可能性或者采取了排除措施但无效，只要重大事故隐患依然存在，均应当认定为"不排除"。

原因一是本罪苛责的就是"带病生产"的行为，当重大事故发生的风险持续存在时，对于生产、作业负有组织、指挥或者管理职责的相关人员就必须停止生产作业。即使行为人在当时由于客观或者主观的原因，想排除但无法排除或者排除了但未有效排除，均不能继续实施生产作业行为。原因二是如果将"不排除"的成立标准等同于刑法中不作为犯的成立条件，会不当地限缩本罪的处罚范围。实践中，安全生产、作业一旦出现重大事故隐患，一般无法在短时间内轻易排除。如果将"不排除"认定为刑法意义上的不作为，就要考虑作为的可能性及结果回避的可能性。此时，相关人员就可以不具有排除重大事故隐患的能力或即使排除了也无法避免事故的发生作为免责的事由，有放纵犯罪之虞。此外，本罪的"不排除"既包括消极的不排除，即行为人在知晓重大事故隐患后不采取任何有效的措施以消除隐患，对隐患听之任之，放任不管，又包括积极的不排除，即行为人非但没有排除所知晓的重大事故隐患，还实施一些行为掩盖事故隐患等。

就"冒险组织"进行理解，"冒险"指伴随着危险一直存在。就本罪而言，"冒险组织"指行为人在实施组织作业时，一定伴随着发生重大伤亡事故或者其他严重后果的风险。而此种风险一定是由"重大事故隐患"带来的。易言之，在行为人组织作业时，"重大事故隐患"一定是持续存在的，直至发生此种"重大事故隐患"所引发的违背保护目的的"重大伤亡事故或者其他严重后果"。如在煤矿开采作业中,通风系统存在故障,无法正常通风,根据《煤矿重大事故隐患判定标准》第三条的规定,系"重大事故隐患"。甲作为该煤矿开采公司的负责人,在明知存在此故障的前提下,仍旧组织作业,后通风系统在作业过程中恢复正常,但由于自然发火,且工人在具体施工中未采取有效措施,引爆了煤矿内的瓦斯,从而发生了煤矿爆炸事故,导致 2 人死亡。在这一案例中,可能无法认定甲具有冒险组织作业的行为,虽然通风系统不完善、不可靠,根据相关规定属于煤矿重大事故隐患,但是该隐患在作业过程中已经消失。事故原因是自然发火严重且未采取有效措施,与事先知晓的通风系统故障无因果关系。甲仅对先前的通风系统故障存在明知,但对后来发生的自然发火严重缺乏主观上的认识。①

就"组织"一词进行理解,我们认为,"组织"不仅仅包括相关人员在明知存在重大事故隐患后,抽调、安排人员冒险作业,还包括相关人员在明知存在重大事故隐患时,依照既有的生产、作业制度和秩序,继续冒险作业。第一种情况,客观上一般表现为积极地安排,第二种情况客观上则表现为在职权范围内消极地默许、纵容或指挥。从被组织对象的意愿来看,鉴于《刑修十一》将"组织"行为单独入罪,那么"组织"应当是与"强令"并列的概念,而"强令"表现为违背他人的意愿,因此"组织"表现为并不违背他人意愿。这里不违背他人的意愿包括两种情形:第一种情形中,被组织对象虽然知晓存在重大事故隐患,但不反对,这种不反对既可能出于盲目无知,又可能出于自信可以避免事故发生,还可能出于铤而走险;第二种情形中,被组织对象不知晓存在重大事故隐患,因而无从谈及是否自愿,由于主观上不明知,被组织人员无法形成对于重大事故隐患的判断。值得注意的是,以往两高《关于办理危害生产安全刑事案件适用法律若干问

---

① 《煤矿重大事故隐患判定标准》第三条规定了 15 种煤矿重大事故隐患,其中第(五)项为"通风系统不完善、不可靠",第(九)项为"自然发火严重,未采取有效措施"。

题的解释》(以下简称《生产安全解释》)第五条曾规定,"强令他人违章冒险作业"包括"(三)故意掩盖事故隐患,组织他人违章冒险作业"。显然,这是对"强令"一词的扩大解释,甚至有类推解释之嫌。而在《刑修十一》将"组织"行为单独入罪后,该规定失去了适用空间,对于故意掩盖事故隐患,组织他人违章冒险作业的,当然应予认定为组织他人违章冒险作业罪。

三、新增罪名刑法规制若干难点析疑——危险作业罪

(一)三种行为方式的厘清——法定犯

所谓法定犯,指对于行为的犯罪性质,只有根据刑事法规的规定才能加以确定并进行非难的犯罪类型。法定犯一般以违反特定的行政法规为前提。[1]危险作业罪作为危害生产安全类犯罪体系中的轻微犯罪,具有违反行政前置法规的典型特征,因此,在具体适用时需要结合行政前置法规进行理解。

本罪的第一种行为方式源自《安全生产法》第三十六条的规定。[2]该行为方式直接作用的对象为"关系生产安全的监控、报警、防护、救生设备、设施",具体表现为两种方式。第一种方式为直接作用于设备和设施——关闭或破坏。此种方式通过关闭或破坏设备、设施,使得设备和设施无法正常运行,进而无法起到对安全事故隐患的监控、报警,以及对安全生产的防护或者救生等作用。如关闭高瓦斯矿井中的瓦斯抽采系统,堵塞矿井中的逃生通道。第二种方式为直接作用于设备和设施中的数据或信息——篡改、隐瞒或者销毁。该种方式的列举是刑法顺应信息化时代发展的体现,是工业化与信息化深度融合在刑事立法领域的体现。随

---

① 周光权:《刑法总论》,中国人民大学出版社 2021 年版,第 8 页。
② 《安全生产法》第三十六条第三款规定:"生产经营单位不得关闭、破坏直接关系生产安全的监控、报警、防护、救生设备、设施,或者篡改、隐瞒、销毁其相关数据、信息。"

着信息科技的发展，安全生产领域用以监控、报警、防护或救生的设备和设施越来越去人力化。相应地，数据的安全与前述功能紧密相关。此种方式通过对相关设备和设施内收集和存储的数据或信息进行篡改、隐瞒或者销毁，使得该设备和设施无法发挥其预先设置的监控、报警、防护或救生的功能。总而言之，这两种方式都是使直接关系生产安全的监控、报警、防护、救生设备和设施不再发挥其应有的功能。[①]

本罪的第二种行为方式表现为拒不执行特定命令。该种行为方式的前提为存在重大事故隐患。根据《安全生产法》第一百一十八条的规定，重大事故隐患的判定标准由国务院应急管理部门和其他负有安全生产监督管理职责的部门制定。例如《煤矿重大事故隐患判定标准》列举了 15 种煤矿重大事故隐患；《金属非金属矿山重大事故隐患判定标准》列举了 32 种金属非金属地下矿山重大事故隐患、13 种金属非金属露天矿山重大事故隐患，以及 19 种尾矿库重大事故隐患；《房屋市政工程生产安全重大事故隐患判定标准（2022 版）》分别从施工安全管理、基坑工程、模板工程、脚手架工程等方面详细列举了多种房屋建筑和市政基础设施工程施工过程中重大事故隐患。据此，实践中在认定是否存在"重大事故隐患"时，要参照具体的行政前置法规规定。但也要对行政前置法规所列举的"重大事故隐患"进行实质审查，避免机械地照搬行政违法判定标准。[②]

本罪的第三种行为方式表现为未经主管部门同意，擅自从事高度危险的生产作业。在适用此种行为方式入罪时，需要注意以下几点：首先，从事的生产作业活动不限于矿山开采、金属冶炼、建筑施工和危险物品生产、经营和储存。从罪状表述来看，立法者用"等"字对该种行为方式的适用领域作了开放式规定。但在适用到其他领域时，需要考察是否与该四

① 周光权：《刑法总论》，中国人民大学出版社 2021 年版，第 229 页。
② 代海军：《风险刑法背景下我国惩治危害生产安全犯罪功能转向——基于〈刑法修正案（十一）〉危险作业罪的分析》，载《中国法律评论》2021 年第 5 期。

个领域的危险性具有相当性。其次,在从事高度危险的生产作业活动时,有许多事项需要经过安全监督管理部门的批准或许可,但是只有那些事关安全生产的事项未经批准或许可时才符合本罪的规定。最后,与危险物品有关的生产作业活动理应包括运输行为。从立法沿革来看,《刑修十一》删除了审议稿中的"运输"一词。据此,有观点认为此种行为方式不包括"运输",仅涵摄"生产、经营、储存",并认为实施运输行为应适用危险驾驶罪的相关规定①,此种观点值得商榷。理由在于,第一,生产、经营活动往往包含运输行为,换句话说,运输行为完全可以被评价为生产、经营行为。第二,从刑罚配置来看,危险驾驶罪的最高刑为拘役六个月,本罪的最高刑为一年有期徒刑,显然,在行为的社会危害性无明显区别的情况下,适用差别明显的刑罚,不符合罪责刑相一致原则。第三,从两罪保护的法益来看,危险驾驶罪侧重于道交领域的公共安全保护,而本罪侧重于对生产作业领域的公共安全保护。因此,如果在生产作业领域实施的运输危险物品行为,符合本罪第三种行为方式,则构成本罪,但不排除同时构成危险驾驶罪,例如交通肇事罪和重大责任事故罪,此时可依据想象竞合犯的判定规则,择一重罪处罚即可。

(二)"现实危险"的理解——具体危险犯

毫无疑问,本罪属于具体危险犯。判断本罪的三种实行行为是否存有具体危险是准确界定行政违法行为是否入罪的重要前提。具体危险犯中的危险,属于作为结果的危险状态,在司法上以当时的具体情况为根据来认定是否存在侵害结果的危险。具体危险犯中的危险,需要个别的、具体的判断。②根据这一观点,在判断"现实危险"时可从以下几个方面把握。第一,考察行为本身。《刑法》以穷尽式列举的方式详细记述了本罪

---

① 辛佳东、曾文科:《法益保护前置化下危险作业罪的规范解读与适用》,载《广西政法管理干部学院学报》2022年第4期。

② 张明楷:《危险驾驶罪的基本问题——与冯军教授商榷》,载《政法论坛》2012年第6期。

的客观行为方式,上述三种行为方式均违反了有关安全管理的规定。但在实践中必须具体考察行为人实施的符合构成要件的行为本身的危险程度。例如,危化品生产经营单位未按国家标准分区分类储存危险化学品,并因此被相关安全生产监督管理部门责令停产停业,但该生产经营单位拒不执行。事后查明,该企业系刚成立,所存储的危险化学品虽未分类但量并不大,即使发生混放混存也可以及时消除危害后果。① 又如,从事矿山开采的生产经营单位,在矿山建设工程安全设施的设计未通过相关县级主管部门批准时,即开展矿山的开采工作。事后查明,该矿山开采的生产经营单位设计的建设工程安全设施符合相关规定,通过批准仅是时间问题。② 第二,考察行为的外部环境。一般而言,发生安全生产事故并不仅是因为行为人实施了一定的违反有关安全管理规定的行为,更是因为这样的行为与外部环境所提供的特定因素相结合,最终导致了事故的发生。易言之,相同的违规违法行为在不同的客观环境下所带来的危害生产安全风险是不一样的。例如前文的第一个例子中,所存储的危险化学品虽未经分类,但混放混存的危化品之间并不会产生危险的化学反应,相互之间有非常强的惰性,即使发生混放混存也不会发生危及生命健康或财产安全的后果。针对此情况,显然拒不执行停产停业的命令,符合本罪的第二种行为方式,但是由于外部所提供的环境,使得这样的违法违规行为并不可能导致发生重大伤亡事故或其他严重后果,因此也就不存在"现实危险"。具体而言,裁判者在实践中需要审查生产作业区域是否毗邻人口密集区域、是否紧邻重要易受损财产或与特定的外部环境结合而导致

---

① 根据《化工和危险化学品生产经营单位重大生产安全事故隐患判定标准》(试行)的规定,未按国家标准分区分类储存危险化学品,超量、超品种储存危险化学品,相互禁配物质混放混存,属于重大事故隐患。

② 《中华人民共和国矿山安全法》第三十四条第(二)项规定:"县级以上人民政府管理矿山企业的主管部门对矿山安全工作行使下列管理职责:(二)审查批准矿山建设工程安全设施的设计。"

具有高度危险性。

第四节　危害生产安全类犯罪的综合治理

总体而言,危害生产安全类犯罪治理应牢固树立安全发展思想,统筹考虑安全与发展之间的关系,坚持"安全第一、发展为要、预防为主、综合治理"的生产理念。从检察履职的角度来说,就是要充分发挥刑事司法与行政执法的合力,并在多元共治、综合治理上下功夫。

一、刑事司法层面——兼顾安全与发展

针对危害生产安全类犯罪的治理,要在刑事司法层面上把握安全与发展的关系,找到二者之间的平衡点,既要抛弃不讲安全的发展观,又要反对为了安全不讲发展的安全观,树立"适当的风险既是社会发展的动力,又是社会发展必须承受的负担"的思想。

首先,区分不同罪质,落实少捕慎诉慎押司法政策。从实践的情况看,危害生产安全类犯罪多数系重大责任事故罪,被判处缓刑的比例高,使得这类罪名落实少捕慎诉慎押的刑事司法政策具有实践优势。第一,危害生产安全类犯罪多为过失犯罪,法律对过失犯罪的处罚坚持"例外"处罚的原则,故《刑法》第十五条第二款明确规定,"过失犯罪,法律有规定的才负刑事责任"。第二,危害生产安全类犯罪尽管后果严重,但往往存在赔偿谅解的情节,刑事案件矛盾并非想象中的那么尖锐或不可调和,反而具备一定的矛盾化解的条件。第三,此类犯罪往往属于涉企犯罪,大部分犯罪嫌疑人在案发前有正当职业、固定收入和可靠的家庭或社会关系,再犯罪或逃跑的可能性不大。尤其是在当前检察机关推进企业适法改革的过程中,针对危害生产安全类犯罪,尽量采取轻缓的刑事处理措施,做到可捕可不捕的坚决不捕、可诉可不诉的坚决不诉、可押可不押的坚决不

押,更具有改革意义。综上,建议针对危害生产安全犯罪本身的社会危害性程度的不同,严格落实少捕慎诉慎押的刑事司法政策。需要强调的是,针对强令、组织他人违章冒险作业罪(法定最高刑为十五年)、工程重大安全事故罪(法定最高刑为十年)两个法定刑较重的罪名,如符合相关条件,也可以适用少捕慎诉慎押司法政策,从而打消实践中的顾虑。

其次,完善立案监督,实现两法有序衔接。一是完善对应当立案而不立案的监督,主要是通过发挥两法衔接机制的作用,督促相关部门在安全事故调查结束后,将符合刑事立案标准的案件及时移送公安司法机关处理,防止以罚代刑、违法私了。二是完善对不应当立案而立案的监督,即通过加强对公安机关立案活动的监督,防止公安机关利用刑事手段简单粗暴执法,侵害企业或企业有关人员的合法权益,尤其是要杜绝采用刑事手段插手民事赔偿。三是持续化推进两法衔接工作在实践中走深走实,常态化开展联席会议、参与安全事故调查、行政执法信息共享等工作;同时,尝试运用大数据思维,分析研判危害生产安全犯罪中的一类问题,通过检察建议等方式及时向安监部门和企业反馈,预防生产安全领域风险。

最后,适时发布司法解释与案例,统一执法尺度。一是完善司法解释的规定,在《生产安全解释》的基础上,尽快制定危险作业罪的定罪标准,尤其是区分危险作业罪与上述司法解释中"从重处罚"规定之间的关系。二是结合司法实践,适时发布典型案例,就执法办案中遇到的罪名交叉重合问题、与相关职务犯罪的处罚问题,以及企业适法考察、社会矛盾化解、犯罪风险防控等工作,予以具体指导,以统一具体办案中的尺度、做法。

二、行政执法层面——注重预防与协调

危害生产安全类犯罪的治理离不开行政机关的参与。行政机关负责日常巡查,是发现和治理危害生产安全风险的前哨,也是督促、检验企业落实安全生产责任的直接承担者。在行政执法层面,必须树立"预防为先、协调为要"的思想,从更前端、更宏观的层面开展执法工作,而检察机关就是要立足检察职能,督促行政执法机关依法开展工作。

首先,加大日常监管力度,有效预防犯罪。行政执法机关的行政权不仅包括事后行政处罚,还包括事前行政许可,以及事中行政检查。行政执法机关在预防上下功夫就是要围绕后两个方面做工作。一方面,严格事前行政许可。对于行政许可事项应依法加强管理,对于申请许可要严格依法依规审核,对于需要现场审核、专家审核的,应当依法开展现场或者组织专家进行。另一方面,严格事中行政检查。既要根据规定,结合实际,开展日常巡查检查工作,做好台账记录,做到见人见物见书,又要畅通信访举报通道,发挥群众优势,对于举报线索,做到每案必查,对于举报线索集中的问题,要重点关注、专项督查。

其次,强化行政管控效果,健全管控模式。一是要规范传统管控方式,针对安全生产企业类别多样、情况复杂、数量众多的现实,结合行政执法力量配备实际情况,发挥公务员、事业编制人员、协管人员、企业人员、志愿人员等不同类别人员的积极性,参与日常行政管控工作,从宏观上做到每个安全生产企业都有专门联系人员,每名联系人员都要联系适当数量企业的基本格局。二是要坚持专业化监管,针对不同人员联系企业的类别和实际,开展专业化监管培训,包括法律法规的基本培训、技术规范性培训、常规检查的操作培训等,按照岗位实际培训岗位技能。三是要探索智能监管新模式,树立科技赋能意识,加强智能化监管应用,结合实际情况,探索安装区域智能化监管终端,实现区域联网、智能显示、自动预警、预案筛选等,发挥科技优势,确保监管的及时性、有效性。

再次,加强行刑衔接配合,实现协调治理。就行政执法机关而言,落实刑行衔接的重点在于加强涉嫌犯罪案件线索的移送及检察机关检察意见的落实两个方面。针对前者的正向移送,行政机关首先要树立依法移送的意识,而不是以行政处罚了之。同时,加强两法衔接的培训,尤其是对刑事立法追诉标准的培训,把握涉嫌犯罪与行政违法之间的界限,并熟悉移送证据材料和文书的范围。针对后者的反向移送,主要是检察机关在作出相对不起诉处理后,认为需要给予行政处罚的,应当通过提出检察意见的方式,将案件移送行政机关处理,行政机关应当将落实检察意见的情况及时反馈。另外,对于需要行刑并罚的案件,行政机关也应当将处理情况及时反馈给检察机关,在日常行政执法过程中发现有违反刑法禁止令的线索的,也可以及时向公安机关反映,并抄送检察机关。

三、社会治理层面——强化系统与实践

危害生产安全类犯罪的治理是一个系统工程,除了发挥刑事司法和行政执法这样公权力的强制性之外,也须立足自身职权地位,在更广的范围上发挥作用,参与社会治理,融入国家治理体系和治理能力建设的大局。

首先,发挥检察建议效能,推动源头治理。一方面,要改变以往就案办案的思想,树立源头治理,从源头上彻底消除导致违法犯罪的安全隐患。从危害生产安全类犯罪的实际情况看,导致犯罪发生的原因,有制度不完善的因素,也有落实不到位的因素,但最根本的还是在于思想意识上重视程度不够,需要提高认识,把"安全生产重于泰山"的口号落实到制度中、行动上。另一方面,检察建议是检察机关依法履行法律监督职责、参与社会治理、维护司法公正、促进依法行政、预防和减少违法犯罪、保护国家利益和社会公共利益、维护个人和组织合法权益、保障法律统一正确实施的重要方式。尤其是社会治理检察建议,作为检察机关依托案件、发现问题、向有关单位提出改进工作、完善治理的重要方式,需要充分发挥其制度优势,实现社会治理逐步向好。

其次,延伸检察触角,倒逼企业适法经营。一是充分利用不起诉、宽缓的刑事处理措施,形成刑事激励,促使企业自愿开展企业适法工作,纳

入检察机关企业适法改革试点,通过专业的第三方监督评估组织开展专业的监督评估,督促企业落实适法经营承诺。对于完成适法承诺整改的涉企案件,区分不同情况,作出不起诉或者宽缓处理措施。二是在企业适法试点改革中探索"繁简分流、快慢分道"模式。针对企业适法中涉企犯罪类型多样、规模大小不一的问题,为确保改革试点涵盖适当范围,平等保护各类企业主体,试点简式适法的做法,规范简式适法流程,形成简式适法经验。三是坚持从企业适法试点向行业适法试点延伸。从一个问题向一类问题拓展,善于运用大数据技术,发现企业违规经营方面的一类问题、整个行业的问题,从而从整个行业的视角出发,依托检察职能,开展专项治理。

最后,创新宣传教育方式,引导安全生产。在自媒体时代,宣传教育方式也呈现多样化,宣传教育方式创新既要注重宣传教育内容的正向导向性和吸引力,又要注重利用新媒体等传播渠道的创新优势。所谓新媒体指与传统媒体相对应,以数字压缩和无线网络技术为支撑,利用其大容量、实时性和交互性,来实现全球化的媒体。一方面,在信息时代,针对信息体量大的实际,要以安全生产为主题,挖掘具有吸引力的创意,以群众喜闻乐见的方式呈现,从而使信息宣传内容更有吸引力,更容易被大众所接受。另一方面,既要善于运用微博、公众号等图文类新媒体,又要充分利用抖音等短视频平台类新媒体,创新传播渠道,扩大信息传播的受众面和持久力。

第三章　资本市场两法衔接机制研究

　　所谓资本市场行政执法与刑事司法衔接机制(以下简称"资本市场两法衔接机制")即证券监督管理部门与公安司法机关在打击证券领域违法犯罪活动上的工作配合机制。当前,我国经济社会发展正面临新的挑战,世界主要资本市场动荡风险加剧,国内资本市场实现安全稳定的目标难度加大,发挥行政执法与刑事司法的双效机能,更加具有现实的紧迫性。然而在具体工作中,资本市场领域仍然存在有案不移、以罚代刑、有案难移、移送后得不到及时处理、部分程序不符合法规要求等问题,有待研究。①

第一节　资本市场两法衔接机制的新实践

一、资本市场两法衔接机制的新立法

　　2016年6月16日,公安部制定了《公安机关受理行政执法机关移送涉嫌犯罪案件规定》,分别就行政执法机关移送涉嫌犯罪案件中的受案、立案、撤案问题作了规定。2020年8月7日施行的《国务院关于修改〈行政执法机关移送涉嫌犯罪案件的规定〉的决定》,对《行政执法机关移送涉嫌犯罪案件的规定》(2001年)进行了小范围的修订,主要是增加了知识

---

① 练育强:《问题与对策:证券行政执法与刑事司法衔接实证分析》,载《上海政法学院学报》2018年第4期。

产权领域移送标准、公职人员违法线索移送监察机关处理等规定。2021年9月6日发布的《最高人民检察院关于推进行政执法与刑事司法衔接工作的规定》,取消了行政执法机关向检察机关直接移送涉嫌职务犯罪案件的规定,完善了移送监督、立案监督的规定,明确了双向移送检察监督、双向咨询回复合作等内容,同时废止了《人民检察院办理行政执法机关移送涉嫌犯罪案件的规定》(2001年)。在打击证券违法活动领域,2021年7月,中共中央办公厅、国务院办公厅印发《关于依法从严打击证券违法活动的意见》,要求建立健全依法从严打击证券违法活动的执法司法体制机制,成立打击资本市场违法活动协调工作小组,发挥公安部证券犯罪侦查局派驻中国证券监督管理委员会(以下简称"中国证监会")的体制优势,完善线索研判、数据共享、情报导侦、协同办案等方面的行政刑事执法协作,探索在中国证监会建立派驻检察工作机制,参与案件线索会商研判、开展犯罪预防等,并对重大犯罪案件接受同步抄送。

二、资本市场两法衔接机制的新情况

近年来,中国证监会注重发挥公安机关的派驻优势,向公安机关移送涉嫌犯罪案件线索日益常态化,根据中国证监会官网数据显示,2020年,中国证监会共办理案件740起,其中,重大案件84起,同比增长34%,向公安机关移送及通报涉嫌犯罪案件线索116条,同比增长一倍。同时,中国证监会加强与最高检的沟通联系。2020年11月6日,最高检、中国证监会联合发布了12起证券违法犯罪典型案例。新时期,证券两法衔接工作又上新台阶,主要表现在:一是2021年9月18日,最高检驻中国证监会检察室正式成立,为推进两法前端衔接奠定了机构优势。二是2022年9月16日,最高检、中国证监会签署《关于建立健全资本市场行政执法与检察履职衔接协作机制的意见》,就双向衔接、信息共享、执法司法协作等作出规定,进一步深化了资本市场执法司法协作。三是2022年9月8

日,最高检、中国证监会联合最高法、公安部发布了新一批 5 起依法从严打击证券犯罪典型案例,执法司法合作力度广度不断加大。据官网统计,2021 年,中国证监会共办理案件 609 起,其中,重大案件 163 起,向公安机关移送涉嫌犯罪案件线索 177 条,同比增长 53%;仅 2021 年上半年,就累计向公安机关移送涉嫌犯罪案件 119 起,移送涉案主体 266 人,较去年同期增长均为一倍以上。同时,及时向检察机关抄送重大案件 17 起。这都说明资本市场的两法衔接机制在打击资本市场违法犯罪方面成效显著。

据统计,2016 年至 2018 年,上海证监局作出处罚决定案件 23 起,累计对 65 人实施行政处罚,罚没款共计 9 242 万元,并向公安机关移送了一批涉嫌犯罪的案件。如上海证监局在依法调查的基础上,向公安机关移送了上海元慧企业管理咨询有限公司以在线投资者教育为名开展非法证券投资咨询活动、涉嫌非法经营犯罪的案件线索,共抓获犯罪嫌疑人 9 名,涉及非法经营额 4 130 余万元。2019 年 4 月,上海证监局与上海市公安局签订《防范打击证券期货领域违法犯罪合作备忘录》,2020 年 1—7 月,双方合计对场外配资、"黑嘴"荐股等重点领域非法证券期货活动立案 66 起,抓获犯罪嫌疑人 150 余人(同比分别上升 313%、733%)。2020 年,为落实国务院金融稳定发展委员会有关会议精神,上海证监局会同上海市司法机关等召开执法专题座谈会,研究进一步加强证券执法司法联动工作,与上海市人民检察院(以下简称"上海市检")联合召开打击上市公司信息披露违法犯罪新闻发布会,发布了六件信息披露违法犯罪典型案例。2022 年 3 月 9 日,为进一步贯彻落实中央规定,经上海市政府同意,《上海市关于依法从严打击证券违法活动的方案》印发,上海市检与上海证监局共同制定了《关于加强资本市场执法司法协作、完善资本市场法治建设的协作意见》,进一步深化了双方执法司法协作。

第二节 资本市场两法衔接机制的具体做法

为了依法有效打击资本市场的违法犯罪活动,早在 2000 年前后,中国证监会就已开始了涉嫌犯罪案件的移送工作,经过十余年的探索,实践中已形成一套基本的流程。

一、行政执法的协作配合

证券监管机关在日常监管和调查证券、期货违法案件过程中,经履行批准手续,可以商请公安机关配合开展工作,如协助查询、复制被调查对象的户籍、出入境信息等资料;对有关涉案人员在报经中国证监会同意后,按公安部的有关规定采取边控和报备措施;对案情重大、复杂、疑难的,可以商请公安机关、人民检察院就案件性质、犯罪标准、证据的固定和保全等问题进行咨询,7 日内提出回复意见;对有证据表明可能涉嫌犯罪的行为人可能逃匿或者销毁证据的,应当及时通知公安机关,需要公安机关参与配合的,公安机关可以提前介入。

二、证监部门的案件移送

证券监管部门对可能涉嫌犯罪的,应当及时向公安机关通报、移送,并向相应的人民检察院备案,以方便人民检察院跟踪了解公安机关的立案侦查情况。现场执法中发现明显涉嫌犯罪的,应当立即移送并备案;日常稽查中发现的,应当及时移送并备案;对于已作出行政处罚的,应于作出处罚决定 10 日内移送并备案。证券监管部门移送涉嫌犯罪的案件或案件线索时,应当指定 2 名以上的行政执法人员组成专家组核实情况并提出书面报告;证监监管部门负责人在接到报告后 3 日内审批同意的,应当在 24 小时内移送公安机关,不同意的应将理由记录在案。证券监管部门在向公安机关移送重大、复杂、疑难的涉嫌犯罪案件前,应与公安机关就行为性质认定、罪名适用、案件管辖、处理意见等问题进行会商。证券监管部门向公安机关移送涉嫌犯罪案件时,应当附涉嫌犯罪案件移送书、涉嫌犯罪案件情况的调查报告、涉案物品清单及主要证据目录、有关的认定意见和鉴定结论,以及其他有关涉嫌犯罪的材料。

三、案件移送的检察监督

人民检察院有权对证券监管部门移送涉嫌犯罪案件实施监督。人民检察院发现证券监管部门应当移送而不移送、逾期移送、以罚代刑,或者隐匿、私分、销毁涉案物品的,可以向证券监管部门查询案件情况、要求提供或者派员查阅案卷材料;确属应当移送而不移送的,经检察长批准,应按同级原则提出检察意见,要求及时移送并抄送人民检察院,检察意见应抄送对方上级机关;无正当理由仍不移送的,人民检察院可书面通知公安机关,经公安机关审查认为构成犯罪的,应当立案侦查。任何单位和个人发现上述情况有权向人民检察院、监察机关或者上级行政机关举报,视情节轻重对行政执法人员施以行政处分,构成犯罪的,依法追究刑事责任,并及时向举报人反馈处理结果。向公安机关举报的,公安机关应根据规定及时处理,并向举报人反馈处理结果。

四、公安机关的立案审查

对证券监管部门移送的案件,公安机关应当接受并及时录入,材料不全的,应在24小时内书面告知3日内补正,不得以材料不全为由拒绝移送。在接到材料3日内审查作出决定(也有文件规定至迟10日内作出决定,重大、疑难、复杂、跨区域案件可以在经县级以上公安机关负责人批准30日内作出决定,情况特殊的,经上一级公安机关负责人批准,可以再延长30日作出决定),并书面通知证券监管部门、人民检察院和相关权利人。公安机关认为不属于公安机关管辖的,应书面通知;认为不属于自己管辖的,移送案件后 3 日以内书面通知;认为证据不充分的,商请证券监管部门补充调查或自行调查;决定立案的,3 日内交接涉案物品及证据材料;决定不立案的,3 日内移送不予立案通知书、案卷材料并说明理由。证券监管部门认为公安机关不立案的决定错误的,可以在收到不立案通知书起 3 日内提请公安机关复议或者建议人民检察院立案监督。申请复议的,公安机关自收到提请复议的文件之日起 3 日内决定是否立案,并书面通知证券监管部门;经复议仍决定不予立案的,证券监管部门可以自收到复议决定通知书之日起 3 日内建议人民检察院立案监督。证券监管部门对公安机关不予立案,认为应该追究行政责任的,应当依法给予行政处理,并将处理结果书面告知公安机关和人民检察院。

五、检察机关的立案监督

证券监管部门对于公安机关不立案决定或者不立案复议决定有异议,建议人民检察院立案监督的,人民检察院应当要求公安机关在接到"要求说明不立案理由通知书"后 7 日内将不立案的理由书面答复人民检察院。人民检察院认为理由成立的,10 日内告知证券监管部门;认为公安机关不立案理由不能成立的,应当通知公安机关在收到立案通知书后 15 日内立案。公安机关收到立案通知书后应当立案,并将立案决定书送达人民检察院和证券监管部门(高检院的司法解释规定经立案监督后公安机关立案的,应当由人民检察院将立案情况通知证券监管部门)。其他人员利用职权干预证券监管部门和公安机关执法,阻挠案件移送和刑事追诉,构成犯罪的,依法追究刑事责任;构成违纪的,依法追究纪律责任。

六、公安机关的侦查取证

公安机关对随案移送的物证、书证、视听资料、电子数据、鉴定意见、勘验检查笔录等证据在立案前应及时审查,立案后经查证属实的,可以作为定案的根据。对于涉众型犯罪,在基本犯罪事实能够证明的前提下,公安机关可以按照一定比例收集和调取书证、被害人陈述、证人证言等相关证据。以证券期货委托记录、交易记录、登记存管结算资料等电子数据作为证据的,数据提供单位应以电子光盘或者其他载体记录相关原始数据,并说明制作方法、制作时间及制作人,并由复制件制作人和原始电子数据持有人签名或盖章。以信息披露公告作为证据的,其打印件或据此制作的电子光盘,必须说明其来源、制作人、制作时间、制作地点等信息。人民检察院对立案后久侦不结的案件,应督促公安机关积极侦查;在审查批捕过程中,必要时可以派员参加公安机关对重大案件的讨论,协助公安机关及时侦结案件。

七、刑事司法中协作配合

公安机关在办理证券监管机构移送的犯罪案件过程中,需要证券监管机关协助的,应当报请公安部有关部门统一向中国证监会有关部门发函联系,中国证监会可以依法采取指派专业人员配合、出具专业认定意见、查阅和复制有关专业资料等协助措施。对涉及专业性、技术性问题的,公安机关可以参考有关行政执法机关的认定意见;但行政执法机关对行为性质的认定,不是刑事诉讼的必经或前置条件。人民检察院、人民法院在办理涉嫌证券期货犯罪案件过程中,也可以商请证券监管机构提供上述协助措施,就专业问题接受咨询。在侦查中,公安机关如需在交易所、登记结算公司查询和复制有关资料,交易所和登记结算公司应当积极配合。

八、公安机关的案件移送

经侦查后认为没有犯罪事实,或者犯罪情节显著轻微不认为是犯罪,或者依法不需要追究刑事责任,应移送撤销案件决定书、案卷材料,但应予行政处罚的,需提出书面建议。人民检察院对作出不起诉决定的案件,或人民法院对作出无罪判决或者免于刑事处罚的案件,认为依法应当给予行政处罚的,应当按照同级原则提出检察意见(3 日内送达并抄送对方上级机关,一般要求两个月以内将处理结果或者办理情况书面回复)或司法建议,移送证券监管部门处理。公安机关在侦查中发现证券违法违规线索和案件,应当及时向证券监管部门移送。证券监管部门应当及时受理并审查,决定立案查处的,应当书面通知公安司法机关,并及时通报查处情况;不予立案的,应当书面说明理由移送公安司法机关,相应退回案卷材料。

九、职务犯罪的案件移送

证券监管部门在依法查处违法行为过程中发现国家工作人员涉嫌职务犯罪的,应当及时将案件线索移送监察机关或者人民检察院处理。人民检察院发现行政执法人员涉嫌职务违法、犯罪的,应当将案件线索移送监察机关处理。

十、监督线索的发现机制

证券监管机关、公安机关、监察机关和人民检察院建立了行政执法与刑事司法工作情报通报、信息共享、联席会商、业务交流、联合调研、综合考核、专项培训制度,及时通报情报信息、市场动态和双方在执法中发现的问题,会商重要案件和其他重要事项,开发案件移送平台,积极推进网上移送、网上受理、网上监督,提高衔接效率。

第三节 资本市场两法衔接机制存在的问题

一、没有接入地方两法衔接体系

在中央层面上,由于国务院和最高检已经于 2001 年制定了相关文件,中国证监会作为国务院直属的资本市场监管的主管部门,自然也应当执行国务院的有关规定,在全国整顿和规范社会主义市场经济秩序领导小组和打击非法证券活动领导小组两个平台的运作下,资本市场两法衔接被纳入国务院行政执法与刑事司法衔接整体工作。但是在地方上,从上海市《关于建立行政执法与刑事司法相衔接工作机制的办法》的会签主体看,上海证监局、专管办并没有被纳入行政执法与刑事司法衔接单位,目前上海市行政执法与刑事司法相衔接信息共享平台也没有资本市场涉嫌犯罪案件的移送信息,实践中往往是依靠双边协议开展工作,这无疑是上海地区两法衔接机制的一大缺憾。同时,由于证券市场内违法犯罪案件具有复杂性,绝大部分证券犯罪案件和涉及证券的普通经济犯罪案件,按照公安机关的管辖分工还必须移送地方公安机关经侦部门办理,公诉和审判工作也由地方地市级以上人民检察院和人民法院负责。因此,地方上的两法衔接工作机制中证监部门的缺位,必将影响打击资本市场违法犯罪的效果。

二、衔接机制构建有待多方参与

从目前资本市场两法衔接机制的实践看,中国证监会及其派出的地方证监局、专管办与公安部及其证券犯罪侦查局和直属分局之间的工作衔接较为顺畅,但是由于资本市场内违法犯罪案件的复杂性及证券期货犯罪自身的特点,资本市场两法衔接机制构建还有待多方参与。但目前的现实是,地市级以上公安机关、检察机关和人民法院参与不足,根据《关于办理证券期货违法犯罪案件工作若干问题的意见》的规定,涉嫌证券期货犯罪的第一审案件由地市级以上公安机关侦查,同级人民检察院提起公诉,中级人民法院管辖。但在当前资本市场两法衔接机制的构建中,人民法院往往被排除在外,地方人民检察院的参与力度不大、效果不明显,地方公安机关的参与带有极大的随意性,往往属于被动参与,仅在证监部门邀请参与的情况下参与了部分工作,对于证监部门没有邀请参与的,一般都不参与。

三、移送涉嫌犯罪案件数量不多

从中国证监会官方网站公布的资料看,证监部门移送涉嫌犯罪案件主要呈现三个特点。一是证券监管部门移送公安机关的案件比例较低。据统计,2020 年,中国证监会共办理案件 740 起,向公安机关移送及通报涉嫌犯罪案件线索 116 件,证券监管部门移送公安机关的案件仅占 16%。2021 年,中国证监会共办理案件 609 起,移送公安机关案件 177 起,证券监管部门移送公安机关的案件仅占 29%。二是证券监管部门移送公安机关的案件增幅有所下滑。2020 年,证券监管部门移送公安机关的案件数同比增长一倍,2021 年移送数量同比增长 53%,这说明案件移送的增长趋势有所放缓。三是从案件的类型看,虚假陈述和操作市场案件移送有所上升,内幕交易案件移送有所下降。据统计,2021 年,中国证监会办理虚假陈述案件 163 起、财务造假 75 起,向公安机关移送相关涉嫌犯罪案件 32 起,同比增长 50%;操纵市场案件 110 起,向公安机关移送相关犯罪 41 起,同比增长 1.5 倍;内幕交易 201 起,案件数量连续三年下降。

四、立法粗糙造成实践操作困难

目前,我国资本市场两法衔接的有关规范性依据不少,但一方面,这些规范性依据的部分条款之间还存在相互打架的问题,另一方面,有些条文存在规定不细致的现象,造成实践中操作比较混乱,甚至有观点认为这种混乱极易异化为侵害公民权利的工具。①例如公安机关反映对于证监

---

① 秦前红、赵伟:《论行政执法与刑事司法衔接的若干法律问题》,载《河南财经政法大学学报》2014 年第 5 期。

部门移送案件的审查期限问题。根据国务院《行政执法机关移送涉嫌犯罪案件的规定》可知,公安机关对移送案件的审查期限为 3 日,但最高检、全国整规办、公安部、监察部制定的《关于在行政执法中及时移送涉嫌犯罪案件的意见》中规定的期限为:一般案件 10 日,重大复杂的 30 日,最高检、公安部最新修订的《关于公安机关办理经济犯罪案件的若干规定》又规定,一般案件 10 日,重大复杂的 30 日,特殊情况 60 日。在规定不细致方面,如相关规范性文件只规定了公安机关的立案时限,没有规定行政执法机关发现涉嫌犯罪后明确的移送时限;只规定各地要根据实际情况确定具体的牵头部门,但没有确定由哪个部门来牵头;只规定检察机关内部的承办部门,却没有规定其他机关内部的承办部门及移送标准;等等。①

五、部分证据转化和取证不规范

众所周知,两法衔接中的重要内容就在于证据的衔接,由于《刑事诉讼法》对于刑事诉讼证据的证据资格作了严格的规定,因此,长期以来就行刑证据的转化问题理论界与实务界一直存在争议。《刑事诉讼法》修订后,这一问题有所改观,但解决并不彻底。2011 年 4 月 27 日,最高检、最高法、公安部和中国证监会联合制定的《关于办理证券期货违法犯罪案件工作若干问题的意见》第五条规定,"司法机关对证券监管机构随案移送的物证、书证、鉴定结论、视听资料、现场笔录等证据要及时审查,作出是否立案的决定,随案移送的证据,经法定程序查证属实的,可以作为定案的根据"。现行《公安机关办理刑事案件程序规定》第六十三条、《人民检察院刑事诉讼规则》第六十四条,也明确规定了在刑事诉讼中采用的行政执法证据可扩张到"鉴定意见、勘验笔录、检查笔录"。但现行《刑事诉讼

---

① 练育强:《行政执法与刑事司法衔接困境与出路》,载《政治与法律》2015 年第 11 期。

法》第五十四条第二款、《刑诉解释》第七十五条第一款规定，"行政机关在行政执法和查办案件过程中收集的物证、书证、视听资料、电子数据等证据材料，在刑事诉讼中可以作为证据使用"。上述规定对于鉴定意见、现场笔录（勘验笔录、检查笔录是否完全等于现场笔录）的证据资格认定不一，实践中是否需要转化存有争议。①

六、案件移送质量标准高低并存

据调研，部分地方公安机关反映，证券监管部门移送的案件有部分存在行政处理出现障碍或者无法继续进行，以案件移送作为处理出口，导致移送的案件继续查处的难度较大，很多案件的证据调查存在困难，个别案件中还存在"夹生"的问题。如部分案件在经由证券监管部门查处时，被查处的公司还存在，但在移交公安机关时，被查处的单位早已歇业或关闭，行政机关移送的有关涉案人员的联系方式在行政处理过程中是可以接通的，但在公安机关受理后，有关涉案人员已经无法取得联系，再行追逃耗时耗力。另外，由于有关规范性文件认可了行政机关在移送前可先为行政处罚的做法，因此，证监部门在移送案件前往往已经作出行政处罚，从而使实践中罚金折抵的案件占有一定比例。同时，证券监管部门的同志反映，部分地方公安机关在把握涉嫌犯罪移送案件的受案标准上较为严格，标准较高，变相要求证券监管部门移送涉嫌犯罪的案件必须达到犯罪事实清楚、证据确实充分的程度，对于证券监管部门移送的涉嫌犯罪案件的线索，虽然碍于"不得以裁量不齐拒绝移送"的规定予以接受，但往往审查后不予立案，而是退回证券监管部门，并要求补充相关案件事实材料和证据，打击了证券监管部门向地方公安机关移送涉嫌犯罪案件线索的积极性；地方公安机关经侦部门也成了证券期货犯罪案件的"二传手"，

---

① 练育强：《行政执法与刑事司法衔接中证据转化研究》，载《探索与争鸣》2017 年第 4 期。

尽管进行了形式上的立案侦查,但实质上是将刑事案件的侦查职责完全交由证券监管部门去承担,一方面增加了证券监督管理部门的工作负担,另一方面由于证券监督管理部门执法手段有限及侦查经验不足,案件质量无法得到保证,甚至有可能放纵犯罪,使构建资本市场两法衔接机制的初衷无法实现。

七、检察监督权威不足工作乏力

根据国务院《行政执法机关移送涉嫌犯罪案件的规定》第十四条的规定,行政执法机关移送涉嫌犯罪案件,应当接受人民检察院和监察机关依法实施的监督。最高检制定的《关于推进行政执法与刑事司法衔接工作的规定》第七、十一、十二条则规定了"检察意见""通报报告"和"职务违法犯罪线索移送"三种具体的监督措施。

但实践中,检察机关对行政执法机关的监督不容乐观。一是监督缺乏宪法依据,造成检察机关监督权威性不足。尽管我国《宪法》明确规定人民检察院是国家的法律监督机关,但是从我国检察制度的历史发展看,目前检察机关仅具有诉讼监督权[1],正是因为缺乏明确的宪法依据,造成检察机关对证券监管部门的监督缺乏自信,也屡遭质疑。[2]二是除重大案件向检察机关抄送备案外,证券监管部门制定的两法衔接机制文件中,极少提及向检察机关的移送,在与检察机关会签的少有的几个文件中,也仅提到可以与检察机关开展执法协作,在检察机关办理案件过程中,配合检

---

[1]　根据 1951 年《各级地方人民检察署组织通则》(已失效)、1954 年《宪法》,以及《中华人民共和国人民检察院组织法》(以下简称《人民检察院组织法》)的有关规定,我国人民检察院的法律监督乃一般法律监督。但 1957 年检察机关的一般监督权受到质疑,1979 年《人民检察院组织法》和 1982 年《宪法》修订时,彭真同志在《关于七个法律草案的说明》中明确指出,"检察机关对于国家机关和国家工作人员的监督,只限于违反刑法,需要追究刑事责任的案件,至于一般违反党纪、政纪的案件,概由党的纪律检查部门和政府机关去处理"。这就说明,现行《宪法》和《人民检察院组织法》没有赋予检察机关一般监督权。

[2]　练育强:《人民检察院在"两法"衔接中职责之反思》,载《政法论坛》2014 年第 6 期。

察机关开展工作,丝毫未见检察监督一词。三是检察监督的信息来源缺乏,造成监督缺乏实效。根据 2011 年国务院法制办等部门制定的《关于加强行政执法与刑事司法衔接工作的意见》的规定,行政执法机关向公安机关移送涉嫌犯罪案件应当移送全部材料,同时将案件移送书及有关材料目录抄送人民检察院。由于人民检察院拿到的备案材料不齐全,以及前端的会商研判往往取决于行政执法机关,仅有案件移送书和有关材料目录,因此很难进行实质性审查。四是检察监督缺乏刚性。根据有关规定,人民检察院发现行政执法机关不移送或者逾期未移送的,应当向行政执法机关提出检察意见;仍不移送的,人民检察院应当将有关情况书面通知公安机关。但对于行政执法机关不按照检察意见移送的,没有规定案件应当如何处理。

八、案件发现困难监督效果有限

案件发现机制是两法衔接机制得以顺畅运行的保障,也是检察监督工作的起点,由于行政执法与刑事司法系统属于公权力平行运转的两个系统,因此,实践中检察机关要发现行政机关应当移送而不移送的案件线索相当困难,尽管有关规范性文件对于案件发现规定了信息共享、联席会议等多项措施,但并未使案件发现难的问题得以彻底解决。

在案件发现机制上,实践中存在的问题主要有:一是信息共享平台没有普遍建立,即使建立了信息共享平台的地方,录入的范围也主要由证券监管部门自身确定,这就使得被监督者自己控制了监督者的监督范围,从而使检察机关通过网络平台共享行政执法信息并发现监督线索的目的存在落空的危险。[1]在调研中,我们发现检察机关通过网络平台发现监督线索的案件极少,绝大部分都是通过举报,尽管其中的原因较为复杂,但目

---

[1] 杨平:《构建行政执法与刑事司法电子监督平台的实践与思考》,载《人民检察》2012 年第 4 期。

前信息共享平台录入的信息范围过窄显然是其中原因之一。[①]二是联席会议制度因没有具体的牵头部门,或者确定了多个牵头部门,以及各地确定的牵头部门不一,造成各地联席会议召开的频次、讨论的内容、会议纪要的形成、不定期会议的召集,以及每次联席会议是否全部主体均需参加等规定并不一致。三是情况通报不及时,根据有关规定,证券监管部门可以在作出行政处罚后 10 日内移送公安司法机关,为了在行政处理阶段对违法行为作出行政处罚,部分证券监管人员往往在发现涉嫌犯罪案件的线索后并不及时通报,而是待处罚后按规定再行移送。

第四节　资本市场两法衔接机制的完善措施

为确保行政执法与刑事司法合力,两法衔接机制应当融合中央垂直管理的执法单位,并实现参与主体的日益多元化,考虑吸纳最新成立金融犯罪案件办理基地的公安司法单位。

一、整合现有规定,提升立法层级

针对目前资本市场两法衔接工作中部分立法规定不一致,甚至相冲突,以及检察机关监督作用尚未有效发挥等问题,考虑到资本市场两法衔接工作已经积累了十余年的经验,部分人大代表也表达了就两法衔接工作进行立法的热情,以及目前司法实践的迫切需要,建议全国人大常委会尽快将两法衔接纳入立法进程,为资本市场两法衔接机制的完善奠定法律基础。具体来说,一是建议对当前现有的资本市场两法衔接机制的规范性依据进行系统清理,对规定相冲突的条文进行科学分析论证后加以

---

① 申纯:《区块链技术背景下"两法衔接"机制改革研究》,载《广西大学学报(哲学社会科学版)》2021 年第 2 期。

明确。二是建议对当前规定过粗、缺乏可操作性的条文,按照有关法律规定加以细化;没有法律规定的,根据法治精神加以规定。三是建议提高立法层级,不是以地方立法的形式①,而是以全国人大常委会制定一般法律的形式发布;同时注意立法内容与修订后的《刑事诉讼法》及《中华人民共和国行政诉讼法》(以下简称《行政诉讼法》)的有效衔接。四是建议在未来修改《人民检察院组织法》时,增加"人民检察院有权依法对行政执法机关移送涉嫌犯罪的案件或案件线索进行监督"的规定。未来再次修改《刑事诉讼法》和《行政诉讼法》时,建议也对证据章节作明确表述。

二、建立专门机构,强化人才培训

针对目前刑事司法机关证券期货知识有待加强、衔接主体不全面等问题,考虑到目前我国的全国统一的监管体制与刑事司法办案体制的不同,正在进行的证券犯罪侦查体制和金融监管体制改革,以及资本市场违法犯罪行为的严重社会危害性,建议成立专门对应证券监管部门的刑事司法机构,并配备适当的办案力量。

一是建议将公安部证券犯罪侦查局及其直属分局的刑事案件管辖范围扩大为所有非法证券类犯罪,不仅仅包括当前管辖的四种罪名,还包括所有的证券犯罪,以及涉及证券类犯罪的非法经营罪、集资诈骗罪、非法吸收公众存款罪等一般经济犯罪。二是建议参照上海金融法院的模式,在上海陆家嘴地区人民检察院的基础上,成立专门的金融检察院,统一负责包括证券类犯罪案件在内的所有金融犯罪案件的捕、诉、防、研工作,并由其向证券交易所、期货交易所、证券业协会、大型证券公司总部等机构设立派出检察室。三是扩展上海金融法院的管辖范围,在刑事领域对应专门的金融检察院,除审理证券案件在内的所有金融犯罪的行政和民事案件外,也赋予其刑

---

① 吕敬美、苏喆:《两法衔接难题:宜地方人大立法分类破解——以环保行政执法与刑事司法衔接为例的分析》,载《河北法学》2016 年第 10 期。

事案件的审判权。对于金融检察院和金融法院的级别和地域管辖,由省级或中央直接确定。四是建议遴选、招录相关工作人员,但必须明确的是,所招录和遴选的人员必须具备相关的证券知识,并可借鉴上海与高级金融培训机构合作的经验,以定期举办培训班的方式对干部知识进行系统培训,尤其是应以金融创新产品的培训作为培训的重点。①

三、明确衔接主体,理顺衔接关系

要构建科学合理的资本市场两法衔接机制,做好打击证券期货犯罪的两法衔接,就必须先考虑将哪些主体纳入两法衔接机制的问题。

对此建议:一是明确资本市场两法衔接机制的参与单位为中国证监会及其派出机构、公安部证券犯罪侦查局及其直属分局、人民检察院所属的被指定承担证券期货犯罪检察职能的专门机构或内设机构、人民法院指定承担证券期货犯罪审判职能的专门机构或内设机构。需要明确的是,如上所述,在公安部证券犯罪侦查局及其直属分局刑事案件管辖权扩大的情况下,地方公安机关经侦部门可以不再作为两法衔接的主体。另外,考虑到监察机关的法定职责,如果将其纳入衔接主体,既不能与"行政执法与刑事司法衔接"的名称相符,又可能产生上级行政机关也需纳入衔接机制的问题,故不将其作为衔接的主体。二是从长远来看,建议借鉴海关与公安部走私犯罪侦查局的体制,参考域外证券期货违法犯罪行为行政执法与刑事司法主体合一的经验②,将公安部证券犯罪侦查局从目前

---

① 参见邓中钢、陈谦:《"两法衔接"机制运行中的检察监督》,载《湖北师范大学学报(哲学社会科学版)》2018年第4期。

② 在美国,证券交易委员会既承担证券市场有关行政执法监管的职责,又承担证券市场违法犯罪行为的调查和起诉职责。对于涉嫌刑事犯罪的案件,委员会有权决定和解和不起诉,对于应当起诉的犯罪案件,委员会应当移送美国司法部办理,但委员会下属的执行署的检察人员与联邦司法部的检察官会合作办案。在德国,联邦金融监管局不仅负责对证券市场的违法行为予以行政监管,还负责调查内幕交易、市场操纵、虚假陈述、投资欺诈等金融犯罪案件,认为需要起诉的,移送联邦检察署,联邦检察署有权指导监管局的调查。

公安部经济犯罪侦查局中迁出,改变两块牌子、一套班子的合署办公模式,将其隶属关系改为由中国证监会主管、公安部负责业务指导的模式,从而使行政执法权与刑事侦查权合一,以利于实现行政执法与刑事司法在打击非法证券期货违法犯罪行为上的合力。三是为了理顺各主体之间的衔接关系,尤其是证券监管部门、公安机关和检察机关的关系,借鉴域外打击证券期货类犯罪的经验做法①,建议有条件的地方可以探索实行人员互派制度,在目前公安部、最高检派驻中国证监会的情况下,负责办理证券类犯罪的地方公安机关、检察机关可以探索在证券监管部门设立侦查办公室、检察办公室,负责与证券监管部门的联系工作。

四、规范行刑关系,树立移送意识

实践中,证券监管部门之所以移送案件数量相对较少、移送案件质量不高,或者以罚代刑,一方面是移送的意识不强,另一方面在于对行政执法与刑事司法的关系认识不清。对于前者,建议通过加强系统培训、强化纪律处分和依法追究渎职犯罪的方式加以解决,加强培训可以使广大行政机关的执法干部进一步明确涉嫌犯罪案件必须移送刑事司法机关,增强执法意识。同时,开展行政执法机关工作人员不移交刑事案件专项检查工作,对发现的问题及时处理,构成犯罪的依法追究刑事责任。

另外,要正确处理刑事司法与行政执法的关系。首先,要明确行政处罚后再予刑事处罚并不违背禁止双重评价的原则。禁止双重评价仅仅是

---

① 在日本,证券交易监视委员会负责对证券犯罪的调查和起诉。根据日本犯罪白皮书统计,2008 年,日本证券犯罪交易监视委员会对 12 起证券期货犯罪进行了刑事指控。实践中由于检察厅具有丰富的侦查和起诉经验,因此,证券交易监管委员会积极寻求与检察厅的合作。同时,检察厅也积极派驻检察官到证券交易委员会,目前已派驻 4 名检察官。中国台湾金融监督管理委员会下设检查局将发现的涉嫌犯罪的证券犯罪向检调机构移送,并成立法务部驻金管会办公室,由 1 名主任检察官和 1 名检察事务官组成,作为检方侦办金融犯罪的联系窗口。金管会检查局指派数名金融专业人士担任法院审判咨询委员会和检察署特别侦查组的支援人员,协助检察署侦查重大金融案件。

一项刑法原则,指在同一诉讼过程中不得对同一犯罪事实给予两次以上的刑法评价,既包括不得对同一犯罪事实重复定罪,又包括不得对同一量刑情节重复量刑,还包括不得将定罪中已经评价过的情节再作为量刑情节加以评价。[①]由此可见,禁止双重评价原则仅仅适用于刑事责任领域,实际上,对于不同的法律责任不但可以双重评价,而且必须双重评价。例如涉及故意伤害案,除了承担刑事责任外,还必须承担民事侵权赔偿责任。再如,对于销售假冒伪劣商品构成犯罪的,除了追究刑事责任外,还必须由工商部门吊销其营业执照。其次,在刑事处罚与行政处罚并存的情况下,确实不必坚持刑事优先的原则,但是绝不意味着可以以罚代刑,在处罚完毕后发现的也必须依法移送。刑事优先原则指同一个案件涉及刑事与民事诉讼时,法律赋予刑事诉讼以相对的优先权。它的适用仅仅限于同一法院审理刑民交叉的案件[②],对于行政执法机关移送涉嫌犯罪的案件中的行政处罚与刑事处罚交叉的情况则并不适用。最后,在行政处罚与刑事处罚交叉的案件中,正确的处理方式应当是互为补充。[③]对于行政处罚与刑事处罚中同质性的处罚,应当坚持行政处罚折抵刑事处

[①]　刑法中的禁止双重评价原则与刑事诉讼法中的"一事不再理"或"禁止双重评价"原则是有区别的,前者指在同一诉讼过程中不得对同一事实重复给予刑法评价,而后者指对同一犯罪事实不得重复追诉。二者的适用时间不同,前者适用于同一诉讼过程中,而后者适用于再次追诉过程中;二者的适用范围也不同,前者适用于定罪和量刑的所有犯罪事实,要求对所有的犯罪事实都不得给予重复的刑法评价,而后者仅适用于定罪的事实,仅要求对已经定罪的事实不得再行追诉并定罪处罚,并不限制将前罪作为量刑的情节,对于符合累犯的还可以认定为累犯。刑法中的禁止双重评价原则与行政法中的"一事不二罚"原则也存在区别。行政法中的"一事不二罚"原则指对于一个行政违法行为不得给予两次以上的行政罚款的处罚。这就意味着对于罚款以外的行政处罚,行政法是允许给予两次以上行政处罚的。例如对于销售有毒有害食品的饭店,卫生局可以作出吊销卫生许可证的行政处罚,工商局可以作出吊销营业执照的行政处罚,税务局可以作出吊销税务登记证的行政处罚,公安机关对违法经营者根据具体情况甚至可以作出治安拘留的行政处罚。二者的区别在于前者适用于刑事司法工作,而后者适用于行政执法工作。

[②]　谢治东:《行政执法与刑事司法衔接机制中若干问题理论探究》,载《浙江社会科学》2011年第4期。

[③]　顾向一、曹婷:《"两法"衔接:从刑事优先原则到同步协调原则》,载《西部法学评论》2018年第1期。

罚的原则;对于不同质的处罚,应当坚持二者并处的原则。例如,罚款可以冲抵罚金,行政拘留可以折抵刑期,吊销和暂扣证照则应当并处。至于时间顺序则在所不论,行政机关可以先行处罚后再移送,也可以待刑事处理完毕后再行处罚,但为了罚当其罪,防止放纵犯罪,实践中应当鼓励行政机关及时移送刑事司法机关处理,尽量避免处罚后再移送。

五、完善信息平台,实现网上移送

在两法衔接工作中,目前全国部分地方正在探索建立信息共享平台,以节省办案资源。就调研中发现的有关问题,建议如下:一是在国家层面成立行政执法与刑事司法信息共享平台汇总中心,鉴于各地两法衔接信息共享平台都有检察机关的参与,并且检察机关在调研中表现出较大的工作积极性,因此,可以将该平台汇总中心设在最高检信息技术中心,发挥检察机关的主导作用。①二是将证券监管部门纳入各地行政执法与刑事司法信息共享平台,尽管中国证监会派出机构并不隶属于地方政府,但刑事司法工作是属地管辖的,因此,有必要参照海关行政执法与刑事司法工作机制的具体做法,将中国证监会的派出机构也纳入地方两法衔接信息共享平台。三是明确信息平台的录入信息的范围,主要是对证券监管部门录入行政处理信息的范围加以明确,不能以行政机关的主观标准来确定录入的范围。建议分两个模块,一方面保留目前行政执法机关认为涉嫌犯罪的案件移送刑事司法机关的模块,另一方面增加重大行政执法案件的录入。至于重大的标准如何界定,可以由各省根据经济发展情况和社会实际具体确定后由省级人民检察院报最高检备案。

---

① 逢晓枫、张建国:《经济学视域下行政执法与刑事司法衔接互动之分析》,载《法学论坛》2021年第5期。

六、结合刑诉新规，规范证据转化

目前，行政诉讼中的证据主要包括物证、书证、视听资料、电子数据、证人证言、当事人陈述、鉴定意见、勘验笔录和现场笔录（法律将勘验笔录和现场笔录并列为一种）八种，刑事诉讼中的证据包括物证、书证、视听资料和电子数据、证人证言、被害人陈述、供述和辩解、鉴定意见、勘验检查辨认侦查实验笔录八种。根据现行法律，物证、书证、视听资料、电子数据这类行政诉讼证据在刑事诉讼过程中使用时无需再行转化，但是对于其余证人证言、当事人陈述、鉴定意见、勘验笔录、现场笔录五种证据是否需要转化则没有明确规定。最高检、最高法、公安部和中国证监会联合制定的《关于办理证券期货违法犯罪案件工作若干问题的意见》第五条规定，行政机关随案移送的证据，经法定程序查证属实的，可以作为定案的根据。可见上述意见对《刑事诉讼法》的规定似有松动。实践中，对言词证据需要转化基本认识一致。①

根据实际情况，笔者建议如下。一是对行政诉讼中委托鉴定机构出具的鉴定意见，应遵守最高检和公安部的规定，只要其委托程序合法、鉴定主体具有相应的鉴定资质且鉴定意见符合格式要求，就可以作为刑事诉讼证据使用，无需再行转化。二是当事人陈述、证人证言原则上应当由刑事司法机关重新收集，并转化为被害人陈述、犯罪嫌疑人的供述和辩解，以及刑事案件中的证人证言，对在侦查办案过程中证人和有关当事人不能到案且有正当理由的，刑事司法机关依法调取的由行政机关制作的当事人陈述和证人证言笔录，可以认定为刑事诉讼过程中的书证，以其文字证明当事人和证人在行政执法阶段陈述的案件事实。三是对于勘验笔录和现场笔录，考虑到案件移送的时间一般有一定的跨度，重新由公安机

---

① 陆建军、陈茹英：《行政执法证据与刑事司法证据衔接须解决三个问题》，载《人民检察》2014年第19期。

关进行现场勘验过于困难,因此,笔者赞同公安部和最高检的意见,勘验笔录只要经证明程序合法经查证属实的就可以作为证据使用,也不必转化。至于现场笔录,现行法律均未作出规定,考虑到现场笔录与勘验笔录是《行政诉讼法》中的法定证据种类,也具有较强的稳定性及不可恢复性①,且有《关于办理证券期货违法犯罪案件工作若干问题的意见》作为支撑,也不必转化。另外,修改后的《刑事诉讼法》规定了专家辅助人制度,对此,根据有关文件,在刑事办案过程中,公安机关和人民检察院可以商请证监部门派员提供有关专业意见,证监部门委派的提供专业意见的人员,可以作为专家辅助人员出庭作证。

七、细化检察监督,加大惩罚力度

要确保资本市场两法衔接机制发挥实效,必须进一步强化监督,尤其是检察监督。除在立法层面明确规定人民检察院有权对行政机关移送涉嫌犯罪案件或案件线索实施监督外,在落实这一规定上,还必须具有明确细化的举措。

对此笔者建议:一是明确规定检察机关对证券监管部门不移送涉嫌犯罪案件提出检察意见的法律效力,增加其监督刚性。参考目前司法实践中检察意见的效力,检察机关提出检察意见,且证券监管部门无正当理由的,应当移送。二是明确规定,对于证券监管部门不移送,检察机关建议其移送后仍不移送,检察机关认为构成犯罪应予追诉的,可以直接通知公安机关立案侦查,并将案件线索移送公安机关,由公安机关依法向证券监管部门调取有关证件材料并开展侦查。三是对于检察监督中发现渎职犯罪的案件线索的,可以由检察机关决定直接立案或者移交监察机关处理。从目前相关渎职案件的追责看,情况不容乐观,原因是多方面的,但

---

① 张晗:《行政执法与刑事司法衔接之证据转化制度研究——以〈刑事诉讼法〉第 52 条第 2 款为切入点》,载《法学杂志》2015 年第 4 期。

刑事立法规定的不科学是其中一个重要原因。对此,建议一方面删除"徇私舞弊不移交刑事案件罪"中"徇私舞弊"的构成要件,可以将"徇私舞弊"作为法定刑的加重情节;另一方面,应当结合行政机关内部上下级领导体制的实际,科学界定该罪的主体范围。①

---

① 莫洪宪、余书金:《"两法衔接"之渎职犯罪法律适用难点探析》,载《江汉论坛》2017年第10期。

第四章　知识产权检察综合司法保护研究

习近平总书记强调,创新是引领发展的第一动力,保护知识产权就是保护创新。知识产权保护工作关系国家治理体系和治理能力现代化,关系高质量发展,关系人民生活幸福,关系国家对外开放大局,关系国家安全。党的二十大报告指出,要"坚持创新在我国现代化建设全局中的核心地位",形成"具有全球竞争力的开放创新生态",要"加强知识产权法治保障"。新一轮党和国家机构改革方案将国家知识产权局调整为国务院直属机构,凸显出国家对于驱动创新基础的知识产权保护的重视。"知识产权保护是一个系统工程,覆盖领域广、涉及方面多,要综合运用法律、行政、经济、技术、社会治理等多种手段,从审查授权、行政执法、司法保护、仲裁调解、行业自律、公民诚信等环节完善保护体系,加强协同配合,构建大保护格局。要打通知识产权创造、运用、保护、管理和服务全链条,健全知识产权综合管理体制,增强系统保护能力。"①知识产权检察工作是系统中的重要一环,近年来,检察机关为强化知识产权保护,做了诸多探索实践。

2020 年 11 月,最高检成立知识产权检察办公室,统筹"四大检察"职能,全面推进知识产权综合司法保护工作。2021 年 6 月 15 日,《中共中央关于加强新时代检察机关法律监督工作的意见》明确指出,检察机关要

---

① 习近平:《全面加强知识产权保护工作　激发创新活力推动构建新发展格局》,载《求是》2021 年第 3 期。

加强知识产权司法保护，服务保障创新驱动发展。2022 年，最高检明确提出要强化刑事、民事、行政、公益诉讼等多种检察职能综合履行；2022年 1 月，最高检知识产权检察办公室提出"建立健全知识产权检察综合履职模式"。2022 年 3 月，最高检发布《关于全面加强新时代知识产权检察工作的意见》，进一步引领全国检察机关深化知识产权综合保护工作。2022 年 4 月，最高检与国家知识产权局共商强化知识产权协同保护，会签了《关于强化知识产权协同保护的意见》，推动构建"严保护、大保护、快保护、同保护"的工作格局。2022 年 11 月，最高检会同国家知识产权局等部门，出台《关于加强知识产权鉴定工作衔接的意见》，完善知识产权鉴定工作体系，完善知识产权检察办案指导机制，建立健全保护知识产权刑事、民事、行政和公益诉讼检察综合履职机制，完善知识产权检察专业人员辅助办案制度机制。2023 年 1 月，为加大知识产权刑事司法保护力度，依法惩治侵犯知识产权犯罪，维护社会主义市场经济秩序，最高人民法院、最高人民检察院起草了《关于办理侵犯知识产权刑事案件适用法律若干问题的解释（征求意见稿）》，向社会公开征求意见。此外，为发挥以案释法的指导、示范、引领作用，最高检于 2021 年 2 月发布了第 26 批有关知识产权检察保护的指导性案例，并编发 4 批共计 34 件知识产权检察保护的典型案例。上海作为超一线国际化大都市，尤其注重知识产权的全方位保护，《上海市知识产权强市建设纲要（2021—2035 年）》明确提出，到 2035 年基本建成国际知识产权中心城市。上海市检连续 10 年发布《上海知识产权检察白皮书》，分析本市检察机关办理的知识产权犯罪案件，研究知识产权违法犯罪活动的特点和发展趋势，立足检察职能，提出强化知识产权司法保护的对策建议，助力上海知识产权领域治理能力和治理水平提升，为上海打造制度完备、体系健全、环境优越、水平领先的国际知识产权中心城市提供强有力的检察保障。

党的二十大以来，知识产权检察体制机制进一步健全，知识产权检察机构专门化建设取得积极进展,符合检察权运行规律和知识产权办案特点的知识产权检察综合履职模式日趋成熟,知识产权检察基础进一步夯实,各项职能全面协调充分发展,服务保障创新型国家和建设社会主义现代化强国能力显著增强,知识产权司法保护质效全面提升。具体而言,在激励创新方面,完善检察办案保护创新创业容错机制,将检察履职与服务营商环境紧密融合,从社会利益、企业利益考量个案的延伸效应,严格落实少捕慎诉慎押刑事司法政策,对于符合条件的涉案企业,依法适用企业适法试点,落实第三方监管机制,督促企业提升自主创新能力;在服务创新方面,对于检察办案中发现的共性问题,强调源头治理,通过制发社会治理类检察建议等方式督促相关职能部门落实自身职责,督促行业协会自律管理,以"我管"促"都管",实现"办理一案,治理一片"。

值得注意的是,相比新技术新业态的蓬勃发展,知识产权检察工作的调整适应存在一定滞后性,在新的时代背景下,只聚焦知识产权保护的被动的、单一的检察履职方式已不再适应当前高质量发展的需要和市场权利主体的诉求。例如,知识产权检察履职与国家知识产权整体发展格局还不适应,在服务保障经济社会高质量发展上发力相对不足;知识产权检察全流程参与知识产权整体工作尚存局限,创造、运用、管理和服务环节参与程度均较低,检察服务供给与知识产权市场体量、增量不匹配,与知识产权民事裁判案件、行政执法案件体量巨大的现实也形成强烈反差;知识产权检察回应权利主体需求供给不足,对于知识产权权利人的诉讼权益保障仍有欠缺。[①]为此,检察机关亟须加快推进检察工作理念、体系、机制、能力现代化,依法积极履职,在法治精神的指引下、在法律授权的范围内,依法延伸法律监督触角,积极充分履行法律监督职责,强化知识产权检察综合司法保护,推进知识产权检察工作高质量发展,助力国家治理体

---

① 魏华:《论知识产权检察综合履职的系统推进》,载《犯罪研究》2023 年第 4 期。

系和治理能力现代化。

第一节　知识产权检察综合司法保护的现实情况

一、知识产权检察刑事司法保护

刑事检察一直以来都属于检察机关的"看家本领"，在"四大检察"中始终处于关键地位。作为传统强项的刑事检察，在知识产权司法保护方面所展现的效果并非一步到位，而是伴随着我国的经济发展和刑法调整完善，从无到有，从弱到强。

（一）起步探索阶段

起步探索阶段，起始于 1979 年《刑法》首次将侵犯商标罪纳入刑法的规制范围。1993 年和 1994 年，全国人大常委会分别补充制定了有关惩治商标和著作权犯罪的单行刑法规定。这一阶段的立法呈现单行法与法典并行的立法样态，保护力度和范围上都较为粗放，而且很大程度上取决于全球化的推动[①]，呈现出一种被动立法的状态。究其缘由，自然有彼时经济发展有所制约的因素。改革开放初期，法制体系尚不健全，知识产权的刑法规制更多地体现了一种宣示作用[②]，社会层面对于知识产权刑法保护的意识还比较薄弱，因此，这一阶段的检察机关等司法机关对于办理知识产权刑事案件的经验和认识不够深入，知识产权刑事检察的案件数量在案件总量中的比重很小。根据 1992 年的《最高人民检察院工作报告》，1991 年，全国检察机关办理的侵犯商标罪案件共 849 起，较上一年增长近 1.4 倍；而仅挪用公款罪案件就有 11 041 起，是侵犯商标罪案件数的 13 倍。

---

①② 丁净玉：《新时代中国特色知识产权刑事保护》，http://rgssfw.ntfy.gov.cn/contents/49/25427.html，2023 年 10 月 7 日访问。

（二）建立健全阶段

该阶段起始于 1997 年《刑法》的颁布，在分则第三章"破坏社会主义市场经济秩序罪"第七节专门规定了侵犯知识产权罪，共包括 8 个条文，涵盖了侵犯商标、专利、著作权和商业秘密的罪名。之后，最高法、最高检出台了两部专门的司法解释，又联合公安部颁布了专门的意见，至此，知识产权的刑法保护体系基本构建完成。这一阶段，我国加入 WTO，社会主义市场经济飞速发展，检察机关办理的知识产权刑事案件数量也呈现井喷的态势。1999 年，全国检察机关起诉侵犯知识产权犯罪人数仅有 190 余人[①]，到 2010 年，知识产权犯罪案件数量已经达到 3 992 起。[②]案件规模的增大也为知识产权刑事检察的发展积累奠定了基础，为知识产权犯罪认定和刑罚适用供给了充足的实践经验。

（三）协同发展时期

该阶段起始于最高法发布《关于在全国法院推进知识产权民事、行政和刑事案件审判"三合一"工作的意见》。伴随着"三合一"的开展、《民法典》《刑修十一》及《关于办理侵犯知识产权刑事案件具体应用法律若干问题的解释（三）》的实施，知识产权的刑事司法保护也呈现出两个层面的特点：一是立法层面，刑法的概念更加精细，与民法、行政法等法律法规的规范更加协调统一；二是司法程序层面，知识产权刑法保护被纳入更大的法律框架下，刑民行程序上的合并有效整合了司法资源，不同部门法之间的衔接更加紧密。在此背景下，检察机关继续秉持"做优刑事检察"的目标任务，通过加大知识产权犯罪的打击力度，发布一系列典型案例，形成威慑；加强刑事立案监督和侦查活动监督，重点监督公安行政机关的违法情形并引导侦查活动；规范运用认罪认罚从宽制度，试点探索涉案企业适法

---

① 孝金波：《最高检：近 20 年知识产权犯罪案件数增长约 56 倍》，http://js.people.com.cn/n2/2020/0426/c360300-33975883.html，2023 年 10 月 4 日访问。

② 参见最高人民法院发布《中国法院知识产权司法保护状况（2010 年）》。

机制,完善检察办案保护创新创业容错机制①,全面发挥知识产权刑事司法保护的"压舱石"作用。

二、知识产权检察民事司法保护

1982 年,中国第一部民事诉讼法《中华人民共和国民事诉讼法(试行)》第十二条规定"人民检察院有权对人民法院的民事审判活动实行法律监督",以立法形式确立了民事检察的地位。随后,《中华人民共和国民事诉讼法》(以下简称《民事诉讼法》)的几次修订,以及《人民检察院民事诉讼监督规则》(以下简称《民诉监督规则》)的试行与调整,推动了我国民事检察不断强化与发展。在当前我国涉知识产权的争议纠纷中,民事纠纷占绝对多数,且纠纷类型纷繁复杂。庞大的案件体量是知识产权民事检察拥有的巨大宝库,也对民事检察监督提出了更高的要求。有学者指出,由于知识产权客体本身的专业性较强、客观上的裁判空间较大,而且司法实践中"地方保护主义"倾向明显,裁判尺度不统一是目前我国知识产权司法中存在的明显现象。②正因如此,知识产权检察民事司法保护大有可为。

2023 年 4 月,最高检颁布《人民检察院办理知识产权案件工作指引》(以下简称《工作指引》),对知识产权民事案件监督范围、监督方式及办案要点都作出明确规定,为知识产权民事司法保护提供了办案指南。具体有以下几个方面的内容:一是细化了《民诉监督规则》中依职权监督的"重大社会影响"内容,体现出对医药、食品、环境及涉及高新技术、关键核心技术的保护重心;二是明确了知识产权民事诉讼监督案件的范围,包括侵权纠纷、合同纠纷、不正当竞争纠纷、垄断纠纷等,案件范围广且细,也与最新的立法相统一;三是规范了民事检察监督的形式,包括民事诉讼监

---

① 参见《最高人民检察院关于全面加强新时代知识产权检察工作的意见》。
② 马一德:《知识产权检察保护制度论纲》,载《知识产权》2021 年第 8 期。

督、民事支持起诉、虚假诉讼监督,同时分别对各个形式的审查重点作出指引;四是进一步细化了依申请民事诉讼监督的审查要点,对著作权、商标权、专利权、反不正当竞争、合同纠纷案件分别列明。

总体而言,知识产权检察民事司法保护属于知识产权检察履职的"蓝海"领域,仍有巨大的潜能有待挖掘。数据显示,2022 年,全国检察机关共受理涉知识产权民事监督案件 730 余起,与当年全国法院新收知识产权案件 52 万余起[①]的数字相比,仅仅是冰山一角。在此种形势下,唯有贯彻落实积极履职,精准监督理念,高效利用司法资源,破解线索发现难题,才能实现对知识产权民事诉讼的有效监督,推动检察办案与社会治理深度融合。[②]

三、知识产权检察行政司法保护

行政诉讼监督是宪法和法律赋予人民检察院的一项基本职权,也是我国行政诉讼的一项重要法律制度。行政检察发展历经三十余年,自设立之初与民事检察相捆绑,直到检察内设机构改革开始寻求突破,独立发展。[③]我国《商标法》规定商标实行注册制,欲取得商标专用权的应当向行政机关申请商标注册;同样,发明人欲获得专利权的也应当向行政机关提出申请。在司法实践中,因行政审查的合法性、权利来源的正当性、权利授予的有效性等问题引发的知识产权权利人与行政机关间的纠纷普遍存在,这些行政案件的裁判结果也常常作为知识产权民事侵权案件的重要依据。这也就为行政诉讼监督在知识产权保护中的作用实现提供了制度契机。[④]

---

① 参见最高人民法院发布《中国法院知识产权司法保护状况(2022 年)》。

② 牛廷彪:《如何实现对知识产权民事诉讼的精准监督》,载《检察日报》2022 年 10 月 19 日。

③ 宋京霖:《寻求突破的行政检察》,载《中国检察官(司法实务)》2021 年第 11 期。

④ 苏泽祺:《行政诉讼监督助力新时代知识产权保护》,载"君策 Justra"微信公众号,https://mp.weixin.qq.com/s/sBOL9cd2ugmGdF76NklxFQ,2023 年 9 月 30 日访问。

一方面,在知识产权保护层面,我国建立了与司法保护并行的知识产权行政执法体制。有学者称之为有中国特色的"双轨制"保护。①行政执法对知识产权的保护具有程序快捷便利、处理高效迅速的优势,但也存在执法机构分散、执法力度欠缺、执法标准不统一的弊端。行政权力若运用不当,会对知识产权保护和社会主义市场经济秩序造成负面影响,因此,行政检察的监督对于确保行政执法权公平公正行使具有重要作用。另一方面,推进落实行政诉讼监督在新时代的背景下具有重要意义。从宏观层面看,依法实施行政诉讼监督是宪法赋予检察机关的法定职责和神圣使命,是推进全面依法治国的必然要求。从微观层面看,有利于发挥行政诉讼监督"一手托两家"的作用,有效解决行政纠纷,保障行政相对人的合法权益,推动公平正义在行政审判案件中的具体实现。

近年来,行政检察领域发布了一系列社会影响力大、反响好的典型案例。例如,在 2012 年的"鸭王"商标案中,当事人向检察机关申诉,后由最高检向最高法提起抗诉,最终经北京市高院依法重审获得改判,依法保障了当事人的合法权益。2022 年的"蒙娜丽莎"商标案同样是在两审败诉的情况下,经当事人申请,由最高检抗诉后获得改判。在产生广泛社会影响的同时,这些案件对涉及的程序问题和实体问题的处理,也对类似案件起到了良好的示范和指导作用。在典型案例的影响下,越来越多的权利人通过行政诉讼监督进行维权。如陕西白水某康酒业有限责任公司申请行政诉讼监督案中,权利人先后向法院起诉、上诉、申请再审均未获得支持后,又向检察机关申请监督,最终在检察机关的工作下,当事人达成和解协议,促进商标行政争议实质性化解。

四、知识产权检察公益诉讼司法保护

2015 年,全国人大常委会决定在 13 个省、自治区、直辖市开展公益

---

① 马一德:《知识产权检察保护制度论纲》,载《知识产权》2021 年第 8 期。

诉讼检察工作试点。2017年,《民事诉讼法》《行政诉讼法》修订,正式确立了检察公益诉讼制度。多年来,检察机关在生态环境和资源保护、食品药品安全、国有资产保护、国有土地使用权出让四个传统法定领域外,积极探索英烈保护、未成年人保护、军人地位和权益保障等多个新领域的公益诉讼司法保护。2020年6月,上海市人大常委会在通过的《关于加强检察公益诉讼工作的决定》中提出,要围绕上海"五个中心"建设和经济社会发展,探索开展知识产权等领域的公益诉讼工作,这在地方立法中尚属首创。2022年3月1日发布的《最高人民检察院关于全面加强新时代知识产权检察工作的意见》提出"稳步开展知识产权领域公益诉讼",通过官方文件将知识产权纳入公益诉讼"等外"范围。

近年来,知识产权领域的纠纷层出不穷,如商标恶意注册等问题不仅直接损害了知识产权人的合法权益,还对社会公益造成不可忽视的不利影响。虽然知识产权具有私权的属性,但不能忽视其公益属性,应当关注知识产权权利滥用对经济发展、技术创新和公共利益可能造成的侵蚀,以及知识产权专利或者商标被宣告无效后对相关行业发展、企业技术创新和扩大投资等方面的积极作用。[1]因此,理论层面将知识产权纳入公益诉讼"等外"范围有一定的必要性。目前,我国相关法律对知识产权领域的检察公益保护预留了制度空间。例如2022年修订的《中华人民共和国反垄断法》第六十条第二款[2],明确提出检察机关可以针对损害社会公共利益的垄断行为提起民事公益诉讼,但也仅有该一条规定;《中华人民共和国著作权法》和《中华人民共和国专利法》(以下简称《专利法》)则只是提出了著作权人和专利权人在行使权利时不得损害公共利益的原则性表述。可见,相关的法律法规分布较为零散,缺乏一定的体系性和可操作

---

[1] 戚永福:《知识产权公益诉讼的必要性和可能空间》,载《检察风云》2020年第21期。
[2] 《反垄断法》第六十条第二款规定:"经营者实施垄断行为,损害社会公共利益的,设区的市级以上人民检察院可以依法向人民法院提起民事公益诉讼。"

性,未对相关公共利益保护的范围、途径和手段作出明确规定①,这也为检察公益诉讼的开展带来了一定挑战。当前知识产权检察公益诉讼仍处于探索试点阶段,实践中的案件数量也很少,最高检及各级各地检察机关发布的典型案例中绝大多数是关于地理标志的行政公益诉讼案件,如最高检 2023 年 4 月发布的"检察机关知识产权保护典型案例"中的"白蕉海鲈"地理标志保护行政公益诉讼案、宁夏回族自治区检察院发布的"2022年度知识产权保护典型案例"中的"中宁枸杞"品牌行政公益诉讼案、"2022 年无锡检察机关保护知识产权典型案例"中的"阳山"水蜜桃品牌保护专项行动。此外,存在个别民事公益诉讼案件,如"安徽省检察机关知识产权保护典型案例"中的张某龙等 7 人生产、销售假冒注册商标化肥民事公益诉讼案。从总体上来看,相较于知识产权种类繁多的客体,目前知识产权检察公益诉讼的案件线索仍有待进一步挖掘,案件范围仍有待进一步开拓。

第二节　知识产权检察综合司法保护面临的挑战

一、依法积极履职理念有待加强

主动履行检察职能是检察机关对新时期法治逻辑与时代潮流的积极回应,符合我国检察制度高质量发展的要求。我国面临着极为复杂的国际国内形势,尽快实现产业升级转型,实现经济社会高质量发展已刻不容缓。检察机关作为国家法律监督机关,应当积极履职、积极作为,在时代大流中贡献检察智慧,丰富检察职能的时代内涵。知识产权检察综合司法保护要求检察机关在行使法律监督职责时积极作为。知识产权综合司法保护的初衷便是由检察机关运用检察权,利用刑事、民事、公益诉讼等

---

① 赵璐:《检察视域中知产公益诉讼探析》,载《检察风云》2022 年第 22 期。

各类职权加强对侵犯知识产权行为的打击,维护权利人的合法权益,助力经济社会高质量发展。

一方面,理念转变不及时。新时代检察机关履行法律监督职能以四大职能、十大业务为主阵地。实践中,检察机关往往认为法律监督职能的内涵是传统的批捕、公诉、民行监督及公益诉讼,未将知识产权综合保护纳入关注范围,对知识产权的保护仍停留在被动受案、日常履职的过程中。但这种工作理念已落后于严峻的知识产权保护现状,无法满足新时代国家发展的迫切需要。另一方面,意义认识不深刻。事实上,面对高质量发展的新要求,知识产权保护具有重要意义。知识产权事关创新的积极性,事关国家发展模式的转变。但部分检察干警并未意识到知识产权的重要意义,仍将注意力集中在传统的检察职能上,认为打击暴力犯罪、维护社会稳定是检察机关的主职主责。但对于新时代的检察机关而言,应当具有新格局、高站位,运用检察职能助力经济社会高质量发展。

二、综合司法保护模式不够健全

现有综合司法保护模式已经取得了一定成效,但应当认识到,其作为一项新制度,仍需要通过理论实践的探索进行完善。

首先,知识产权综合司法保护的队伍建设有待完善。如前所述,知识产权作为专业性较强的领域,其高要求已经超出了很多检察干警的能力范畴。综合司法保护事关国家高质量发展,但队伍建设方面并未及时跟进,专业性较强的办案队伍尚未形成,且相关知识的系统化培训较为缺乏,仅依靠原有的办案经验无法实现要求更高、涉及范围更广的知识产权综合保护。专业队伍建设并非一朝一夕就能完成,需要通过系统化对检察干警的职能履行、办案理念、专业知识等方面进行改造。面对日益迫切的现实需求,建立专业的知识产权综合司法保护的队伍已刻不容缓。

其次,知识产权保护手段不均衡的现象依然存在。现阶段,对于侵犯知识产权犯罪的打击发展得较为迅猛,2023 年上半年起诉的刑事案件数已远超往年全年的水平。①民事、行政及公益诉讼领域对知识产权的保护也有了长足的发展。2022 年,全国检察机关共起诉侵犯知识产权犯罪1.3 万人,办理知识产权民事行政诉讼监督案件 937 起,同比上升 72.2%。②但民事、行政检察及公益诉讼检察的发展较刑事而言较为迟缓,案件数量总量较少,能够积累的实践经验也相对不足,导致这些领域对知识产权的保护力度与刑事检察的保护力度之间的差距进一步拉大。刑事检察在"四大检察"中的地位较为特殊,是检察机关运用最为成熟的法律监督手段,因此并非民事、行政、公益诉讼等领域不存在知识产权保护的问题,而是相关部门未能及时发现相关问题,同时缺乏必要的创新手段去化解问题。

最后,综合司法保护未形成合力。知识产权不同于一般权利,其涉及面远广于其他权利,例如著作权、商标权被侵犯往往不会集中于个例,而是在一定时间段内被大范围不合理利用,从而侵犯了权利人本来应有的利益。面对这种新的权利保护需求,仅仅依靠单个机关或者单个部门单打独斗是远远不够的。但现阶段就知识产权综合司法保护而言,不同单位之间缺乏协作配合,实践中并未出现专门适用于知识产权保护的线索移送、证据固定等机制,不同地区检察机关之间、上下级检察机关之间及检察机关内部都未形成适应新要求的办案模式。

三、行政司法双向衔接机制不畅

知识产权保护是一个全链条过程,检察机关是其中的重要一环,理应在既有的法律框架下充分发挥职能作用,释放有利于知识产权保护的最

① 《2021 年全国检察机关主要办案数据》,https://mp.weixin.qq.com/s/6tp1gEbkfxkp-77NBu2SIfA,2023 年 10 月 13 日访问。
② 张羽:《以综合履职推进知识产权司法保护——专访最高人民检察院知识产权检察办公室主任刘太宗》,载《检察日报》2023 年 3 月 2 日。

大效能。检察机关不仅承担着对涉嫌犯罪的侵权人进行起诉、对法院与行政机关进行监督的法律职能,同时发挥着与行政机关联动的功能,但行政司法双向衔接不畅在一定程度上影响了综合司法保护的效应。

首先,信息共享不充分。知识产权的行政管理工作由专门的法律进行规定,并由专门的行政机关负责,检察机关的知识产权案件主要依移送受理,而检察机关尚未与知识产权局等行政职能部门形成有效的沟通交流机制和信息共享机制。与检察机关联系最为紧密的机关是公安机关,但公安机关无法及时掌握知识产权被侵害的动态,这就导致检察机关获取信息的渠道变得十分有限。信息共享需要常态化、系统化,必须有专门的机制与人员进行沟通,否则信息传递会存在片面性、滞后性等不足。建立专门的信息传递机制并未得到普遍重视,导致检察机关与行政机关之间的信息共享尚不充分,不利于知识产权大保护格局建设。

其次,线索移送不及时。线索及时移送是案件办理、权利保护的关键所在。现阶段,部分检察机关在知识产权案件办理过程中发现涉案人员或单位可能涉嫌犯罪或其他违法行为,未按规定将涉案线索移送检察机关内部其他业务部门或侦查机关等其他具有管辖权的机关。现有机制中,检察机关内部的线索移送机制已基本成型,但检察机关与行政机关的线索移送机制较为少见,这就导致本应进入司法程序的侵犯知识产权的违法犯罪案件得不到有效追究,本应得到行政处罚的侵犯知识产权的违法行为也得不到处罚,这种模式导致相关部门不能发现并及时解决知识产权领域的热点难点问题,不利于积极回应知识产权保护的新需求。

最后,法律监督不彻底。《人民检察院办理知识产权案件工作指引》规定,人民检察院在办理知识产权案件中,认为行政执法机关应当依法移送涉嫌犯罪案件而不移送的,应当经法定程序向同级行政执法机关提出检察意见,要求行政执法机关及时向公安机关移送案件并将有关材料抄送人民检察院。但实践中监督行政机关依法履行职责并未得到普遍重视。部分检察机关在工作时仍抱有多一事不如少一事的惰怠心理,对行政机关的不作为视而不见,导致行政机关在很大程度上无法通过外部途径审视自身履行职能的不足之处,对知识产权的保护产生了负面影响。检察机关作为法律监督机关,若无法及时充分地对行政机关的违法作为或者不作为进行监督,则难以保持已经建立的知识产权综合保护合力。

四、回应权利主体需求效果不佳

保护知识产权就是保护创新。①知识产权易被侵犯且救济困难,权利人通过民事诉讼获得侵权赔偿周期长、成本高、举证难度大。对于权利人而言,其最终目的是通过法律规定的救济途径,挽回利益损失,获得合理的赔偿。实践中,检察机关对权利主体的这一诉求缺乏有针对性的回应。

首先,一诉了之、一罚了之的现象依然存在。检察机关办理知识产权的案件时,应当及时听取涉案人员的意见,以人民诉求作为案件办理的重要着力点。但部分检察机关在履行知识产权综合司法保护的职能时,仍未摆脱传统办案思维,将注意力集中在对涉案当事人的处罚上,未对权利人的核心诉求进行必要的回应。办案时,调解、听证等手段的运用相对不足,导致未能在既定案件事实的基础上促进双方当事人和解,未能达到既依法维护权利人合法权益又给予侵权人从轻处罚机会的"双赢"局面。

其次,针对性办案仍未普及。知识产权侵权模式十分多样,权利人在维权时往往存在诸多困难。例如某企业遭受网络电商假冒侵权现象严重,却苦于存证困难而无从维权。此时检察机关应当针对案件的实际情况,制定专门的办案手段。检察机关可以加强检企联动,利用自身法律知识的优势及证据收集的优势帮助企业固定相应的证据,有的放矢地提供检察服务。但现实中部分检察机关办案仍遵循一般模式,无视权利人的

---

① 刘太宗:《以综合履职推进知识产权司法保护》,载《人民检察》2023 年第 6 期。

特殊需求,导致案件虽办结,权利却依然未得到维护,权利人的创新积极性也并未得到保护,综合司法保护的目的也无从实现。

最后,源头治理有待加强。知识产权的权利维护要求创新知识产权检察保护模式,部分检察机关在全力维护权利人利益的同时会忽略源头治理的重要性。一方面,面对部分被侵害企业存在的经营管理漏洞,检察机关在综合运用各种手段进行填补的同时,应当将关注点延伸至企业的经营管理上,通过社会治理检察建议等手段帮助受害企业填补制度缺漏,建立权利长效保护机制。另一方面,检察机关应当充分利用企业适法、认罪认罚等制度,及时引进第三方监督评估、人民监督员监督办案、公开听证等机制,促进涉案企业加强适法整改、依法经营,健康发展,给予涉案人员生存空间。办理知识产权案件时源头治理的重要性尚未在实践中得到普遍认同,综合司法保护的重要意义也未能得到充分体现。

五、知识产权综合履职能力不足

不可否认,检察机关积极推动知识产权综合司法保护工作已经取得了一定的实践成效。但由于理论研究与实践探索尚不充分,知识产权检察保护的功能性障碍依旧存在。

首先,检察机关内部行使职权的联动性不足。司法体制改革后,涉及知识产权保护的刑事检察、民事行政检察、公益诉讼检察分属不同部分,实际上综合保护的权力由不同机构分散行使,这种缺乏合作与衔接的机制无法满足知识产权一体保护的现实需要。[1]最高检针对这一问题已经作出了一定部署,知识产权检察一体化办案机制已在全国范围开展,但由于缺乏进一步的细化规定和具体可行的操作指引,如何在各部门之间形成良性互动,将检察智慧凝聚起来促进知识产权保护进一步发展,仍存在

---

① 刘惠:《优化知识产权检察综合保护服务保障创新型国家建设》,载《中国检察官(司法实务)》2023 年第 3 期。

许多值得探索的地方。刑事案件仍占知识产权检察办案的绝大多数,民事、行政、公益诉讼检察职能作用虽有进步但终究有限,各职能各职权间的良性联动仍然不足。

其次,对知识产权案件的规律性把握不足。最高检部署全国进行知识产权的综合保护,坚决推动"一案四查",是从知识产权案件办理的本质规律出发的合理举措。知识产权案件审查过程不应仅局限于案件本身,还要注意案件是否涉嫌刑事犯罪、行政违法、民事赔偿等问题,实现办案理念融合和工作整合。要实现预期的办案效果,则必须发挥检察一体化优势,统一调配专业力量,从不同专业角度对同一案件事实进行全面分析。某些行使检察职能的惯性思维仍然存在,对知识产权的保护依然从单一角度切入,无法从整体上实现对知识产权的多维度保护。

最后,专业能力更新不及时。检察工作浩瀚繁复,这对检察干警的工作能力也提出了新的要求,作为检察人应当及时根据工作需要掌握新的专业知识。知识产权具有较强的专业性,其权利属性与法律属性也不同于一般的刑事、民事及行政问题,因此于很多检察干警而言,运用各种手段对知识产权进行综合保护已经脱离了工作的舒适圈,这在一定程度上挫伤了检察干警主动保护知识产权的积极性。新的信息技术手段也对知识产权综合保护提出了新的挑战,例如司法实践中围绕短视频等互联网版权争议的问题较多,涉及法律判断标准界限,此类案件对于大部分检察干警而言,也属于新情况、新问题。知识产权案件办理若不能紧跟时代潮流,则必然影响整体的司法保护效能。

第三节　新时代知识产权检察积极履职的视野维度分析

2022年3月,时任最高检检察长张军在第十三届全国人大五次会议上所作最高检工作报告通篇以"依法积极履职"为主线,凸显出依法积极履职在现代检察实践工作中的重要性,亦展示了近年来检察机关在检察履职的理念、路径、模式和方法上的优化与创新。接下来将从法治保障、制约监督、检察为民、社会治理、数字赋能这五个维度充分阐释检察机关依法积极履职的深刻内涵与应有之义,为知识产权检察综合司法保护的路径优化提供更为扎实的理论基础与有益的实践经验。

一、在法治保障中依法积极履职

检察机关作为保障国家法律统一正确实施的司法机关,要注重坚持以法治思维、法治方式实现法律监督,要发挥好法治固根本、稳预期、利长远的保障作用,努力实现政治效果、社会效果和法律效果的有机统一。2018年,最高检确立了刑事、民事、行政、公益诉讼"四大检察"法律监督工作新格局,"四大检察"并驾齐驱,形成了我国检察监督的基本框架。2020年11月,最高检组建知识产权检察办公室,整合各项检察职能,统筹推进知识产权检察工作,加强知识产权全方位综合性司法保护。[①]至2023年11月,全国所有省级检察机关均设立了专门的知识产权办案部门,对知识产权进行针对性保护。检察一体化是检察权运行的基本原则,由于知识产权链条式、跨区域的属性,近年来知识产权检察一体化推进的步伐始终走在其他业务领域之前。在上下一体化方面,最高检知识产权检察办公室集中统一履行知识产权检察职能,领导各地检察机关知识产权检察工作。上级检察机关也可以根据案件实际,通过指定管辖、联合办案等形式,整合办案力量,实现办案效果最优化。[②]在跨区域一体化方面,各地也探索跨区域检察一体工作,如2021年长三角生态绿色一体化发展示范区知识产权检察保护中心成立。此外,近年来多省市对原铁路系统

[①] 张军:《坚持以习近平法治思想为指引 依法能动践行以人民为中心的发展思想》,载《学习时报》2022年6月6日,第1版。

[②] 赵亮:《检察一体化的履职展开》,载《检察日报》2022年11月7日。

检察机关进行改制,建立跨区域检察机关,对知识产权等专门案件实行集中管辖。

2021 年 6 月 15 日,《中共中央关于加强新时代检察机关法律监督工作的意见》(以下简称"中发 28 号文件")中明确指出,检察机关要加强知识产权司法保护,服务保障创新驱动发展。2022 年,最高检接连发布《关于全面加强新时代知识产权检察工作的意见》《关于强化知识产权协同保护的意见》《关于加强知识产权鉴定工作衔接的意见》等多份意见文件,为全国检察机关建立健全知识产权检察综合履职模式、深化知识产权综合保护工作提供基本遵循和工作指引。在检察实践中,知识产权案件,尤其是专利权案件,通常具有举证难、周期长、技术复杂、专业性强等特点,如上海市浦东新区人民检察院办理的"专利敲诈勒索第一案"[①],检法两家对于该案的争议焦点之一就是应当如何对李某某等人通过合法程序申请到的专利涉及的诉讼索赔行为进行定性,应当认定其为正当的维权行为,还是涉嫌敲诈勒索的犯罪行为。[②]该案体现出我国知识产权类案件的一大特性,即民行刑交叉问题的普遍性、复杂性。强化知识产权综合司法保护是最高检党组确定的一项重要课题。最高检在知识产权检察领域,经充分调查论证、实践探索,采取了与其他案件不同的监督模式,整合刑事、民事、行政、公益诉讼检察职能,并配套出台了多份文件,对知识产权案件开展"一案四查",一体化、综合化解决知识产权刑事责任追究、民事追责、行政执法和公益保护问题,充分展示了检察机关在知识产权检察监督法

---

①　简要案情:李某某利用其经营的科斗公司、本星公司等申请大量涉及多个技术领域的专利,未实际使用却通过上网搜索等途径寻找在生产经营中使用与其相似专利的单位,向法院提起专利权纠纷诉讼,以诉讼影响企业生产经营、上市、融资等为要挟,与被诉方签订专利实施许可合同、和解协议等,迫使对方支付钱款,换取其撤诉或不再主张专利权,先后迫使 4 家被害单位与科斗公司等单位签订专利实施许可合同或和解协议,以专利实施许可费、补偿款等名义向被害单位索取 216.3 万元,实际得款 116.3 万元。该案被媒体称为"专利敲诈勒索第一案"。

②　陈禹橦:《滥用专利诉权行为的刑事规制——以"专利敲诈勒索第一案"为切入》,载《电子知识产权》2023 年第 1 期。

治保障中充分发挥主动性,加强顶层设计,自觉融入国家治理和社会治理,以依法积极履职保护知识产权、服务保障创新驱动发展的探索成果。

二、在制约监督中依法积极履职

2022 年最高检工作报告中提出,要在制约监督中依法积极履职,促进执法司法机关自我纠错、减少纠错,一体推进严格执法、公正司法,助力法治中国建设。2023 年最高检工作报告中进一步提出,要充分发挥融入式监督的优势,一体推进执法司法制约监督机制建设,在监督办案中践行人民至上。深化行政执法和刑事司法双向衔接机制是检察机关在制约监督中依法积极履职的重要内容之一,《知识产权强国建设纲要(2021—2035 年)》明确提出,健全统一领导、衔接顺畅、快速高效的协同保护格局。中发 28 号文件明确要求完善检察机关与侦查机关、知识产权保护执法机关等其他单位之间的信息共享机制,畅通行政处罚与刑事司法之间的双向衔接通道。事实上,以侵犯知识产权罪司法解释制定、行刑衔接制度建设等为根基,我国知识产权司法执法协同一体的局面已经初步建立。

具体到涉知识产权案件中来看,综合国家知识产权局 2010—2022 年权威发布的《中国知识产权保护状况(白皮书)》的统计数据,可以发现行政执法机关立案查处的知识产权案件数量与移送的涉嫌犯罪数量相距甚远。检察机关应依法积极履职,探索打破行政执法与刑事司法的移送"壁垒",在制约监督中更好发挥法律监督的独特价值。在检察实践中,已有诸多检察机关和行政机关开展良性互动的有益探索实践。如最高检2022 年 2 月发布了有关知识产权综合性司法保护的四起典型案例,其中,大某视界文化传媒有限公司、张某等四人侵犯著作权案中,刑事案件线索正是来源于行政执法机关根据知识产权行刑衔接机制移送的文件。检察机关积极发挥法律监督在行刑衔接中的作用,在线索移送、刑案办结后,积极助推企业全面适法整改,继而推动行业治理。2022 年 4 月 25

日,最高检联合国家知识产权局印发《关于强化知识产权协同保护的意见》。该文件从双方联络机制常态化、信息共享常规化、业务支撑互助常态化、办案协作密切化等方面对知识产权保护工作进行规划与展望,推动知识产权管理部门和检察机关在知识产权保护工作中的合作,从制度层面完善行政执法和司法衔接机制,不断形成行政执法与刑事司法标准的统一,推进规范执法和公正司法。该意见明确提出知识产权管理部门和检察机关对于行政授权确权和检察监督中的关联案件应建立双向通报制度,对于专利、商标行政执法和刑事司法信息应建立信息通报制度和共享平台。

三、在检察为民中依法积极履职

深化依法积极履职,关键在于"高质效办好每一个案件";高质效办好每一个案件的最终目标就是努力让人民群众在每一个司法案件中感受到公平正义。随着时代变迁,人民群众对美好生活的向往有了新的内涵,对公平正义、民主法治、社会稳定、环境治理等方面都提出了更高的要求。基于此,为更好满足人民群众的新期待、新向往,检察机关必须在检察为民的维度下依法积极履职,切实担起党和人民赋予的更重责任。

检察机关在办理涉知识产权刑事案件的过程中,不但要扎实办理案件,而且要充分发挥检察监督的独特价值,把保障知识产权权利人、消费者等主体的各类权益与社会治理融入办案实践,实现治罪与治理并重的价值预期。最高检近年来发布了多批次、多类型的涉知识产权指导性案例和典型案例,为检察机关提供了办案实践的指引和方法论的指导。如最高检2021年发布了第二十六批指导性案例,在邓秋城、双善食品(厦门)有限公司等销售假冒注册商标的商品案(检例第98号)中,检察机关在依法严惩假冒注册商标类犯罪的同时,注重运用检察建议推动相关组织对刑事案件中涉及的社会公共利益问题提起民事公益诉讼,主动维护更大范围的消费者群体合法权益；最高检 2021 年发布的 2020 年度检察机关保护知识产权典型案例之上海李某某等侵犯著作权案（案例 5）中，检察机关在审查起诉环节，除开展准备定性工作外，亦迅速告知权利人乐高公司诉讼权利义务。这一举动不仅能够协助查明全案事实，更重要的是有助于权利人更加实质性地参与刑事诉讼活动，充分保障其自身合法权益；在最高检 2022 年发布的检察机关知识产权综合性司法保护典型案例之山东福某达环保工程有限公司马某强、郭某侵犯商业秘密案（案例 2）中，检察机关依法向知识产权权利人告知诉讼权利义务，并听取权利人的意见，提起刑事附带民事诉讼，一体解决刑事责任追究和民事责任承担问题，既全面查明案件事实，又提高诉讼办案效率，节约司法资源。

检察为民是落实到每一个具体案件中的以人民为中心的检察担当与使命。上述案例从刑事案件的办理延伸至民事、公益诉讼检察监督，展示了检察机关在检察为民维度上依法积极履职的生动检察实践，特别是涉知识产权案件，涉及领域多、内容广、专业复杂，更需要检察机关不断夯实知识储备、整合各项检察职责，集约高效地进行办理。

四、在社会治理中依法积极履职

党的十九届四中全会通过的《中共中央关于坚持和完善中国特色社会主义制度、推进国家治理体系和治理能力现代化若干重大问题的决定》提出，必须加强和创新社会治理，完善党委领导、政府负责、民主协商、社会协同、公众参与、法治保障、科技支撑的社会治理体系，建设人人有责、人人尽责、人人享有的社会治理共同体①，并对司法机关积极参与社会治

---

① 《中共中央关于坚持和完善中国特色社会主义制度　推进国家治理体系和治理能力现代化若干重大问题的决定》，载中华人民共和国中央人民政府网，http://www.gov.cn/zhengce/2019-11/05/content_5449023.htm?ivk_sa＝1024320u，2023 年 9 月 30 日访问。

理提出了明确的要求。①2019 年起施行的《人民检察院检察建议工作规定》(高检发释字〔2019〕1 号)(以下简称《检察建议工作规定》)首次以法律的形式明确将社会治理检察建议列为检察机关能够依法提出的五种检察建议中的一种类型。根据《检察建议工作规定》第十一条规定,社会治理检察建议主要是针对办案中发现的管理监督漏洞、社会潜在风险等情形,向有关单位和部门提出的改进工作机制、完善社会治理的检察建议。社会治理检察建议具有以下特点:第一,制发对象广泛,可以是涉案单位、行业主管部门,也可以是相关单位或部门;第二,制发情形多样,可以针对制度的健全完善、管理监管漏洞的消除改进,也可以针对民间纠纷问题突出需完善相关风险预警防范、相关人员的处置追究等情形。目前,刑事、民事、行政、公益诉讼检察部门都可制发社会治理检察建议。②

在检察履职过程中,知识产权领域出现了诸多不同以往的犯罪行为,呈现出案情更为复杂、涉及范围更广的新情况,不仅严重挫败了知识产权人的创新积极性,还损害了消费者群体的合法权益,对社会主义市场经济秩序造成一定程度的冲击。检察机关在办理涉知识产权刑事、民事、行政和公益诉讼案件的过程中,坚持治罪与治理并重,发现涉知识产权案件普遍性、共性、苗头性、倾向性社会治理问题,向有关主体制发社会治理检察建议,帮助企业进行适法经营,激活企业创新活力,是检察机关依法积极履职、贯彻落实"持续跟进监督"理念、努力做好知识产权保护"后半篇文章"、真正参与和融入社会治理的有益实践。③在此过程中,社会治理检察建议构筑了检察机关向治理前端反馈的制度化渠道。④在前端的具体办

①　郝铁川:《构建社会治理检察建议制度的理论基础》,载《人民检察》2020 年第 21 期。

②　刘艺:《社会治理类检察建议的特征分析与体系完善》,载《中国法律评论》2021 年第 5 期。

③　最高检 2021 年发布的 2020 年度检察机关保护知识产权典型案例中,案例 1、案例 4、案例 8、案例 9,最高检 2022 年发布的检察机关保护知识产权服务创新驱动发展典型案例中,案例 6、案例 7、案例 8,均有检察机关探索开展企业适法实践的相关经验做法。

④　李军、朱一燕、苏宝成:《社会治理类检察建议应突出法治保障功能》,载《人民检察》2021 年第 11 期。

案实践与后端的社会治理检察建议的共同作用下,检察机关实现全流程参与社会治理,由点及面,从个案到类案,为打造"共建共治共享"的社会治理格局提供了独有的检察经验。同时,社会治理检察建议在制度设计、实质内容、推进落实上都存在一定的规范性欠缺,具有相对柔性、谦抑性、灵活性的特点,因此其能够在现有检察业务架构中全面覆盖并被广泛运用,亦反映出检察理念与法律监督机制在新时代的主动且稳步的调整①,是检察机关自觉融入国家治理和社会治理的有益实践探索。

五、在数字赋能中依法积极履职

习近平总书记强调,法治建设要抓末端、治已病,更要抓前端、治未病。深化实施数字检察战略是实现"高质效办好每一个案件"的重要途径。要真正实现检察监督高质量发展、有效推进类案监督与开展源头治理,检察机关必须依法积极履职,依托大数据,整合大数据,用活大数据,打破"信息孤岛""数据壁垒",运用大数据赋能,积极履职提升检察工作质效,促进协同治理,助力国家治理体系和治理能力现代化。②

2017年6月起,最高检开启了检察大数据战略布局。2021年6月,中发28号文件明确要求加强检察机关信息化、智能化建设,运用大数据、区块链等技术推进部门大数据协同办案。自此之后,各地检察机关开启了各领域大数据法律监督的探索实践,涉知识产权案件也不例外。2021年起,诸多检察机关在办理涉知识产权案件的过程中充分利用大数据提

---

① 刘艺:《社会治理类检察建议的特征分析与体系完善》,载《中国法律评论》2021年第5期。

② 《让大数据激发法律监督新动能》,载"最高人民检察院"微信公众号,https://mp.weixin.qq.com/s?search_click_id = 5276794846028959972-1662087247042-5688705311&.__biz = MzA4MjQ5MzMyIxNQ = &.mid = 2650787572&.idx = 1&.sn = 5e41a4204a28968fd3c97f4b9301c5f8&.chksm = 878f8484b0f80d926c6442522090f7c48e9302b4f4162d2d7e515e549819e66863dbfd99a0fe&.scene = 0&.subscene = 10000&.clicktime = 1662087247&.enterid = 1662087247&.sessionid = 0&.ascene = 65&.fasttmpl_type = 0&.fasttmpl_fullversion = 6311748-zh_CN-zip&.fasttmpl_flag = 0&.realreporttime = 1662087247084♯rd,2023年9月30日访问。

升监督质效。如近期最高检发布的第四十八批指导性案例中,检例第192号著作权权属、侵权纠纷等系列虚假诉讼监督案正是检察机关以大数据赋能创新法律监督模式的成功案例。浙江省绍兴市柯桥区人民检察院(以下简称"柯桥区院")在办理该案的过程中,一是通过绍兴市人民检察院开发的"民事裁判文书智慧监督系统"检索"著作权权属、侵权纠纷"类相关案件;二是将近3 000件案件涉及的纺织品花型通过"AI智审系统"进行数据检索比对,发现原告主张的著作权纺织品花型早已在市场上流通,因此认为可能涉及虚假诉讼;三是梳理出由同一律师事务所代理的案件,并通过大数据比对找寻被告支付给原告侵权补偿款最后的资金流向周某某等人。随后,检察机关将周某某等人涉嫌敲诈勒索的线索移送至公安机关。

检例第192号带给我们的启示是,检察机关在开展大数据法律监督的过程中,要在充分调查核实的基础上,对涉案案件是否有大数据监督的必要性、可行性及可操作性问题展开充分论证,并主动选取大数据碰撞比对关键点开展数据分析。同时,应与相关行政机关、审判机关、税务部门等单位开展数据共享平台的开发建设,织密大数据网。具体到涉知识产权案件中,无论是著作权领域短视频平台飞速发展带来的新型著作权侵权形态的变化,还是商标权领域假冒注册商标、地理标志等侵权案件的频发,抑或专利权领域高度专业化的发明、设计侵权纠纷,如能打通关键比对点的数据壁垒,从个案解决迈向类案监督治理,不仅可以更快更好更准地惩治犯罪,还可以提升办案质效,真正实现源头治理。

第四节　知识产权检察综合司法保护的路径优化

党的十八大以来,我国知识产权司法保护体制不断完善,在行政执法、司法审判、检察监督等层面均开展了一系列知识产权保护的探索实践。检察机关作为法律监督机关,担负着追诉知识产权犯罪、监督知识产权法律统一正确实施的重要职责使命,近年来逐步实现知识产权案件专门部门协调、专人办理,知识产权检察综合司法保护进入新的发展期。但伴随着司法改革的不断深入,实践中,知识产权检察综合司法保护仍面临"四大检察"发展不均衡、两法衔接机制不顺畅、存在保护难点堵点等问题。在依法积极履职视野下,结合理论发展与实践探索,从增强依法积极履职和综合司法保护理念、完善知识产权检察综合司法保护的模式、探索知识产权检察综合司法保护的协作、强化检察履职对知识产权权利享有者的保护和统筹检察机关四大职能促进综合司法保护等方面提出展望,以期能为知识产权保护的全面发展提供一定参考。

一、增强依法积极履职和综合司法保护理念

习近平总书记多次强调,创新是引领发展的第一动力,保护知识产权就是保护创新。在知识产权综合司法保护的过程中,检察机关亦需要将创新思维、创新理念融入办案实践。

首先,要充分认识到人民群众对于公平正义需求的变化。进入新时代,我国社会主要矛盾发生变化,人民群众在公平、正义等方面的需要已经从"有没有"进阶至"好不好"。例如,公益诉讼检察制度就是顺应时代要求、呼应人民期盼,在新时代全面推进依宪依法治国的大背景下,与治理体系和治理能力现代化相辅相成的一项制度创新。为解决案源匮乏问题,最高检探索研发了"益心为公"检察云平台,让人民群众成为检察机关公益诉讼办案中的"千里眼""顺风耳"。在办理知识产权保护的案件中,检察机关要进一步提升政治站位,切实增强依法积极履职和综合司法保护理念,根据知识产权案件的特点和人民群众的需求变化,精准找寻办案监督点,开展"一案四查"工作,扎实办理好每一起案件;积极开展类案监督,延伸办案质效,加强综合治理。

其次,要关注到知识产权保护可持续发展问题,如知识产权的著作权案件。近年来,网络著作权侵权案件大幅增加,技术发展的日新月异使得深层链接、避风港规则、"谷阿莫式"剪辑行为、合理使用等制度规则的定性探讨重回大众视野,对司法办案提出了新的挑战。在办理知识产权案件时,检察机关要在这三对关系的处理上增强主动意识:一是处理好知识产权权利主体和社会公众的利益平衡关系,这是保护和发展创新的前提;二是处理好依法惩治犯罪和强化保护的关系,这是手段和目的的辩证统一;三是处理好个案办理和社会治理的关系,这是知识产权检察综合司法保护的价值所在。

最后,要深刻理解知识产权检察综合司法保护工作的重要意义。要认真学习、深入贯彻落实习近平总书记关于知识产权保护的重要论述,学习《关于全面加强新时代知识产权检察工作的意见》《关于强化知识产权协同保护的意见》,检察机关要凭借依法积极履职和检察综合履职智慧,努力形成知识产权"严保护、大保护、快保护、同保护"的工作格局,为服务保障创新驱动发展、推动我国经济高质量发展贡献检察方案。

二、完善知识产权检察综合司法保护的模式

完善知识产权检察综合司法保护的模式,可从专业化检察人员的配备、均衡化"四大检察"案件的办理和一体化多元协作模式的深化等三个维度寻求突破。

首先,专业化检察人员的配备方面。实践中,多数检察机关在组建知识产权专业化办案团队的过程中,仍采取"四大检察"部门分别独立承担相关职能的传统模式①,或虽组建了知识产权检察专门部门,但未能发挥

---

① 傅建飞:《知识产权检察综合履职模式的探索和优化》,载《中国检察官(司法实务)》2022年第11期。

其应有的作用。面对上述问题,应根据各地知识产权保护与发展的具体情况因地制宜,由省级院牵头协调,自上而下地建立健全知识产权检察综合司法保护地区模式,并定期制定专项行动清单,推动人员到位、制度落地,从而实现对知识产权的有力保护。

其次,均衡化"四大检察"案件的办理方面。据全国知识产权检察案件最新数据显示,2023 年 1 月至 6 月,全国检察机关共起诉侵犯知识产权犯罪 6 100 余人,所涉罪名主要是假冒注册商标罪和销售假冒注册商标罪,共计起诉 4 600 余人,占总人数的 75%;共受理涉知识产权民事案件 200 余起,办理涉知识产权公益诉讼案件 150 余起。[①]2023 年上半年刑事检察案件数据已接近 2021 年全年相关数据,2023 年上半年民事检察案件数据不及 2021 年全年相关数据的一半。从上述数据中可窥见,无论是涉知识产权刑事检察案件中著作权、商标权、专利权和商业秘密案件,还是涉知识产权刑事、民事、行政、公益诉讼检察案件,都存在数量上发展不均衡等问题。因此,省级院可根据地区发展实际情况,在工作任务发布、专项行动开展、考核导向制定等环节给予下级院提示,确保"四大检察"均衡发展。

最后,一体化多元协作模式的深化方面。一是要加强内部协作,单位内部要主动理顺涉知识产权案件办理的流程和衔接模式,并形成一套行之有效的制度规范,打通"四大检察"在知识产权案件办理上的壁垒;要加强上下级一体化办案,促进资源共享与优势互补。二是加强外部协作,要强化知识产权行刑衔接、摆脱知识产权案件管辖权困境、开展大数据法律监督,在涉知识产权案件线索来源、办理流畅度及执法司法标准统一等方面加强协作。

---

① 《2021 年全国检察机关主要办案数据》,https://mp.weixin.qq.com/s/6tp1gEbkfxkp-77NBu2SIfA,2023 年 10 月 13 日访问。

三、探索知识产权检察综合司法保护的协作

在涉知识产权案件中,民行刑交叉情况较为常见,不仅关系到刑事案件中侵权人的定性问题,亦关系到事实认定、程序先后、证据采信等问题,对检察机关综合履职的要求较高。①目前,最高检先后单独或联合出台了《关于强化知识产权协同保护的意见》《关于加强知识产权鉴定工作衔接的意见》等相关意见,协同、衔接机制已从制度层面加以明确;但在实践中,协同、衔接机制尚未完全打通,仍需在未来进一步深化协作、明确分工、统一标准。

首先,根据《关于推进行政执法与刑事司法衔接工作的规定》,强化与行政机关、审判机关的协调,明晰行、刑职责权限与管辖范围,细化行刑衔接机制,防止以罚代刑、降格处理。同时要继续加强行政执法信息与刑事司法信息的互联互通,建立健全与行政执法机关信息共享平台,并以此平台为基础,融入大数据法律监督模型,相辅相成,将执法动态、侵权风险点、预警提示、犯罪分析等关键信息打通,真正实现行政执法与刑事司法无缝衔接。②需要注意的是,由于涉知识产权案件涉及类型广泛、侵权形态多样,因此,在信息共享平台与大数据法律监督模型建设的过程中,可根据地区实际,通过典型个案的办理积累经验,逐步提炼该案件类型的关键指征点,并以此为基础数据,开展研究,建立模型,共创信息共享平台。

其次,要探索建立知识产权刑事司法特别程序制度,建立健全跨区域集中管辖权机制。中共中央、国务院 2021 年 9 月印发的《知识产权强国建设纲要(2021—2035 年)》明确提出,要研究建立健全符合知识产权审

①② 马一德、刘太宗、郭晓东:《知识产权保护与检察履职模式的探索与前瞻》,载《人民检察》2023 年第 5 期。

判规律的特别程序法律制度。国务院 2021 年 10 月印发的《"十四五"国家知识产权保护和运用规划》①明确提出,要深入推进知识产权"三合一"审判机制改革,建立健全与审判机制、检察机制相适应的案件管辖制度和协调机制。在办理知识产权案件的过程中,要运用一体化、系统化、综合化思维,实现从侦查、批捕到起诉、审判的有序衔接和积极协作。在知识产权综合司法保护的背景下,应逐步在省级院的牵头联动下构建立案侦查、审查逮捕、审查起诉和司法审判相协调的集中管辖和程序机制,消除地方保护主义,确保法律标准适用和裁量结果的统一。②

最后,要建立涉知识产权重大疑难复杂案件的研讨研商制度。要探索建立检校合作,促进理论与实践发展的深层次融合,可邀请高校教授、行政执法人员、法官参与检察机关涉知识产权重大疑难复杂案件的案件讨论会,形成的有益经验和可操作制度可通过会议纪要的方式予以发布;可共同组建知识产权理论研究课题组,每年针对一至两个知识产权前沿热点问题开展课题研究,不断夯实理论基础。

四、强化工作中对知识产权权利主体的保护

保护知识产权权利主体的权益是知识产权一体化司法保护的应有之义。实践中,侵权人往往可能面临刑事与民事双重责任的规制,在刑事案件中引入知识产权权利主体诉讼权利义务告知制度,可以有效解

---

① 《"十四五"国家知识产权保护和运用规划》提出,"完善知识产权司法保护体系。加强知识产权司法资源配置,加强知识产权审判体系建设。健全知识产权案件上诉机制,完善专门法院设置。深入推进知识产权民事、刑事、行政案件'三合一'审判机制改革。完善知识产权检察体制机制。建立健全与审判机制、检察机制相适应的案件管辖制度和协调机制。完善知识产权司法案件繁简分流机制,开展适应知识产权审判特点的简易程序试点,提高审判质量和效率。探索依当事人申请的知识产权纠纷行政调解协议司法确认制度。推动建立跨行政区域知识产权案件审理机制,充分发挥法院案件指定管辖机制作用,有效打破地方保护(最高人民法院、最高人民检察院等按职责分工负责)"。

② 《如何加强知识产权法治保障,这场"四人谈"很有料!》,载"最高人民检察院"微信公众号,https://mp.weixin.qq.com/s/rMT8JX4EOtZaAIAbraXupg,2023 年 10 月 8 日访问。

决"一事二理"的司法资源的浪费问题,亦可在一个诉讼中协调解决民事赔偿与没收违法所得、判处罚金等突出矛盾问题,切实维护知识产权权利主体的权益。[1]

2020 年 7 月,最高检在试点后总结各地实践经验的基础上,出台了《关于进一步规范侵犯知识产权刑事案件权利人诉讼权利义务告知试点工作的几点意见》。2023 年 4 月,最高检发布《人民检察院办理知识产权案件工作指引》(以下简称《知识产权案件工作指引》),进一步对涉知识产权刑事案件权利人的范围、权利义务的告知期限、合理赔偿与从宽处罚的适用进行规定,指导办案实践。

在检察实践中,还可从以下两个方面强化对知识产权权利主体的保护。第一,告知权利主体权利义务的时间可以适当提前。《知识产权案件工作指引》第二十一条之规定,对被害人及其法定代理人或者其近亲属的诉讼权利义务告知时间节点未予以明确,并将向被害人以外其他知识产权权利人告知诉讼权利义务的时间设定为检察机关受理审查起诉之日起十日内。[2]知识产权案件,尤其是网络著作权案件,具有高度隐蔽性、传播速度快、证据易灭失难固定等特点,故相关权利主体越早参与到刑事案件中,越有利于检察机关掌握案件全貌,可适当将权利主体权利义务的告知时间提前至审查逮捕阶段,并在相关工作指引和意见中予以明确。第二,权利主体权利义务告知方式可以更为灵活处理。《知识产权案件工作指引》第二十一条之规定,对权利主体的诉讼权利义务告知方式和期限未予以明确。实践中,一些知识产权案件权利主体类型较为广泛且众多,告知

---

[1] 张志婧:《刑事诉讼中知识产权权利人的权益保障》,载《中国检察官(司法实务)》2021年第 5 期。

[2] 《人民检察院知识产权案件工作指引》第二十一条规定:"人民检察院办理知识产权刑事案件,应当依法向被害人及其法定代理人或者其近亲属告知诉讼权利义务。对于被害人以外其他知识产权权利人需要告知诉讼权利义务的,人民检察院应当自受理审查起诉之日起十日内告知。"

工作存在一定的现实困难,可依照《民事诉讼法》等相关规定,拓展公告告权、行业协会转告权①等方式,积极履职,更好维护各类权利主体权利和办理知识产权案件。

五、增强知识产权检察综合司法保护的能力

首先,增强知识产权检察综合司法保护能力的关键在于人才的培养,需自上而下系统性、阶段性、一体化地开展知识产权检察人才培育工作。要选拔一批具备专业知识背景、业务素能过硬、有工作责任心与使命感的检察人员加入知识产权专门部门,通过开展系统培训、挂职锻炼、案件研讨、指导性案例和典型案例专题学习等各类形式拓展交流渠道,打造一支专业化、复合型、全能化的知识产权办案团队。②

其次,增强知识产权检察综合司法保护能力的内在要求之一是延伸办案质效。检察机关在办理涉知识产权案件的过程中,不能就办案而办案,更要在办案中融入社会治理的理念,可以为企业开展适法考察,堵漏建制,促进企业自身的健康可持续发展,以检察履职切实优化法治化营商环境,不断推动经济社会高质量发展。③在知识产权服务体系建设方面,检察机关可以根据《知识产权强国建设纲要(2021—2035 年)》的要求,积极强化知识产权公共服务供给,回应企业诉求,通过在企业园区设立检察保护工作站、检察官办公室等方式,服务区域知识产权发展,提供优质检察服务。同时,通过向社会公布多批次指导性案例、典型案例,强化知识产权法治宣传,提升社会公众、企业经营者的法治意识。另外,检察机关

---

① 张志婧:《刑事诉讼中知识产权权利人的权益保障》,载《中国检察官(司法实务)》2021 年第 5 期。

② 徐燕平:《知识产权司法保护的检察路径——以上海市检察院第三分院知识产权检察保护实践为视角》,载《人民检察》2021 年第 6 期。

③ 《为什么要建立企业适法制度? 检察机关发挥怎样的作用?"三人谈"打开问号》,https://mp.weixin.qq.com/s/yAf5bcnhtJ-CgN1HOsVrYw, 2023 年 9 月 10 日访问。

对于办案中发现的一些共性、普遍性问题,可以加强与人大代表、政协委员的沟通协商,促进检察监督和建议提案的双向衔接转化,促进问题得到更好解决与完善。

再次,增强知识产权检察综合司法保护能力的有效途径之一是借助外脑智慧。需要自上而下建立健全知识产权人才库、专家智库、技术调查官人才库,整合资源优势,充分借助"外脑",为检察机关办理重大疑难复杂知识产权案件提供专业咨询和专业意见。既可选任具有专业知识背景的行政执法人员、高校教师等作为特邀检察官助理,亦可结合"益心为公"检察云平台建设和平台志愿者招募,统筹推进有专业知识的人参与知识产权办案。

最后,增强知识产权检察综合司法保护能力的理念之一是促进可持续发展。检察机关需在办案过程中切实增强依法积极履职的理念,培养系统思维和发展理念,树立大数据思维意识,选取具有典型意义的监督治理点,积极推进大数据法律监督模型,逐步解决实践中检察大数据仍然存在的归集共享成效有限、建模质量水平不高、分析研判能力弱、治理能力意识不强等问题。针对性完善数据归集、数据建仓、数据研判、数据治理等方面措施,建立常态化的组织保障,培养复合型人才队伍,制定系统的管理办法,加强针对性的实践研究,以数字赋能监督,用监督促进治理,真正实现"办理一案,治理一片"的效果。①

---

① 郭箐、张庆立:《检察大数据赋能法律监督的探索与创新》,载《犯罪研究》2023 年第 4 期。

第五章　专利恶意诉讼检察监督机制研究

随着经济社会的发展,诉讼类型日益复杂多样,实践中出现了一些民事主体利用诉讼获取不正当利益的现象,甚至有个别主体以维护自身权利为名,行不正当竞争之实,大肆开展恶意诉讼,不但侵害了他人合法权益,而且损害了市场竞争秩序,还浪费了国家司法资源,亟须规制。恶意诉讼现象伴随诉讼而生。据考证,对恶意诉讼的规制最早可以追溯至罗马法,如罗马法中规定"被告可请求法官反判""任何当事一方可要求对方作诬告宣誓""一事不再理"等。在我国,理论和实务部门对恶意诉讼问题也早有讨论,但就专利恶意诉讼而言,更多的关注却始于 2006 年"袁某中诉扬中市通发气动阀门执行器厂"一案,此案也被称为"专利恶意诉讼第一案"①。当前,从世界范围看,专利权保护已经从单纯的"保护"转向"保护与规制滥用"并重,我国应坚持"保护与规制滥用"两手抓。"专利恶意诉讼"问题既涉及技术问题,又涉及法律问题,往往较为复杂,如何判断并

---

① 简要案情:2001 年,袁某中(多年从事阀门制造工作)向国家知识产权局申请了一种"消防用球阀"实用新型专利获批。2003 年 8 月 6 日,袁某中以扬中市通发气动阀门执行器厂专利侵权为由向法院提起诉讼。被告在答辩期内向国家知识产权局申请该专利无效,该案诉讼中止。后国家知识产权局宣告上述专利无效,袁某中又向北京市第一中级人民法院提起行政诉讼并败诉。前案恢复审理后,袁某中撤诉,被告则以"袁某中将本领域公知的技术标准申请为专利并提起诉讼系恶意诉讼"为由要求反赔。袁某中认为,其依据国家授予的专利提起诉讼系依法行使诉权的行为不构成恶意诉讼。后法院判决袁某中恶意诉讼行为成立,赔偿对方律师费 2 万元、无效宣告申请费 1 500 元,以及专利侵权诉讼和反赔请求的全部诉讼费。

加以规制始终是困扰司法实践的难题。①从检察机关的角度看,作为法律监督机关,检察机关是社会公平正义的重要力量,如何在有效规制专利恶意诉讼中发挥建设性作用,值得认真思考。

第一节　专利恶意诉讼的认定及危害

一、专利恶意诉讼的概念

就立法而言,"恶意诉讼"一词来源于英美法系的侵权法,我国法律中并无"恶意诉讼"的概念,但随着恶意诉讼问题凸显,有关规范性文件中也开始常见"恶意诉讼"的表述。如《中共中央关于全面推进依法治国若干重大问题的决定》(2014 年 10 月)中规定:"加大对虚假诉讼、恶意诉讼、无理缠诉行为的惩治力度。"最高人民法院印发的《关于依法制裁规避执行行为的若干意见》(2011 年 5 月)也规定:"依法防止恶意诉讼,保障民事审判和执行活动有序进行。"从理论层面看,"恶意诉讼"一词亦未形成统一的概念。如有观点认为,恶意诉讼指不以保护自己合法权益为目的,而以损害诉讼相对方或第三人物质或精神利益为目的,恶意滥用诉讼程序的诉讼,分为虚假诉讼型、权利滥用型、无据起诉型三类。②也有观点主张,恶意诉讼指为谋取不正当利益,恶意启动没有合法理由或合理依据的诉讼,或者在诉讼过程中滥用诉讼权利,导致相对人受损害的行为。③虚

---

① 简要案情:福建多棱钢业集团有限公司(简称"多棱公司")系"一种钢砂生产方法"的发明专利权人。2006 年,多棱公司以永安市恒盛合金钢铸造有限公司(简称"恒盛公司")侵害其发明专利权为由提起诉讼,随后该专利权被专利复审委员会宣告无效,多棱公司撤诉。2007 年,专利复审委员会根据生效行政判决审查决定维持该专利有效。多棱公司再次起诉,同时申请财产保全。诉讼中,经案外人申请,涉案专利再次被宣告无效,多棱公司再次撤诉。2015 年,恒盛公司以多棱公司恶意诉讼为由提起诉讼,一审和二审均败诉。这一案件反映出专利恶意诉讼既有技术问题,也有法律问题,实践中十分复杂。

② 刘迎霜:《恶意诉讼规制研究——以侵权责任法为中心》,载《华东师范大学学报(哲学社会科学版)》2020 年第 1 期。

③ 胡岩:《法律解释学视角下恶意诉讼的侵权法规制》,载《法律适用》2018 年第 20 期。

假诉讼包括恶意诉讼、滥用程序及串通诉讼三类。①对此,我们认为,所谓恶意诉讼即一方当事人不以维护自身正当权益为目的,而以获取不正当利益为目的,无事实根据和法律依据故意提起诉讼,侵害相对方正当权益的行为。理由在于,恶意诉讼的关键在于"恶意",而"恶意"的实质在于偏离了"维护自身正当权益"的诉讼目的,即"以获取不正当利益"为诉讼目的,至于"损害他人利益"则更符合有关危害后果的表述。值得注意的是,恶意诉讼与通常意义上的虚假诉讼并不完全相同。恶意诉讼强调的是主观上的恶意,虚假诉讼强调的是客观上的捏造,二者的侧重点不同。根据最高法《关于防范和制裁虚假诉讼的指导意见》规定,所谓虚假诉讼,即以非法利益为目的,双方当事人恶意串通,虚构事实,借用合法民事程序,侵害国家利益、社会公共利益或者案外人合法权益的行为。②可见,一般来说,恶意诉讼与虚假诉讼最重要的区别就在于:前者乃当事人一方的行为,损害的对象为对方当事人;而后者乃当事人双方串通的行为,损害的直接对象往往为案外第三人。③

与恶意诉讼一样,知识产权恶意诉讼也非规范的法律概念,而是实务部门对知识产权领域恶意诉讼现象的概括。如 2011 年最高法修改《民事案件案由规定》时,就将"因恶意提起知识产权诉讼损害责任纠纷"作为案由写入规定。从理论上看,知识产权恶意诉讼是行为人滥用诉权在知识产权领域中的表现。一般而言,实践中往往将知识产权恶意诉讼定义为:一方当事人以获取不正当利益为目的,在无实体权利或无事实根据和法律依据的情况下故意提起知识产权诉讼,致使相对方遭受损失的行为。

---

① 党振兴:《对虚假恶意诉讼等滥诉行为的法律规制》,载《宁夏大学学报(人文社会科学版)》2021 年第 6 期。

② 最高法有关刑事和民事的司法解释规定也不尽相同,根据现行《刑法》第三百零七条之一的规定,所谓虚假诉讼即"以捏造的事实提起民事诉讼,妨害司法秩序或者严重侵害他人合法权益的行为",相关司法解释又规定,"以捏造的事实提起民事诉讼"包括串通捏造和单方捏造。

③ 杜敏捷:《我国民事恶意诉讼的法律规制》,载《理论观察》2020 年第 7 期。

其特点包括：一是主观上的非法性，即以获取不正当利益为目的；二是极强的隐蔽性，即知识产权的专业性提高了此类案件判断的难度；三是严重的危害性，即知识产权诉讼中特殊的诉前禁令等制度导致恶意诉讼的危害性更大；①四是形式上的合法性，即知识产权恶意诉讼中所依托的知识产权往往是权利人利用部分知识产权形式审查的行政漏洞而获得，从而具有了形式上的合法性。②需要说明的是，与恶意诉讼概念相比，知识产权恶意诉讼中增添了"实质上无知识产权而故意提起知识产权诉讼"的类型，原因在于：一方面，在该类知识产权恶意诉讼中，权利人虽持有形式上的知识产权证书，但不具有实质上的知识产权，往往会在行政复审程序中被宣告无效，故属于既无事实根据又无法律依据的混合类型；另一方面，该类型既是实践中知识产权恶意诉讼中的常见类型，又是典型类型。

作为恶意诉讼、知识产权恶意诉讼的下位概念，与恶意诉讼和知识产权恶意诉讼概念一样，专利恶意诉讼也非规范的法律概念。司法实践中往往将专利恶意诉讼界定为：专利权人及其利害关系人以获取不正当利益为目的，在无实体权利或无事实根据和法律依据的情况下，故意提起专利侵权诉讼，致使相对方遭受损失的行为。③由此可见，与前述知识产权恶意诉讼的概念相比，专利恶意诉讼具有如下特点：一方面，主体为专利权人及其利害关系人，所谓利害关系人，实践中常见的是专利实施的独家被授权人；另一方面，行为人故意提起的诉讼不但是专利诉讼，而且是专利侵权诉讼。另外值得注意的是，司法实践中的"专利流氓"行为并不符合上述专利恶意诉讼的概念，所谓"专利流氓"即不制造专利产品和提供

---

① 姚志坚、柯胥宁：《知识产权恶意诉讼的司法认定及规制》，载《人民司法》2019 年第 1 期。
② 王静、张苏柳：《知识产权恶意诉讼疑难问题探析——以腾讯诉谭发文案为例》，载《法律适用》2021 年第 4 期。
③ 刘红兵、茅盼晖：《专利恶意诉讼反赔案审理的若干问题》，载《中国知识产权报》2007 年12 月 19 日，第 4 版。

专利服务,只依靠专利诉讼赚取巨额利润的行为。①

二、专利恶意诉讼的本质

总体来看,关于专利恶意诉讼的本质,目前主要存在"侵权行为说"和"权利滥用说",而"权利滥用说"又可以分为"实体权利滥用说"或"专利权滥用说",以及"程序权利滥用说"或"诉权滥用说"。其中,"专利权滥用说"认为,专利恶意诉讼并非恶意诉讼的下位概念,专利恶意诉讼的主体为合法专利权拥有人,其本质在于专利权滥用。②"诉权滥用说"则主张,行为人以损害他人或违反社会公共利益为目的行使权利即权利滥用,且参考美国将恶意诉讼称为"无正当理由的诉讼"即滥用诉权的做法,我国亦应将恶意诉讼的本质界定为诉权滥用。③另有"侵权行为说"提出,既然恶意诉讼的概念起源于英美法系的侵权行为法,那么专利恶意诉讼自然属于侵权行为之一种,而且实践中一般按照侵权行为构成的四要件予以把握,即违法行为、主观过错、损害事实和因果关系,故专利恶意诉讼的本质应为侵权行为。④对此我们认为,专利恶意诉讼既是一种侵权行为,又是一种诉权滥用行为,二者并不矛盾。具体意见如下:

第一,专利恶意诉讼是一种侵权行为。首先,从概念角度讲,所谓侵权行为即民事主体违反民事法律义务,侵害他人合法权益,依法应承担民事责任的行为。在专利恶意诉讼中,专利权人违反了诚实信用的民事义务,损害了相对方的合法利益,符合侵权损害赔偿的构成要件,完全符合侵权行为的一般定义。其次,从司法实践看,现行《民事案件案由规定》(2011 年 2 月 18 日第一次修正、2020 年 12 月 14 日第二次修正)仍将"因

---

① 续俊旗:《遏制恶意诉讼行为是应对海外专利风险的关键》,载《世界电信》2009 年第 9 期。
② 利健衔、贺成杰:《专利恶意诉讼法律规制研究综述》,载《知识经济》2016 年第 4 期。
③ 王活涛、郑友德:《专利恶意诉讼及其法律应对》,载《知识产权》2009 年第 5 期。
④ 程芳:《专利恶意诉讼"恶意"如何认定》,载《法人》2018 年第 7 期。

恶意提起知识产权诉讼损害责任纠纷"作为案由列于"知识产权权属、侵权纠纷"项下，可见包括专利恶意诉讼在内的知识产权恶意诉讼在实践中已被视为侵权行为进行处理。最后，就法理而言，专利恶意诉讼造成他人损害应当予以赔偿，方显法律之公平正义，而损害赔偿作为债权法的权利维护方式，显然与合同之债、无因管理之债、不当得利之债不合，而与侵权之债最为契合。

第二，专利恶意诉讼是一种诉权滥用行为。一方面，将专利恶意诉讼视为一种侵权行为，与将专利恶意诉讼界定为一种权利滥用行为之间并不矛盾，前者是一种实在法上的法律定性，与损害赔偿责任相勾连，后者是一种实在法上的事实定性，与正当行权相区分。只有将专利恶意诉讼视为一种权利滥用，才能更深刻地理解这一行为的社会危害性。同时，只有将专利恶意诉讼行为视为一种侵权行为，才能将这一行为纳入法律治理轨道，从而让恶意者不能得利。另一方面，考虑到专利恶意诉讼在客观上主要表现为"无实体权利型""无侵权事实型""无法律依据型"三类，而在"无实体权利型"恶意诉讼中，尽管权利人形式上持有专利证书，但由于其专利系不当获取，实质上属于"无专利权"，故并不存在"滥用专利权"的基础，自然不宜将该类专利恶意诉讼的本质界定为"实体上专利权的滥用"。同时，专利恶意诉讼概念中，"专利"乃领域限制，"恶意"标明违法属性，"诉讼"则系客观表现，据此，专利恶意诉讼的本质可归结为"专利领域中的违法诉讼行为"，即"程序上的诉权滥用行为"。如此，从更精细的角度来看，专利恶意诉讼中的权利滥用便应归结为"程序上的诉权滥用"，而非"实体上的专利权滥用"。

三、专利恶意诉讼的认定

如前所述，目前就专利恶意诉讼并无一个规范的法律规定，相应地，专利恶意诉讼的认定便成为困扰实践的难题之一。既然专利恶意诉讼的性质系侵权行为,就应符合一般侵权行为的要件,即侵害行为、主观过错、损害结果、因果关系四要件。其中主观过错要件又包含认识因素和意志因素,前者即行为人为恶意诉讼时知道或应当知道其诉讼请求缺乏事实或法律依据,后者即行为人希望或放任侵害对方合法权益的后果发生。①司法实践中,有观点认为,应在"实施恶意诉讼行为""主观上有损害相对人的故意""存在损害结果""恶意诉讼行为与损害结果之间有因果关系"四要件之外,添加"缺乏合理根据或理由""恶意诉讼原案已败诉"两个要件。②也有观点提出,专利恶意诉讼的认定应坚持谦抑原则,"恶意"判断的关键在于"明知无法律或事实依据而起诉",至于"诉讼外的目的""起诉时机""行为人是否为非专利实施主体""原案是否败诉"均非判断恶意与否的关键。③对此我们认为,一方面,"缺乏合理根据或理由"应作为"实施恶意诉讼行为"要件的内容,而不是作为一个独立要件进行额外判断,从而更加明确专利恶意诉讼行为的客观违法性在于"实施诉讼行为的恶意性",即缺乏合理根据或理由,而不在于"实施诉讼行为"本身;另一方面,如将"恶意诉讼原案已败诉"作为专利恶意诉讼成立要件,就无法对"撤诉结案型"与"调解结案型"恶意诉讼予以规制,而"撤诉结案型"与"调解结案型"恶意诉讼在实践中也屡见不鲜,且往往损害了相对方的合法权益,以及正常的竞争秩序和司法秩序。具体要件分析如下:

第一,客观要件方面,专利恶意诉讼的客观要件包括损害结果、专利恶意诉讼行为及因果关系,其中关键即专利恶意诉讼行为的判断。必须予以明确的是,考虑到提起诉讼乃当事人的基本程序权利,故专利恶意诉讼行为的客观违法性不在于"实施诉讼行为",而在于"实施的诉

---

① 赵一璇:《解析专利恶意诉讼之司法审查标准》,载《中国发明与专利》2020年第10期。

② 李晓秋:《未决之命题:规制专利恶意诉讼的"路"与"困"——兼评新〈专利法〉第23条、第62条》,载《学术论坛》2010年第2期。

③ 李春晖:《专利恶意诉讼之认定标准及法律责任》,载《知识产权》2019年第4期。

讼行为毫无合法根据"，主要体现为"行为人提起专利诉讼客观上缺乏权利基础、事实根据、法律依据"①，并坚持"行为时""一般人"的判断标准，即从诉讼提起之时的情况看，没有任何一个理性的人会认为该诉讼有成功的可能。②

第二，关于专利恶意诉讼的主观要件，有观点主张借鉴法国对"滥用权利"的规定，可将专利恶意诉讼的主观状态限制为故意和等同于恶意的严重过失。③反对的观点则认为，专利恶意诉讼的主观过错仅限于故意，过失和重大过失都不应被纳入其中。④对此，我们认为，专利恶意诉讼的主观要件仅限于故意，而且是直接故意。理由在于：一方面，从专利恶意诉讼的概念看，专利恶意诉讼行为人以不正当利益为目的，故意提起专利侵权诉讼，这就表明专利恶意诉讼行为人主观上只能限于"希望"型的直接故意。另一方面，专利恶意诉讼作为一个概念尚未有法律的明确规定，实践中应对其范围予以限缩，而不宜作扩大理解。既然恶意诉讼中的"恶意"仅限于"直接故意"，那么恶意的认定可参考"直接故意"的认定，即认识层面要求"行为人提起诉讼时明知无权利基础、事实根据、法律依据"，意志层面为"行为人追求通过诉讼损害相对方合法权益，从而获得不正当利益"。由于诉讼中当事人往往追求胜诉，而败诉显然会损害己方利益，故实践中对"恶意"的判断应以"认识层面明知"的判断为要。具体来说，通常可从"专利权稳定性""行为人在涉案专利相关领域的背景""行为人的行为表现"等方面予以判断。⑤

---

① 甄薇薇：《浅析专利恶意诉讼及其法律规制》，载《中国金属通报》2019 年第 7 期。
② 聂鑫：《专利恶意诉讼的认定及其法律规制》，载《知识产权》2015 年第 5 期。
③ 王澍颖：《知识经济下的专利恶意诉讼》，载《北方经济》2012 年第 7 期。
④ 吴晶晶：《专利恶意诉讼中引入惩罚性赔偿的必要性》，载《浙江万里学院学报》2017 年第 5 期。
⑤ 聂鑫：《论专利恶意诉讼识别标准及其规制进路》，载《南京理工大学学报（社会科学版）》2020 年第 4 期。

四、专利恶意诉讼的危害

首先,专利恶意诉讼损害相对方的合法权益。专利恶意诉讼作为一种诉权滥用行为,其性质属于侵权行为之一种,而侵权所指主要就是侵害相对方的合法权益。一方面,在立案登记制改革下,专利恶意诉讼行为往往已进入诉讼程序,这就意味着已成功将相对方拖入了诉讼,相对方则必然承受相应的诉累,产生被动应诉的费用。另一方面,在专利恶意诉讼过程中,由于实践中各种复杂的原因,相对方既可能被判败诉,又可能接受恶意诉讼行为人在庭内和庭外的和解或调解协议,从而遭受一定的物质损失。

其次,专利恶意诉讼损害正常的市场竞争秩序。当前,我国对专利恶意诉讼的规制主要依据《民法典》侵权责任编,但这并不意味着专利恶意诉讼的社会危害性仅体现在对相对方合法利益的侵害这一个方面,实际上,专利恶意诉讼除侵害相对方的合法权益外,还损害了正常的市场竞争秩序。[①]专利恶意诉讼形式上乃专利侵权之诉,实质上乃违反诚实信用原则的恶意行为,而诉讼双方往往是具有竞争关系的市场主体,专利恶意诉讼行为人主观上的恶意通常夹带诉讼外的目的,即打压竞争对手,从而破坏正常的市场竞争秩序。[②]

最后,专利恶意诉讼损害正常的诉讼秩序。专利恶意诉讼的恶意在于"明知无侵权事实或正当理由而为不正当目的提起诉讼",其违法性在于"异常诉讼行为既侵害了他人名誉,又损害了正常市场秩序,还侵害了司法秩序,破坏了司法机关的公正形象"。[③]一方面,专利恶意诉讼将本无

---

① 聂鑫:《专利恶意诉讼的反垄断法规制框架》,载《上海财经大学学报》2019年第3期。

② 暴梦川:《全国人大代表、广博集团董事长王利平:打击"恶意诉讼"推动知识产权事业高水平发展》,载《消费日报》2022年3月11日,第3版。

③ 刘一阳、赵锐:《专利恶意诉讼的认定及法律规制研究》,载《山西大同大学学报(社会科学版)》2023年第6期。

诉讼必要事实提交诉讼,挤占了司法资源,扰乱了司法秩序;另一方面,由于专利恶意诉讼隐蔽性强等复杂原因,实践中专利恶意诉讼完全有可能以"法院调解或法院判决胜诉"结案,从而破坏司法权威。

第二节　惩治专利恶意诉讼的实践及挑战

一、惩治专利恶意诉讼的实践情况

（一）案件基本情况

我国司法实践从很早就开始关注知识产权恶意诉讼问题。民事审判领域,2011 年《民事案件案由规定》新增了"因恶意提起知识产权诉讼损害责任纠纷"案由,归属于"知识产权权属、侵权纠纷"。根据中国裁判文书网、法信网的检索结果,2013 年至 2021 年,以案由"因恶意提起知识产权诉讼损害责任纠纷"审理的裁判文书共计 123 份,其中作出实体性认定的裁判共计 57 份,涉及 43 起案件。43 起案件中,涉及专利权纠纷的 33 起,其中发明专利 4 起、实用新型专利 9 起、外观设计专利 20 起。[①]该 33 起专利恶意诉讼案件中,仅有 8 起案件法院认定构成恶意诉讼。

刑事审判领域涉及专利恶意诉讼的罪名主要包含诈骗罪、虚假诉讼罪和敲诈勒索罪。在中国裁判文书网搜索近五年的罪名,分别为诈骗罪、虚假诉讼罪、敲诈勒索罪的涉及专利纠纷的案件,大多数案件中被告人虚构拥有某项专利权利或者伪造专利权利证书等事实,与本书讨论的专利恶意诉讼不同,此处不再分析。上海市浦东新区人民法院审理的李某等人敲诈勒索案[②]被认为是全国首例"专利诉讼敲诈勒索"刑事案件。该案

---

① 宾岳成:《论"因恶意提起知识产权诉讼损害责任纠纷"的当前困境及因应》,载《法律适用》2023 年第 8 期。

② 参见上海市浦东新区人民法院(2018)沪 0115 刑初 3339 号刑事判决书,上海市第一中级人民法院(2019)沪 01 刑终 2157 号刑事裁定书。

中,检察机关以被告人先后在四家被害单位上市融资的关键时间节点,以专利侵权诉讼为要挟,强迫被害单位签订专利实施许可合同及和解协议,并且以虚构的专利权独占许可协议为依据提起专利侵权诉讼的行为构成敲诈勒索;而一审法院审理认为,使用虚构协议构成敲诈勒索,但在被告人提起专利诉讼或强迫被害单位签订专利实施许可合同时专利仍有效,专利在后被认定无效或提起诉讼的时机为上市融资的关键节点并不足以认定"恶意"。二审法院裁定维持原判。

(二)现行规范性文件及工作文件

目前,我国尚没有专门的法律条文明确规定专利恶意诉讼的内涵和外延,对专利恶意诉讼的规制主要散见于以下规范性文件及工作文件中。

法律层面包括:一是《宪法》第五十一条规定:"中华人民共和国公民在行使自由和权利的时候,不得损害国家的、社会的、集体的利益和其他公民的合法的自由和权利。"二是《民法典》第一百三十二条规定,"民事主体不得滥用民事权利损害国家利益、社会公共利益或者他人合法权益";第一千一百六十五条规定,"行为人因过错侵害他人民事权益造成损害的,应当承担侵权责任"。三是《民事诉讼法》(2021年修正)第十三条规定:"民事诉讼应当遵循诚实信用原则。"四是《专利法》(2020年修正)第二十条规定,"申请专利和行使专利应当遵循诚实信用原则,不得滥用专利权损害公共利益或者他人合法权益";第四十七条规定,"宣告专利权无效的决定,对在宣告专利权无效前人民法院作出并已执行的专利侵权的判决、调解书,已经履行或者强制执行的专利侵权纠纷处理决定,以及已经履行的专利实施许可合同和专利权转让合同,不具有追溯力。但是因专利权人的恶意给他人造成的损失,应当给予赔偿"。

司法解释层面包括:一是最高人民法院《民事案件案由规定》(法〔2011〕42号)新增了"因恶意提起知识产权诉讼损害责任纠纷"的案由,将其归入知识产权权属、侵权纠纷。二是最高人民法院《关于审理专利纠纷案件适用法律问题的若干规定》(法释〔2020〕19 号)第一条规定："人民法院受理因恶意提起专利权诉讼损害责任纠纷案件。"三是最高人民法院《关于知识产权侵权诉讼中被告以原告滥用权利为由请求赔偿合理开支问题的批复》(法释〔2021〕11 号)规定："在知识产权侵权诉讼中,被告提交证据证明原告的起诉构成法律规定的滥用权利损害其合法权益,依法请求原告赔偿其因该诉讼所支付的合理的律师费、交通费、食宿费等开支的,人民法院依法予以支持。被告也可以另行起诉请求原告赔偿上述合理开支。"四是最高法和最高检《关于办理虚假诉讼刑事案件适用法律若干问题的解释》(法释〔2018〕17 号)第一条规定:"……(四)捏造知识产权侵权关系或者不正当竞争关系的;(五)在破产案件审理过程中申报捏造的债权的;……(七)单方或者与他人恶意串通,捏造身份、合同、侵权、继承等民事法律关系的其他行为……"

工作文件层面包括:一是 2019 年中共中央办公厅、国务院办公厅印发的《关于强化知识产权保护的意见》提出规制恶意诉讼行为。二是 2020 年 4 月最高人民法院印发《关于全面加强知识产权司法保护的意见》第十三条规定:"依法制止不诚信诉讼行为。妥善审理因恶意提起知识产权诉讼损害责任纠纷,依法支持包括律师费等合理支出在内的损害赔偿请求。强化知识产权管辖纠纷的规则指引,规制人为制造管辖连接点、滥用管辖权异议等恶意拖延诉讼的行为。研究将违反法院令状、伪造证据、恶意诉讼等不诚信的诉讼行为人纳入全国征信系统。"三是 2021 年中共中央、国务院印发的《知识产权强国建设纲要(2021—2035 年)》提出完善规制知识产权滥用行为的法律制度。

二、惩治专利恶意诉讼面临的挑战

(一)概念多元、交叉、重叠致使司法界定困难

专利恶意诉讼是知识产权恶意诉讼的一种特殊的类型,而知识产权

恶意诉讼是恶意诉讼在知识产权诉讼中的表现。①虽然 2011 年《民事案件案由规定》新增了"因恶意提起知识产权诉讼损害责任纠纷"的案由,但是现行法律中既没有明确知识产权恶意诉讼的概念和构成要件,又没有根据专利制度的特殊性细化专利恶意诉讼的裁判标准。据最高法民事案件案由规定,我们也认为知识产权恶意诉讼问题难以从文字上准确界定,"具体到个案中如何界定恶意诉讼,需要十分谨慎","本次增加此种案由类型,既指引地方法院可以受理此类诉求,也是希望能够通过知识产权审判来总结相关司法经验"。②实践中,专利恶意诉讼的表现形式多种多样,类型复杂。被指控侵犯专利权的当事人,有的认为权利人滥用诉权,有的认为权利人系不正当竞争,有的认为是知识产权滥用,有的认为是虚假诉讼、诉讼欺诈等,因而分别提出确认不侵权之诉、不正当竞争之诉、恶意申请知识产权临时措施损害赔偿之诉、恶意提起知识产权诉讼损害赔偿之诉等。上述专利恶意诉讼中可能涉及的"虚假诉讼""恶意诉讼""知识产权权利滥用""滥用诉权"等概念既有相似之处,又各有不同。可见,我国司法实践中对于专利恶意诉讼的认定标准尚不统一,概念的多元、交叉、重叠致使司法认定面临诸多困难。

(二)隐蔽性强致使难发现

专利恶意诉讼案件的关键在于主观恶意的认定,其中主要的考量因素是权利人在提起诉讼时是否明知其诉请缺乏法律依据或事实根据,是否以损害对方当事人利益或为自己谋取不正当利益为诉讼目的。实践中,专利恶意诉讼多为权利人有预谋地实施,权利人会在涉案专利处于有效状态的情况下提出侵权诉讼,待涉案专利被宣告无效后又撤回起诉,形

---

① 杜豫苏、王保民、高伟:《知识产权恶意诉讼的辨识、审判与治理》,载《法律适用》2012 年第 4 期。

② 《最高人民法院民事案件案由规定理解与适用》(2011 年修订版),人民法院出版社 2011 年版,第 272 页。

式上与正当诉讼基本无异,具有极强的隐蔽性。从中国裁判文书网的搜索结果来看,专利恶意诉讼主要集中于外观设计和实用新型专利两方面,主要是因为我国实用新型专利、外观设计专利权的授权不实行实质审查,专利权利可能存在缺陷和瑕疵。虽然我国发明专利采取的是实质审查,一般认为具备较强的稳定性,但为了平衡专利权人和社会公众的利益,在专利授权之后,任何个人或组织均可以针对该专利提出无效宣告请求。据有关机构统计,在发生效力争议的专利中,被宣告无效或者部分无效的比例在 60％左右。[1]相较于著作权及商标权,专利制度具有特殊的专业性、高度的复杂性,证明专利权人恶意申请专利,或者明知涉案专利权缺乏稳定性而进行诉讼或具有超出诉讼本身的其他不正当目的的难度更大。

例如,珠海格力电器股份有限公司(以下简称"格力公司")、宁波吉通信息技术有限公司(以下简称"吉通公司")共同涉及有关恶意提起知识产权诉讼损害责任纠纷一案[2],格力公司认为,被告以格力公司将在先销售的 A3 空调已公开的技术申请为专利的行为系恶意申请专利的行为,并据此向格力公司提起侵害专利权诉讼,主观上具有明显的恶意。浙江省高级人民法院则认为,吉通公司提起专利侵权诉讼之时涉案实用新型专利已获授权且处于有效状态,应视为其对诉权的合法行使,格力公司未提交充分证据证明吉通公司系明知涉案专利权缺乏稳定性而进行诉讼或具有超出诉讼本身的其他不正当目的;涉案专利权被认定无效之后,吉通公司便撤回起诉系其作为原告正常行使自己的诉讼权利,并不能证明其起诉具有恶意。

(三)制度不完善致使规制难

我国对于专利恶意诉讼制度的规范主要是原则性规定,并无具体可

---

[1]　朱理:《专利侵权惩罚性赔偿制度的司法适用政策》,载《知识产权》2020 年第 8 期。

[2]　参见浙江省高级人民法院(2019)浙民终 1604 号民事判决书。

操作指引。2008年第三次修改《专利法》时,国家知识产权局发布的《中华人民共和国专利法修订草案(征求意见稿)》曾建议规定:"专利权人明知其获得专利权的技术或者设计属于现有技术或者现有设计,恶意指控他人侵犯其专利权并向人民法院起诉或者请求专利行政管理部门处理的,被控侵权人可以请求人民法院责令专利权人赔偿由此给被控侵权人造成的损失。"但该条款最终未被纳入立法。司法实践中对于专利恶意诉讼的裁判标准,主要见于法院的指导案例、典型案例中,虽然后续的审判可以参考前述裁判要旨,但是我国并非判例法国家,指导案例的效力无法及于成文规范。法律的缺位及裁判标准的不统一,导致专利恶意诉讼的规制难。

专利制度的核心价值在于激励创新,司法机关在依法保护专利权和保障当事人诉权的同时,应妥善处理好保护专利权与防止权利滥用的关系,注意防止专利权人明显违背法律目的行使权利,不正当地损害竞争对手利益,妨碍公平竞争和扰乱市场秩序。专利制度中现有技术抗辩、反垄断法对滥用权利的限制、确认不侵权诉讼、因恶意提起知识产权诉讼损害责任纠纷诉讼等,都是遏制权利滥用的具体制度。面对专利权人的恶意诉讼,被控侵权人提起确认不侵权之诉、"因恶意提起知识产权诉讼损害责任纠纷"之诉,以及不正当竞争之诉的,应如何处理?是否可以作为反诉与本诉合并审理?在目前的司法实践中,一般认为恶意诉讼责任之诉与在先侵权之诉之间并不具备法律规定的反诉与本诉的关系,这导致恶意诉讼责任之诉只能在前诉程序终结后作为事后救济手段,而经过前案漫长的诉讼周期,被控侵权人通常已处于"再而衰,三而竭"的疲累状态,再强的"反杀利器"也锈成了"钝刀",恶意诉讼损害责任之诉作为诉讼防御手段的功能难以得到充分发挥。

三、惩治专利恶意诉讼的检察监督

（一）线索发现机制不足

实践中,检察机关办理的专利恶意诉讼监督案件数量极少,案源匮乏。从案件数量来看,2016 年至 2020 年年间,全国法院新收知识产权案件超过 100 万起,全国检察机关仅受理涉知识产权民事监督案件 495 起、行政监督案件 205 起。[①]与其他案件类型相比,知识产权检察监督案件比例也明显偏低。2018 年,全国检察机关受理的 5.8 万余起裁判结果监督案件中,知识产权监督案件大约只有 140 起,仅占比 0.24%。[②]从案件类型来看,以商标等商业标识权案件为主,专利等科技成果类知识产权案件较少。检察机关专利恶意诉讼监督案件案源匮乏,除了知识产权案件数量占比较少以外,还与线索发现机制不足有关。检察机关开展法律监督的案件线索来源主要为当事人或利害关系人申请、检察机关依职权发现。鉴于专利恶意诉讼具有极强的隐蔽性和专业性,在不了解权利人专利权利基础的情况下,检察机关依职权发现具有较大的局限性和限制性。而且检察机关的监督集中于裁判结果监督,对于审判过程中、程序上的监督较少。

（二）取证调查手段有限

根据《人民检察院民事诉讼监督规则》《人民检察院行政诉讼监督规则》等相关规范性文件的规定,检察机关办理知识产权监督案件应当听取当事人及其代理律师意见,必要时可以听证或者调查核实有关情况,也可以依照有关规定组织专家咨询论证;可以依照有关规定调阅人民法院的诉讼卷宗、执行卷宗,必要时可以依照有关规定调阅人民法院的诉讼卷宗

---

　　① 孙凤娟:《打好检察组合拳强化知识产权综合司法保护》,载《检察日报》2021 年 2 月 9 日,第 1 版。

　　② 元明、李大杨:《民事知识产权类案件诉讼监督实证研究》,载《知识产权》2019 年第 10 期。

副卷；可以听取人民法院相关审判、执行人员的意见，全面了解案件审判、执行的相关事实和理由。专利案件具有高度技术化、专业化、复杂化的特点，传统检察权行使机制并未充分考虑该类型案件的特性，在职能履行中存在专业能力不足和权力行使分散的现实困境。一方面，检察机关的案件办理方式主要是书面审查，且主要集中于对裁判文书的审查，调查取证手段有限。另一方面，检察机关的调查取证手段主要是询问当事人、开展公开听证，依赖于当事人及被调查人员或单位的配合，缺乏其他有力的侦查技术、侦查经验，而且调查核实手段缺乏刚性，对当事人或案外人拒不配合检察机关调查核实的缺乏应对措施。对于技术性较强、疑难复杂的案件，往往很难在审判内容以外查明新的案件事实。

（三）衔接配合有待加强

近年来，知识产权案件逐渐呈现技术问题专业化、法律关系复杂化的发展趋势，对检察人员的办案能力提出更高要求。检察机关内部，特别是基层院中，知识产权刑事检察、民事监督案件和行政监督及公益诉讼案件一般由不同部门办理。民事部门与刑事、行政部门相对独立，共同组建专业办案团队存在一定制度壁垒，难以形成合力，在知识产权案件履行监督职能方面尚需协调统一。检察机关有效惩治专利恶意诉讼，不仅需要内部合力，还需要公检法多方联动。检察机关必须经过调取审判、执行卷宗、向行政机关调取相关证据、询问当事人、咨询专家意见等流程，才能全面充分查清案件事实。然而由于检法之间审判信息沟通平台缺失、政法机关之间信息共享存在壁垒，导致案件调取卷宗、调查证据都需要花费一定时间。2023 年 6 月，最高法、最高检印发《关于调阅民事、行政诉讼和执行案件卷宗副卷有关问题的规定》，明确了调阅民事、行政诉讼和执行案件卷宗副卷的有关问题。但各级法检机关在具体执行过程中，仍需要进一步加强衔接配合。

四、惩治专利恶意诉讼的立场与举措

（一）惩治专利恶意诉讼的立场选择

首先，内发自治模式。专利权作为法律赋予专利权人的独占权，是专利权人重要的无形资产，其资产属性决定了专利具有价值属性，由此导致其成为市场经济竞争中的重要内容。专利恶意诉讼案件中行为人往往具有形式上的知识产权，不论这一权利是否存在瑕疵，至少在起诉时具有形式上的权利。根据"法无禁止即可为"的一般法理，专利权人依据事先合法授予的专利提起诉讼并不具有违法性，至于其专利是否存在问题、诉讼理由是否确实、诉争事实是否客观存在等，则需要经法院审理后予以依法裁判。同时，随着法治建设不断推进，民众法律理念也日益提升，意思自治、诉权保护已经成为主流司法理念。有学者将诉权称为"现代法治社会中的第一制度性人权"。①就此而言，法律不可过分限制专利权人诉权的行使。即使行为人的起诉行为经依法审理后最终被认定为恶意诉讼，其也系违反《民法典》中的诚信原则，且自然承担败诉责任，并无需其他部门过多介入。

其次，行政干预模式。如前文所述，专利恶意诉讼的源头在于无效专利和问题专利较多，尤以实用新型和外观设计专利为重。从 2021 年起，我国已成为世界第一专利大国。据国家知识产权局数据可知，2023 年1—8 月，我国发明专利授权量为 60.9 万件，实用新型专利授权量为 142.9 万件，外观设计专利授权量为 43.5 万件，后两者授权量合计达到发明专利的三倍。近年来，我国专利申请量仍然处于不断增加的态势，专利审查机关面对庞大的专利申请工作量，客观上无法兼顾审查的质量和效率。加之根据我国专利法，外观设计专利和实用新型专利无需进行实体审查，由此产生很多无效或低质量的专利。大量低质量的问题专利确实也浪费

---

① 莫纪宏、张毓华：《诉权是现代法治社会第一制度性权利》，载《法学杂志》2002 年第 4 期。

了不少司法资源,成为潜在恶意诉讼的土壤(尽管某起具体诉讼并不能因为专利质量低就必然属于恶意诉讼)。要抑制恶意诉讼,消除源头才是根。①如若通过专利审查部门强化授权审查程序,则可以从源头减少问题和无效专利的产生,进而大幅度压缩专利恶意诉讼的生存空间。

最后,刑事介入模式。司法实践中,专利恶意诉讼本身难以认定。事实上,即使司法机关最终认定构成专利恶意诉讼,考虑到被告企业所遭受的损失,该诉讼所致损害与恶意诉讼行为人所承担的法律责任也不成正比,导致客观上存在直接经济损失判赔比例低、间接损失难获赔、责任承担方式单一等问题。必须看到,专利恶意诉讼不仅对个人、企业的个体利益造成损害,还对倡导公平竞争、诚信经营的市场经济带来巨大威胁,与我国当前着力营造的法治营商环境、创新驱动发展战略更是背道而驰。专利恶意诉讼行为已经造成严重的危害后果和恶劣的社会影响,仅适用民事法律调整,依法承担败诉责任或者由专利审查部门加大审查力度,均难以对行为人起到惩戒作用,也难以对此类行为形成有效遏制。而刑法作为遏制社会违法行为的"最后一道防线",刑罚作为最严厉的惩罚手段,如果被引入专利恶意诉讼中,将会对行为人及潜在的恶意诉讼人起到强有力的震慑作用。

(二)惩治专利恶意诉讼的价值选择

不同的立场往往意味着不同的价值选择,就惩治专利恶意诉讼而言,在内发自治、行政干预和刑事介入三种立场背后,存在以下三种具有代表性的价值选择。

首先,保护优先原则。习近平总书记指出:"创新是引领发展的第一动力,保护知识产权就是保护创新。"专利权作为知识产权之一,对于激励创新、技术进步、经济繁荣具有极为重要的作用。可以说,科学技术的不

---

① 李晓秋:《未决之命题:规制专利恶意诉讼的"路"与"困"——兼评新〈专利法〉第 23 条、第 62 条》,载《学术论坛》2010 年第 2 期。

断发展与专利制度的日益完善是相辅相成、密不可分的。在市场经济环境下,企业的核心利益与知识产权制度的结合越来越紧密。著作权、商标权、专利权和商业秘密等已经成为企业不断发展壮大的重要依托,一定程度上来讲,专利技术就是一家企业最具有竞争力的资源。在此形势下,各个国家和所有企业对专利权的重视不断强化,专利权也自然成为市场竞争的重要手段,专利诉讼在所难免。而实践中,维护企业合法权益和打击压迫竞争对手是不能完全区分的,主张自身权利的过程势必会对竞争者的生产经营造成影响。同样,在市场自由竞争的大环境中,不能把所有打击对手的意图都认定为"恶意损害对手的权益"。故而,从激发技术创新、促进科技进步的角度论,应当将专利保护置于更高的地位。

其次,秩序优先原则。恶意诉讼人往往利用被告企业重大商业合作、引入战略投资、IPO 等关键节点,借助诉讼行为乃至诉诸舆论,给对方的商誉造成极大打击。同时,对于专利恶意诉讼的被告方而言,被卷入诉讼之后,其必须耗费大量精力予以应对,必然影响企业正常生产经营。在商誉受损、经营受困的形势下,被告企业很可能因此错失商机,生产停滞,以致濒临破产。此外,随着改革的不断推进,我国经济社会正处于深刻变革之中,经济社会发展中大量的社会矛盾以诉讼纠纷的形式不断涌入司法领域,司法机关案多人少,矛盾极为突出,司法资源的稀缺性和有限性客观存在。专利恶意诉讼进一步加剧案多人少之矛盾,挤占有限的司法资源。可以说,专利恶意诉讼系借保护专利之名行违法犯罪之实,不但有违专利制度设计之初衷,而且对公平竞争的市场环境、持续发展的科技革新,以及日趋紧张的司法资源均造成冲击,"不论是为一般财产权,抑或公平交易法所示之专利权等智慧财产权,一旦有滥用情事,即丧失其原有保护法规之屏障,成为其它法令的规制对象"。①对此,应当综合运用各种手

---

① 黄铭杰:《竞争法与智慧财产法之交会——相生相克之间》,台湾元照出版公司 2006 年版,转引自易继明:《禁止权利滥用原则在知识产权领域中的适用》,载《中国法学》2013 年第 4 期。

段依法予以有效规制,以恢复应有之秩序。

最后,比例原则。如前文所述,从保护优先和秩序优先的不同角度出发,对于专利恶意诉讼的规制引发保护专利权与打击恶意诉讼的矛盾,给司法机关带来困惑。特别是刑法作为遏制社会违法行为的"最后一道防线",以刑事手段介入专利恶意诉讼,是否存在矫枉过正、是否系不当介入民事纠纷,存在极大争议。我们认为,专利权保障与规制专利恶意诉讼之间并不存在冲突。对于专利权的保障和专利恶意诉讼的规制均是依法开展的,强调专利权的保障并不意味着放松对专利恶意诉讼的规制,而加大专利恶意诉讼的规制力度也不代表可以对专利权肆意侵害,两者并非非此即彼、不能共存。实际上,两者的目的具有一致性,均是维护合法专利权、保障正当市场竞争秩序。司法实践中,恶意诉讼与正当诉讼往往只有一线之隔,并无清晰的界限,如何确定两者之间的边界,则需要运用比例原则,全面把握、综合权衡。具体而言,既要确保目的的正当性,又要确保手段的适当性,还要确保将损害降到最小。

第三节　惩治专利恶意诉讼的应然举措

专利恶意诉讼的频发凸显当前法律层面规制手段不足、力度不大、效果不好等现实问题,为此,必须进一步丰富专利恶意诉讼的法律规制工具箱,为司法实践人员提供可选择的、有针对性的、涵盖全阶段的法律规制措施。相关措施可从程序法和实体法的角度分别论述。

一、程序法举措

（一）建立涉及 IPO 专利无效案件优先受理、快速审查通道

当诉讼相对人对涉案专利的效力存在质疑时,可以选择向国家知识产权局专利局复审和无效审理部提出审查请求,若经审查能够确认专利

无效,则该委员会可直接作出宣告专利无效的决定,进而从根源上消解专利恶意诉讼。实践中,依据《专利优先审查管理办法》,对于"涉及的专利发生侵权纠纷,当事人已请求地方知识产权局处理,向人民法院起诉或者请求仲裁组织仲裁调解"的情形,可以提请优先审查。其中,对于发明和实用新型,应当自同意优先审查之日起五个月内结案,外观设计自同意之日起四个月内结案。应当说,专利复审机构已经充分关注到专利复审和无效审理工作周期长、审结慢的问题,并提出了应对之策,但四到五个月的时间对于企业 IPO 时间要求而言,仍然是一个致命打击,针对专利恶意诉讼行为人往往利用企业 IPO 的关键节点提起诉讼这一特点,专利审查机构对于诉讼相对人提出确认相关专利效力的案件,可以在当前已有工作基础上,探索建立优先受理、快速审查通道,加快审理进度,及时作出决定,以最大限度保护 IPO 企业合法权益,为企业上市迅速扫清障碍。

（二）强化专利诉讼立案审查

2015 年,最高法通告实施立案登记制,要求对符合法律规定的起诉均应予以登记立案。在最大限度保障公民诉权、确保立案登记制总体要求落实到位的同时,也要注意到立案登记制并非取消立案条件审查,并不意味着只要起诉即应当立案,而是要求法院在立案时就要针对法定起诉条件等事项进行更加精准的审查,避免过度审查、人为制造障碍,从而造成应立不立等。《最高人民法院关于进一步保护和规范当事人依法行使行政诉权的若干意见》(法发〔2017〕25 号)明确要求:"正确引导当事人依法行使诉权,严格规制恶意诉讼和无理缠诉等滥诉行为。"考虑到专利恶意诉讼系以合法形式谋取非法利益,在专利诉讼案件受理环节即应当严格审查专利权人的权利状态、诉讼理由和其他相关信息,并可以依据其所提供的专利证书及提交的相关专利评估等,来判断权利人是否真实地享有权利,以及其所拥有的权利是否符合法律的规定等,发现诉讼主张根本不存在或者权利无效时,可明确不予受理,将专利恶意诉讼阻挡于审判程序之外。

（三）完善专利诉讼案件庭前会议

庭前会议作为当代诉讼中的一项重要制度，其主要目的在于通过庭前交换证据、明确争点等工作，有效提高庭审效率。但实践中，当事人的不配合不参与、部分地区法院的不积极适用，往往导致庭前会议制度适用率明显较低，未能发挥最大化功效，证据突袭、庭审程序无效延长等情形不断出现。对于法官初步判断可能涉嫌专利恶意诉讼的案件，应当明确要求庭前会议为必经程序，在庭前会议中，由法官引导案件当事人进行证据交换和诉讼说明，扩大庭前对案件审查力度，加强对证据的审查。通过庭前会议明确有专利恶意诉讼嫌疑的，可在庭审中采取以下应对措施：适当加大专利恶意诉讼行为方的举证责任，传唤当事人到庭参加诉讼，通知当事人提交原始证据，要求证人出庭作证，依职权调取证据，邀请有关部门人员参与审查等。

（四）审慎适用诉前行为保全

根据《专利法》第七十二条之规定，专利权人可以在起诉前依法向法院申请停止专利侵权行为，也即诉前行为保全。诉前行为保全突破了诉讼周期限制，可以及时制止专利侵权行为，以起到及时止损、便捷维权的效果，但其实质上系"未审先判"，因此必须对之慎之又慎。《最高人民法院关于审查知识产权纠纷行为保全案件适用法律若干问题的规定》第七条列明了判断的五项规则，第九条对于申请人以实用新型或者外观设计专利权为依据申请行为保全的情形提出附加证明要求。为确保程序正义，该规定第五条要求法院裁定采取行为保全措施前，应当询问申请人和被申请人，但该条款仍然较为原则性，并不是让双方进行举证质证、辩论，也未赋予控辩双方平等抗辩的权利。实践中，由于该诉讼并未进入实质审理阶段，法官对于全案证据、事实缺乏完整、准确的判断，在未充分听取控辩双方意见的情况下，易于给专利恶意诉讼行为人提供可乘之机。对此，法院可在审查诉前行为保全申请的过程中增加听证程序，在控辩双方均到场的情况下，充分听取控辩双方意见，以保障被申请人的抗辩权，确保诉前行为保全措施合法、必要、适度。

（五）严格把握撤诉条件

撤诉制度既是当事人处分自己诉讼权利的有效手段，又是法院结案的重要方式，基于此，在实践中，法院往往对当事人的撤诉申请一概准许。专利恶意诉讼中，很多诉讼发起人并不会等到诉讼结束，而是在提起相应诉讼后就已经达成了诋毁对方商誉、干扰对方 IPO 和融资节奏等目的，并往往在诉讼结束之前就撤回起诉。因为在恶意诉讼中，行为人通常一旦达到其非法目的，或者发现非法目的难以达成，就会选择提出撤诉，以逃避法律的制裁。①根据规定，诉讼费用减半收取。可以看出，我国法律中当事人撤回起诉的标准不高、成本较低。实际上，根据《民事诉讼法》相关规定，当事人申请撤诉的，是否准许应由人民法院裁定。法律赋予法院对于撤诉申请的审查权，则法院应当依法开展审查工作，在确保撤诉申请真实自愿的同时，应当确保撤诉不损害对方当事人之合法权益，不违反法律法规和公序良俗原则。在专利恶意诉讼中，法院严格把握撤诉条件，结合案件实际情况，在听取对方当事人意愿的基础上，综合判断是否同意撤诉，如此可对专利恶意诉讼行为人形成一定制约，以增加其恶意诉讼之成本。

二、实体法举措

（一）完善恶意诉讼反赔制度

专利恶意诉讼行为人违反《民法典》规定的诚实信用原则，以专利侵权诉讼为手段，侵害诉讼相对人的合法权益，本质上是一种侵权行为，理应承担侵权责任，对因其侵权行为而受到损害的被侵权人进行赔偿，此即

---

① 卞辉:《知识产权恶意诉讼的程序法应对》，载《电子知识产权》2009 年第 10 期。

专利恶意诉讼的反赔制度。2011 年,最高法修改《民事案件案由规定》时,即将"因恶意提起知识产权诉讼损害赔偿责任纠纷"纳入民事案由,2020 年该规定修订时仍然对此条款予以保留。但上述条文均只是对此作出原则性和概括性规定,并未明确反赔制度的概念和标准。2008 年,我国《专利法》第三次修改建议稿曾对规制专利恶意诉讼的反赔制度作出相应规定,但最终没有被采纳,2020 年《专利法》修订时亦未吸收。

2021 年 6 月,最高法发布《关于知识产权侵权诉讼中被告以原告滥用权利为由请求赔偿合理开支问题的批复》,明确提出,被告依法请求恶意提起诉讼的原告赔偿其因该诉讼所支付的合理的律师费、交通费、食宿费等开支的,人民法院予以支持,但须为"因该诉讼而支付的""合理开支"。实践中,对于专利恶意诉讼反赔制度的适用仍然存在不少争议,譬如除上述因诉讼产生的直接损失之外,被告人在案外参加专利无效宣告程序而支出的无效宣告请求费,以及由该诉讼导致的其他间接损失能否获赔等。随着专利恶意诉讼的不断加剧,对其采取相应遏制措施也已经迫在眉睫。应在现行《民事诉讼法》等相关法律中明确专利恶意诉讼反赔制度的适用标准、赔偿范围等具体事项,以进一步统一思想认识,消除实践争议。

（二）引入惩罚性赔偿措施

我国立法对于惩罚性赔偿总体上持保守和谨慎的态度,对大部分侵权案件采取的都是补偿性赔偿,即只需要被侵权人所受到的利益损失得到补偿即可。近年来,知识产权保护力度不断加大,2021 年 2 月,最高法颁布《关于审理侵害知识产权民事案件适用惩罚性赔偿的解释》,将惩罚性赔偿引入知识产权诉讼,进一步加重了对知识产权侵权行为的处罚,但该规定对于相对人是否可对专利恶意诉讼行为人提起惩罚性赔偿诉讼并未予以明确,实践中亦未见相关案例。

如果参照前文所引的《关于知识产权侵权诉讼中被告以原告滥用权

利为由请求赔偿合理开支问题的批复》，专利恶意诉讼中似乎不存在应用惩罚性赔偿的空间。随着专利恶意诉讼的不断滋生，其影响愈加恶劣，仅仅通过补偿性赔偿，并不能起到威慑恶意诉讼人的效果。惩罚性赔偿具有预防、惩罚和遏制不法行为的功能，扩大惩罚性赔偿在侵权责任法中的适用范围具有合理性。[①]因此，应当跟随立法潮流和趋势，在专利恶意诉讼中引入惩罚性赔偿机制，加重恶意诉讼行为人的责任。

（三）加大信用惩戒力度

目前，我国法院对于失信被执行人已经构建了较为完善的惩戒制度，但对于未进入执行程序的恶意诉讼案件来说，当前并不能对相关行为人采取相应的惩戒措施。虽然不少地方法院采取相关举措，要求建立虚假诉讼包括恶意诉讼的黑名单制度，但其主要作用是于立案时给予更多关注、审理时加大审查力度，并不自然产生其他制裁措施，且其效力也仅局限于一院一地。

专利恶意诉讼行为人违反民法中的诚实守信原则，理应对其实施信用惩戒措施。就企业而言，法院应当及时与相关部门对接，完善恶意诉讼信息的推送机制，可以将其非诚信行为纳入企业信用档案，并在招投标、行政审批、融资信贷、市场准入等各方面对其予以全方位信用惩戒。就个人而言，可以对专利恶意诉讼企业的法定代表人采取"限高令"，威慑企业法定代表人，敦促其在诉讼中遵守诚实信用原则。通过对企业本身和法定代表人的双罚制，遏制专利恶意诉讼的泛滥。

（四）及时适用司法强制措施

根据我国《民事诉讼法》规定，对于提起虚假诉讼、恶意诉讼的当事人，人民法院可根据情节严重程度依法予以罚款、拘留，构成犯罪的依法追究刑事责任。但实践中，虚假诉讼行为人被处以强制措施的案件仅有

---

① 李景义、李杰：《我国扩大惩罚性赔偿适用范围的理论探析》，载《中国高校社会科学》2017 年第 2 期。

极少数,恶意诉讼行为人被处以强制措施的案件更为罕见,客观上存在司法强制措施适用率极低的问题。

究其原因,一方面,恶意诉讼的认定较为困难,当前法律中未有明确具体的认定规则;另一方面,《民事诉讼法》中对民事强制措施的规定较为原则化,并没有对具体情节、相关裁判标准等予以明确规定,使得法院在实践适用时缺乏可供参考的法律依据。审判人员依个人裁量权予以判断,进而导致审判人员不愿适用、不敢适用;即使审判人员内心认为存在恶意诉讼之嫌疑,对行为人也往往以教育为主,或仅采取数额不大的罚款措施。对于恶意诉讼行为人而言,此种具有象征意义的惩罚性措施与恶意诉讼可能带来的获益相比微不足道。据此,法院在审理相关案件中,应当在依法、准确认定恶意诉讼的基础上,对行为人采取更为有力的司法强制措施,加大罚款数额,更多采取司法拘留措施,以更加及时、有效地加大对恶意诉讼行为人的制裁力度。

（五）审慎适用刑事处罚

2019年获判的"李某文、李某武敲诈勒索案"被视为全国"专利敲诈勒索第一案",该案历经一审、二审,且被告人上诉和检察机关抗诉同时提出。可以看出,司法实践中有关专利恶意诉讼能否予以刑事制裁的具体定罪标准仍然存在极大争议。该判决认为,伪造专利或专利独占许可,恶意提起专利侵权诉讼或者进行不实举报,以胁迫手段索要财物的,可以认定为敲诈勒索罪。依据合法授予专利反复提起诉讼的,即使其专利申请有违诚实信用原则,专利质量不高,有滥用诉权之虞,但只要经检验无法完全否定涉诉专利价值的,一般就不予追究刑事责任,相关企业可通过民事途径维护自身合法权益。从该案来看,对于伪造专利或专利独占许可提起诉讼意图获取他人财物的,认定为敲诈勒索罪争议不大,但对于专利质量不高、滥用诉权侵害他人权益的,则主要依靠民事途径予以救济。

从刑罚作为最严厉的惩罚手段来看,对专利恶意诉讼人施加刑事责任,应当极其慎重,科学划定民刑界线。对于无专利权但捏造事实起诉的,认定为敲诈勒索罪不存争议,但对于专利质量较差却滥用诉权的情形一概不能予以刑事追究这一观点,仍有探讨的必要。实践中,此类行为正是专利恶意诉讼中的大多数表现形态,一概将其排除在刑事规制范围之外并不利于对其予以打击。从敲诈勒索罪的构成要件来看,30万—50万元即为数额特别巨大,量刑幅度为十年以上有期徒刑,而专利恶意诉讼中索赔数额往往较一般个人犯罪而言更加巨大,由此的确会导致量刑幅度普遍过高,有罪刑不相适应之嫌。为此,建议以虚假诉讼罪为进路,以相关司法解释中的"捏造知识产权侵权关系或者不正当竞争关系"为主要适用依据,设定相应的认定标准,对依托低质量专利滥用诉权严重侵犯他人合法权益的行为予以制裁,既可以对此类行为予以有效规制,又不违背罪刑相适应原则。

（六）完善确认不侵权之诉制度

最高法2009年发布的《关于审理侵犯专利权纠纷案件应用法律若干解释》,正式规定了不侵权确认之诉。不侵权确认之诉一般适用于知识产权人为了达到不法目的而滥发侵权警告函,或以诉讼相威胁,而相对人并未侵权的情况下,相对人为了维护自身利益,可向法院提起确认不侵权诉讼。该制度相较于前文所述其他举措,赋予相对人在专利恶意诉讼行为人提起诉讼之前即采取相关维权措施的权利,进而避免因恶意诉讼给自身带来更大危害。

但该制度仍然存在不少疏漏,实践中对于"权利人警告—被警告人书面催告—权利人既不起诉也不撤回警告"核心三要件的把握,以及举证责任的分配,仍然存在纷争。同时,该制度除上述司法解释之外,未经其他更高法律位阶的规定予以明确,致使各地法院在适用过程中存在标准不一、尺度不一的情形,因而立法层面仍然有待健全。

第四节　惩治专利恶意诉讼检察监督机制的构建

一、惩治专利恶意诉讼检察监督的原则

专利恶意诉讼是专利权滥用在司法程序中的具体体现,是权利"失范"的表现,而检察权的特点决定了检察机关对规范运行及正确实施具有监督作用。诚然,检察权介入专利恶意诉讼应当遵循一定的原则和基准,既要凸显检察权的监督效果,又要防止对专利权的不当干预。

（一）依法履职原则

作为监督权,检察权对于专利恶意诉讼的规制不仅应当遵循《刑事诉讼法》的相关规定,还应当遵循上位法的规范,在现有规范框架内,严格依照法律规范,充分履行检察职能,妥善办理刑事、民事、行政、公益类专利恶意诉讼案件。与此同时,在案件办理过程中,应结合区域经济、社会发展的形势与政策,准确把握保护专利权与维护社会公共利益之间的关系,努力做到"三个效果"的统一。

（二）融合履职原则

当前,恰逢"捕诉合一"改革,检察一体化综合履职不断深入发展之际,对于专利恶意诉讼的规制,应充分发挥检察一体化优势和知识产权检察办公室的机制优势,同级检察机关紧密配合,上下级检察机关良性互动,做到"一案多查",融合履行刑事、民事、行政、公益诉讼检察职能,努力服务专利权保护,维护公平竞争秩序。

（三）协作履职原则

专利恶意诉讼的惩治是一项复杂的系统工程,检察机关在不断增强自身履职能力的同时,应注意借助"外脑"和"外力",通过与其他职能单位、部门的沟通协作,尤其注重与商务局、知识产权局等行政单位的衔接协作,强化公检法的协调配合,凝聚共识,联合发力,构建阻击专利恶意诉

讼、维护权利人利益的系统保护屏障。

二、惩治专利恶意诉讼检察监督的应然举措

（一）惩治专利恶意诉讼的民事检察监督举措

专利恶意诉讼主要涉及民事诉讼领域，因此，民事诉讼监督也是专利恶意诉讼检察监督工作的重点和难点。我们认为，在目前的形势下，应不断提升专利权案件民事诉讼监督力度，通过提出抗诉、支持起诉、提出检察建议等方式，促进涉专利恶意诉讼民事案件裁判标准的统一和裁判理念的革新。具体措施如下：

首先，多措并举提升专利恶意诉讼民事监督质效。开展专利权裁判、执行文书专项审查等活动，依法主动纠正不正当维权、滥用诉权、虚假诉讼等涉专利恶意诉讼行为，积极发现通过提起专利恶意诉讼方式损害专利权利人合法权益的行为，尤其对于恶意抢注专利后以专利侵权为由频繁举报或反复提起诉讼，未获有利判决后提请检察监督的，应依法从快处理，不支持监督申请，及时回应专利权人及社会民众的关切，并以"鼓励创造性转化、创新性发展"为原则，妥善办理涉专利权纠纷民事监督案件。

其次，不断增强专利恶意诉讼民事监督影响力。常言道，"巧妇难为无米之炊"。长期以来，检察机关专利权民事监督囿于监督线索来源渠道窄、线索数量少等客观条件的制约，监督效果难以提升，因此有必要从监督线索来源方面下功夫、求突破。一方面，应建议不断加强检察履职宣传，将检察履职推向更广阔的领域。我们应当充分认识到，不同于刑事案件来源于公安机关的移送，专利权民事监督案件主要源于当事人的申诉，而对于民事案件检察申诉，目前公民普及度和认可度均十分有限，故有必要主动作为，与法院、知识产权行政单位及创新企业、工业园区等建立联络对接机制，积极履职，主动发现监督线索。另一方面，可通过召开新闻发布会，发布专利权民事案件监督白皮书、典型案例，以及组织庭审观摩

和制作法律宣传图册等形式,逐步扩大检察机关专利权民事监督影响力,提升社会公众对检察履职的认知度和满意度,进而使更多专利权受损的被害人愿意向检察机关表达诉求、寻求帮助,不断拓展监督案件线索渠道。

最后,构建多元化专利恶意诉讼民事检察履职机制。积极发挥检察机关在专利权纠纷民事监督案件中的司法作用,构建检察环节调解协商机制,尽可能化解纠纷、息诉止争,将有限的司法资源转移至专利恶意诉讼源头治理、综合治理,在"诉"的主基调下,构建诉调并行的多元化纠纷解决机制,不断满足人民群众多元高效便捷的纠纷解决需求,进而加强知识产权诉讼诚信体系建设,有效惩戒滥用权利、恶意诉讼行为。

(二)惩治专利恶意诉讼的行政检察监督举措

针对惩治专利恶意诉讼,我们认为,检察行政监督的工作方向和重心应当从加强生效裁判监督和执行监督两个层面加以考量。

一是加强对专利权确权类行政诉讼案件的监督。对于专利授权确权类行政诉讼案件,检察机关应加强对案件判决的分析和研判,对于技术疑难问题,应注意借助第三方专业机构力量对案件专利确权的合法性、适法性进行审查,及时发现和报告有价值的监督线索。与此同时,上级检察机关知产办应加强对辖区检察机关的指导,共同推动办理影响性案件,促进授权确权领域行政和司法标准的统一。

二是强化行政违法行为监督。按照《中共中央关于加强新时代检察机关法律监督工作的意见》(以下简称《意见》)要求,检察机关的法律监督职责并非局限于"诉讼环节",检察监督应当是全方位的,检察机关在履行法律监督职责中,发现知识产权行政机关违法行使职权或者不行使职权的,特别是存在执法不作为、乱作为和趋利执法、选择性执法等突出问题的,可以依法制发检察建议等督促其纠正。另根据最高检相关工作指导意见,检察机关知识产权办公室系综合履职部门,应统筹履行"两法衔接"

和行政违法行为监督等相关工作。在专利行政案件监督中,检察机关应充分发挥综合履职制度优势,做好一案多查、刑行衔接、双向衔接等工作,推进惩治专利恶意诉讼行政监督提质增效。

三是加强对实用新型和外观设计专利恶意抢注行为的监督。在专利恶意诉讼领域,实用新型和外观设计专利的恶意诉讼占比较重,这也是专利恶意诉讼的重灾区。检察机关在对上述两类专利权纠纷监督中,应当尤其注意一定时间段内同一诉讼主体在不同区域采用相同或相近诉请针对不同被告提起诉讼的情况。同时,应当注意对实用新型和外观设计专利的实质性审查,一旦发现专利恶意诉讼线索,应尽快协同涉诉审判机关、知识产权职能部门,做好案件统筹,及时维护实际权利人的合法权益。

(三)惩治专利恶意诉讼的刑事检察监督举措

众所周知,刑事检察职能涵盖侦查、批捕、起诉、审判全流程,贯穿于刑事诉讼活动的全过程,是知识产权检察履职的基本盘,也是民事、行政、公益检察的基础和案件源头所在。对于惩治专利恶意诉讼,刑事检察工作既要扎实有力,又要力求突破。

首先,贯彻宽严相济的刑事政策,依法打击专利犯罪。一方面,应加大对相关涉罪行为的刑事打击力度,用最严厉的方式惩治专利恶意诉讼犯罪行为;另一方面,应当严格遵循罪刑法定的基本原则,准确界分罪与非罪的标准。同时,应贯彻落实宽严相济的刑事政策,在定罪量刑时综合考虑犯罪金额、行为人认罪悔罪态度、退赃退赔、主从犯等情节因素,当宽则宽,当严则严,对犯罪情节轻微的可依法不起诉,最大限度地减少司法活动对行为人,尤其是涉案民企的不利影响,让人民群众切实感受到"司法温度"。

其次,强化追赃挽损力度,最大程度挽回权利人损失。专利权人在专利研发、申请和实施过程中投入了大量的成本,而专利违法犯罪的成本极低,却往往会给专利权人造成巨大损失。因此,追赃挽损应当贯穿刑事检察工作的始终。在侦查阶段,检察机关通过提前介入引导侦查取证,发掘案件资金线索,及时开展追赃挽损工作;在案件审查阶段,检察机关利用认罪认罚从宽制度,积极促成犯罪嫌疑人退赃退赔,弥补权利人损失;在庭审阶段,检察机关亦可结合全案证据,通过举证质证、发表公诉意见等向法庭展示权利人遭受损失的状态和程度,督促犯罪嫌疑人认罪悔罪,积极退赔,争取权利人谅解。

再次,加强对知识产权恶意诉讼中涉嫌犯罪线索的移送。检察机关发现当事人以捏造的事实提起民事诉讼,妨害司法秩序或者严重侵害他人合法权益的,涉嫌构成虚假诉讼罪或者其他犯罪的,要及时移送犯罪线索,加大惩治力度。落实监督办案一体化要求,发现或者收到执法司法等方面的监督线索时,要做好检察机关内部移送线索工作,及时将线索移送本院相关业务部门或者其他人民检察院,实现各项检察工作融合发展。

最后,引导权利人实质性参与诉讼,全方位保护权利人权益。严格落实侵犯知识产权犯罪案件权利人诉讼权利义务告知制度,引导和保障权利人实质性参与诉讼,围绕"侵权行为""主观恶意"等发表意见,就"专利认定""损失数额"等情况补充提交证据材料。与此同时,持续推进侵犯知识产权犯罪刑事附带民事诉讼,一体解决刑事追诉和民事追责。加大罚金刑适用力度,准确认定单位犯罪,不让犯罪分子从犯罪活动中获利。

(四)惩治专利恶意诉讼的公益检察举措

专利权不仅是私权,还在某些方面具有一定的公共利益属性,具备开展公益诉讼的基础。依托检察公益诉讼惩治专利恶意诉讼不仅有相应的法理基础,还有司法实践的客观需求。然而,司法实践对于专利公益诉讼的探索尚处于探索阶段,仍应当遵循"稳中求进"的总体工作基调。

首先,对专利批量维权案件开展公益线索排摸。公益检察职能部门应结合自身监督办案特点,开展专利权批量维权案件专项监督,既要对批量申请监督的案件加大监督力度,又要注重大数据的深度应用,通过大数据对涉及同一当事人或者同一知识产权的批量维权案件开展检察监督工作,如"潼关肉夹馍""逍遥镇胡辣汤"等为代表的批量维权案件。加大对事实证据和法律适用的审查力度,关注当事人以获取非法或者不正当利益为目的而故意提起事实上和法律上无根据的恶意诉讼问题,研判案件法律责任及公益诉讼线索,督促相关职能部门依法履行管理职责,对符合依职权监督的民事和行政案件,依法及时启动依职权监督程序,加大对此类案件的审查处理,发现知识产权批量维权中相关部门工作存在问题的,可有针对性地提出诉前检察建议。

其次,对专利恶意诉讼行为开展公益诉讼线索排摸。检察机关应重点关注行为人明知其知识产权权利基础存在瑕疵,或者以限制竞争对手经营为目的,恶意对他人提起知识产权侵权诉讼的行为。严格审查、甄别以专利保护为名恶意起诉他人,破坏正常生产经营、市场竞争秩序,侵害消费者权益,损害公共利益的行为。注重发现普遍性、倾向性问题,加大对专利权滥用行为的规制力度,细化相关法律制度和规则的适用,推进知识产权诉讼诚信体系建设。

最后,完善公益检察履职机制,推动相关领域立法。把握专利公益诉讼的可诉性、精准性,不可盲目追求诉的数量,尤其在开展"等外"公益诉讼探索时,要严格履行法定报批程序,防止不当扩大公益诉讼的范围。《意见》强调,要梳理知识产权领域公益诉讼案件线索,依托公益诉讼法定领域积极稳妥拓展知识产权领域公益保护。目前,与知识产权较为密切的公益诉讼主要发生在食品、药品领域,关于实用新型、外观设计等涉专利的公益诉讼尚处于起步探索阶段,属于"等外"探索,对于侵犯专利,同时侵害众多消费者权益,损害社会公共利益的专利侵权行为,可以提起民事公益诉讼、行政公益诉讼。开展此类公益诉讼,还应当注意公益检察履职的方式和方法,完善工作机制,形成规范指引,从而推动相关领域的立法。

三、强化专利恶意诉讼检察监督的可行路径

（一）稳步推进涉案企业适法改革，强化源头治理

对于专利权滥用、恶意诉讼等行为，如果涉案企业并非专门实施专利恶意诉讼的公司，那么该类企业尚有适法改革的必要性和可行性，而且在专利恶意诉讼中，实际专利权人对于自身专利的保护和管理往往存在一定的疏忽和漏洞，故也有进行企业适法改革的必要。因此，在检察机关惩治专利恶意诉讼的过程中，推进涉案企业适法改革，从而从源头上遏制专利权滥用就显得尤为必要。对此，检察机关应加强与公安机关、专利监管职能部门的沟通协调，在法律规定的权限内合理掌握办案进度、选择配套法律措施、惩治相关违法犯罪的同时，注意保护涉案企业正常生产经营活动。与此同时，加强与行政监管部门共同分析专利滥用行为产生的动机、原因，研究涉案企业专利实施制度漏洞，适时提出整改建议，并积极参与企业及相关行业适法建设，完善适法管理体系，促进企业适法守法经营和长远发展。

（二）借力大数据赋能，促进积极履职

随着信息化时代的到来，数据对于各行各业而言都尤为重要。在专利恶意诉讼检察监督中，借力大数据赋能，提升检察监督效能也势在必行。一方面，可运用大数据打破业务隔阂和壁垒。针对专利民事诉讼、行政执法、刑事司法数据共享不畅导致的犯罪线索遗漏、民事权利救济受阻、行政执法受限的问题，依托12345检察业务平台数据、"检答网"数据、中国裁判文书网数据、商标局官网数据、企业工商注册登记数据等组建数据库，运用大数据筛查、比对、碰撞，实现数据融合，从而打破民事、行政、刑事各环节信息数据壁垒，创建专利案件一体化监督模型，推进"四大检察"融合履职。另一方面，可运用大数据提升检察监督质效。构建专利滥用、恶意诉讼检察监督办案模型，提取分析案件关键数据，模拟专利恶意

诉讼违法犯罪行为路径、特点及权利人损害计量模型,从而提升案件办理质效,实现有力打击,精准监督。

（三）落实贯穿式监督,形成监督合力

面对专利恶意诉讼的复杂性,单纯强调行政手段或刑事打击,往往治理效果难尽如人意,在检察监督方式不断自我提升、自我革新的当下,贯彻式的监督思路应当被运用到知识产权恶意诉讼的惩治行动中。一方面,检察机关内部应当融合履职,实现"贯穿式"一体化监督。诚如前文所述,对专利权案件应落实"一案四查""一案四评估",实现刑事、民事、行政、公益诉讼检察同步审查,将检察监督职能充分发挥。另一方面,借力外部监管力量,形成监督合力。检察履职虽强调依法独立办案,但其职能并不孤立,在专利案件办理中,检察机关亦可协同专利行政管理部门、工商联、行业协会、专业技术人员等加强案件的审查和评估,实现从专利研发、申请到实施全流程的审查和监督,从而摆脱案件自身的局限性,实现全流程贯穿式监督。由此,内部的融合加之外部监督合力的汇聚,方可实现对专利恶意诉讼的有效打击和惩治。

党的二十大报告明确指出,"坚持创新在我国现代化建设全局中的核心地位"。创新是引领发展的第一动力,保护知识产权就是保护创新。《中共中央关于加强新时代检察机关法律监督工作的意见》亦明确指出,检察机关要加强知识产权司法保护,服务保障创新驱动发展。众所周知,专利权是知识产权制度中的一颗明珠,对于国家科技创新、企业长远发展而言至关重要,而专利权恶意诉讼是这颗明珠中乱入的粒粒"微瑕",不仅不能"视而不见",还需要引起足够的重视,因为我们不能让粒粒"微瑕"黯淡了"明珠"的光芒。然而,在惩治专利恶意诉讼的进程中,我们发现了问题的复杂性。成文法并没有针对专利恶意诉讼的规定,对其界定遇到了客观行为要件模糊及主观"恶意"认定困难的障碍。应采用实证分析与理论研究相结合的方法,首先通过对专利恶意诉讼产生的背景、动因等进行分析,厘清专利恶意诉讼的基本概念、构成要件和社会危害,继而采用实证分析的方法,摸清在刑事、民事、行政、公益诉讼检察监督实践中,惩治专利恶意诉讼面临的挑战和问题,最后从检察监督优化的路径,提出惩治专利恶意诉讼检察监督的应然举措和可行路径。从实践中发现问题,运用相关理论分析问题,进而提出优化的路径,再回到司法实践中尝试解决问题,正是本研究的基本思路。

诚然,我们知道,面对专利恶意诉讼的复杂性,检察监督的力量还十分有限,需要在更高的层面优化制度设计,树立正确的政策导向,提升企业及公众专利保护意识,促进科研成果良性转化及循环,唯有如此,"明珠"上的"微瑕"才会逐渐淡去。

第六章　重大疑难复杂案件听证实质化研究

第一节　检察听证制度的概述

一、检察听证制度理论渊源

检察听证是听证的一个下位概念,要深入了解检察听证制度的理论渊源,就要从听证制度着手,分析其起源和发展历程。

(一)听证制度的历史渊源

关于听证制度的起源,学界并没有定论,但是一般认为听证作为法律术语源于英国法的自然公正原则。而自然公正原则是英国普通法中一项古老的法原则,这一原则要求任何人不得作为自己案件的法官,并必须公正地听取受案件裁判结果影响的当事人或利害关系人的陈述和申辩。[①]在《行政法》一书中,韦德和福赛也认为,听取双方意见(听证)最能够体现自然公正原则,自然公正可以涵盖几乎所有的正当程序问题,无偏见亦包容其中,公正的听证本身就必须是无偏见的听证。[②]

在案例方面,何海波教授提出,发生在 1615 年英国的巴格案件可以算是听证制度的一个重要起点。本案当事人名叫巴格,是普利茅斯自治

---

①　张明新:《通过程序正义实现公正——英美行政法中自然正义原则及其启示》,载《外国法制史研究》2007 年第 1 期。

②　[英]威廉·韦德、[英]克里斯托弗·福赛著,徐炳等译:《行政法》,中国大百科全书出版社 1997 年版,第 494 页。转引自余凌云:《听证理论的本土化实践》,载《清华法学》2010 年第 1 期。

市的议员,因谩骂、羞辱市长而被剥夺议员职位。审判中,王座法庭认为市长没有剥夺议员职位的权力;即使他有权剥夺,这个处罚决定也依然无效,因为他没有为当事人提供一个替自己申辩的机会。①在该案发生十多年后,在另一起剑桥大学撤销本特利博士学位的案件中,法官也重申了同样的原则,并依据程序上的理由撤销了剑桥大学的决定。②

(二)域外听证制度发展历程

听证制度在其出现早期主要适用于法官审理的案件及被夺职位或者其他荣誉的案件,上文所提到的英国巴格案和本特利案就属于后面一类。而这两类案件都属于就司法行为组织听证,所以听证本身是一个司法概念,是针对法律程序正当性设置的一项保证制度,是最低限度的正义原则。随后,经过现代行政职能出现和扩大,以及法官们解释和修正"司法行为应当听证"这一信条的漫长过程,自然公正原则及其中所蕴含的听证制度才被引入行政领域。③1946年颁布的《美国联邦行政程序法》首次正式明确了行政听证程序。④如美国《布莱克法律辞典》对"听证"作出解释:"听证在立法和行政机构中广泛使用,可以是裁定性的或仅是调查性的,裁定听证可以在普通法院申诉,国会委员会在立法前常要举行听证,这些听证因而成为立法史的重要渊源。"

除了英美法系,听证制度也出现在大陆法系中,并通过成文法的形式对听证作出相关规定。例如德国《联邦行政程序法》第二十六条就规定了适用听证程序的一般原则和可不予听证的范围。日本《行政程序法》第十三条也对听证程序作出规定。韩国《行政程序法》第二条也明确规定,听

---

① Bagg's case [1615] 11 Co. Rep. 93b. 转引自何海波:《英国行政法上的听证》,载《中国法学》2010年第4期。

② R. v. University of Cambridge [1723] 1 Str. 557. 转引自何海波:《英国行政法上的听证》,载《中国法学》2010年第4期。

③ 何海波:《英国行政法上的听证》,载《中国法学》2010年第4期。

④ 贾西津:《听证制度的民主限度和正当程序》,载《开放时代》2007年第1期。

证是行政机关在作出行政行为之前，直接听取当事人的意见、调查证据的程序。因此，总的来说，无论是英美法系还是大陆法系，不同国家的听证虽含义有所不同，但主要内涵是一致的，即都是作为一项程序，一项保障司法、立法及行政机关公正行使权力的基本程序，其主要内容就是听取利害关系人的意见。

（三）我国检察听证制度历史沿革

相较于英美德日，我国的听证制度出现得较晚。学界一般认为，1996年的《中华人民共和国行政处罚法》首次将"听证"引入中国，在行政行为中正式设立听证程序，对停产停业、吊销许可证或者执照、较大数额罚款等重大行政处罚，予以当事人决定是否听证的权利。经过十余年的宣传推广、实践经验总结和法治规范，社会大众广泛接受了这一制度，并逐渐将其融入公共权力运行机制中，使之成为公众参与和评价的一种主要形式。[1]随后，1997年出台的《中华人民共和国价格法》、2002年出台的《中华人民共和国环境影响评价法》、2003年出台的《中华人民共和国行政许可法》等法律，都涉及听证制度的适用。此时，听证还是主要在行政法领域和立法领域有相对完善的法律规定和较多的实践。

21世纪初，检察机关开始在刑事申诉领域采用听证制度。[2]2000年5月，最高检下发《人民检察院刑事申诉案件公开审查程序规定（试行）》（以下简称《试行规定》），2012年，该《试行规定》被重新修订，修订后颁布的《人民检察院刑事申诉案件公开审查程序规定》将公开听证规定为人民检察院公开审查刑事申诉案件的形式之一。2013年，最高检颁布《人民检察院民事诉讼监督规则》，规定人民检察院审查民事诉讼监督案件，确有必要的可以组织有关当事人听证。

随着检察改革的深入推进和法律监督职责的深化落实，检察机关越

---

① 余凌云：《听证理论的本土化实践》，载《清华法学》2010年第1期。
② 徐向春、熊秋红、荣凤琴、田霖：《检察听证四人谈》，载《人民检察》2021年第19期。

来越重视检察听证在案件审查和检务公开中的作用。最高检对不起诉案件、民事诉讼监督案件、羁押必要性审查案件等进行审查、听证出台了专门规定,并对刑事申诉案件的公开审查作了进一步完善。2019 年 7 月,在大检察官研讨班上,时任最高检检察长张军要求对一些多年申诉、各方关注的典型案件组织听证,最高检和各省级检察院带头落实,当年就实现零的突破,举行了 8 场案件听证会。2020 年 1 月召开的全国检察长会议又进一步提出"应听证尽听证"要求:听证不仅要在所有业务条线、所有层级检察机关"全覆盖",还要融入业务办案的全流程。为保障检察听证的规范开展,最高检还制发了《人民检察院检察听证室设置规范》《人民检察院听证员库建设管理指导意见》,对听证室设置及听证员库的建设管理作出更细致的规定。为了深化履行法律监督职责,为人民群众提供更好更优的检察产品,最高检从 2019 年起启动对检察听证的统一规范工作。经深入调查研究,广泛征求意见,最高检于 2020 年 10 月正式印发《人民检察院审查案件听证工作规定》(以下简称《听证规定》)。[1]2021 年,中共中央发布的《关于加强新时代检察机关法律监督工作的意见》,更是明确提出"引入听证等方式审查办理疑难案件"。由此,检察听证上升为党中央对检察工作的制度性要求,成为检察机关的一项重要政治任务。

二、检察听证制度的概念特征

检察听证与行政法中的听证虽都有"听证"一词,但是二者在功能定位、启动方式等方面存在区别。下面就从制度概念及特征两方面着手,对这一制度进行细致剖析。

(一)检察听证制度概念

检察听证是检察机关就事实认定、法律适用和案件处理结论等问题

---

[1] 杨建顺、高景峰、鲁建武:《检察听证的理论依据与实践发展》,载《人民检察》2021 年第 1 期。

听取听证员和其他参与人意见的司法审查活动,主要涉及办理审查逮捕案件、刑事申诉案件、拟不起诉案件、羁押必要性审查案件。

从功能定位上看,检察听证是落实司法公开要求,在审查案件过程中听取听证员和其他听证参加人的意见和建议的一种方式。行政听证则是当事人行使陈述权、申辩权和落实行政公开的一种方式。从启动方式上看,检察听证可以是检察机关主动组织的,也可以依当事人申请进行。而行政处罚听证程序需由行政机关依当事人申请组织听证。

(二)检察听证制度特征

检察听证由检察机关主导,是司法工作的辅助程序,相比传统听证模式具有如下特征。

首先,检察机关居于主导地位。检察机关在检察听证中的主导地位主要体现在三方面。一是检察听证程序启动的主导性。目前检察听证程序主要由检察机关依职权启动,也可以应当事人申请启动听证,但最终还是需要由检察机关确认是否启动检察听证程序,因此检察机关有启动听证程序的绝对主动权。二是检察听证召开的主导性。检察听证的主持人由检察长、检察官担任,在办理控告申诉建议公开听证时,也可以由检察官助理担任。听证主持人在听证会召开前会制作听证方案,明确听证的主要内容、争议焦点等问题。听证会上,由检察人员担任的听证主持人把控听证会的整体流程,因此在听证会的召开过程中,检察机关也有绝对的主导权。三是检察听证意见采纳的主导性。检察听证会结束后,听证员会出具听证意见,根据规定,听证员的意见是人民检察院依法处理案件的重要参考。若是拟不采纳听证员多数意见的,向检察长报告获同意后可以作出与听证员多数意见不同的决定。因此,在检察听证意见的适用方面,检察机关也存在绝对的主导权。

其次,听证意见不具有强制约束力。检察听证是检察机关在审查办理案件中的一个重要流程,可以邀请专家学者、社会工作者等人员参与案件的审查过程,以更加广泛听取多方意见,帮助承办检察官在处理案件时作出更为适当的检察决定,因此听证员在听证会中作出的听证意见只是检察官办理案件的一个重要意见参考,并不代表检察官作出的最终决定,而需要检察官进行进一步的权衡判断。但是这里的不具有强制约束力并不是说听证意见不具有约束力,根据《听证规定》,若是承办检察官不采纳听证员听证意见的,需要报检察长批准后才可以作出决定,并且要做好对未被采纳听证意见的听证员的释法说理,讲明缘由。因此,承办检察官要认真研究听证员的意见并结合案情与法律规定,作出最为恰当的决定。

最后,听证结果非终局性。检察听证是承办检察官根据案情依职权启动或是依当事人申请组织召开的,所以听证程序不是所有案件的必经程序,其听证结果也仅为检察机关最终处理意见提供参考,并不当然等同于案件的最终处理决定。此外,因为听证程序不影响当事人的权利义务,更不是终局性程序,所以当事人不能针对听证结果采取复议、申诉等救济措施。若是在听证员发表听证意见后,当事人认为听证意见存在问题,则可以在当事人最后陈述程序中对相关内容进行补充和阐释,以帮助承办检察官更加全面地了解案情和作出最终决定。听证结束后,承办检察官作出最终决定后,当事人不满检察机关作出的最终决定的,可以通过申诉等方式再进行自身权利的救济。

当前有观点认为,上述特征体现了检察听证制度存在缺陷。许多学者在探讨完善对策时直接反其道而行之,认为应当削弱检察机关的主导地位,如在启动程序上允许利益相关方申请开展听证,在听证时选择承办检察官以外的负责人作为主持人以保证其中立地位,限制检察机关对听证员意见采纳与否的自由权限,拓宽对听证结果不满的当事人的救济渠道,等等。笔者对上述观点均持反对意见。以传统原理看,上述问题在基本理论层面确实有所依凭,但任何制度创造的初衷和核心不应是理论导向,而应当是问题导向。检察听证制度之所以具有上述种种特征,恰恰是因为此种设计有利于解决当前司法实践中特有的问题、发挥检察职能的功效，是司法制度对传统自然主义和正当法律程序理论的超越和创新。检察听证制度研究更需要立足于两个基本点，一是检察听证制度设计的目标功效，二是如何最大程度地实现目标功效。

三、检察听证制度的目标功效

检察听证在检察机关审查案件中具有其他制度代替不了的特殊价值和功效。如检察听证可以彰显中国特色社会主义制度的优越性，带动落实全过程人民民主；可以体现司法的公正性，提升检察机关的公信力；可以汲取民智民意，在案件办理中兼顾法理和人情；可以借助听证员的居间力量，破解申诉困局化解矛盾；可以借助实例开展普法宣传，强化民众的法治观念。

首先，彰显中国特色社会主义制度的优越性，落实全过程人民民主。"人民民主是社会主义的生命。没有民主就没有社会主义，就没有社会主义的现代化，就没有中华民族的伟大复兴。"[①]习近平总书记在庆祝中国共产党成立100周年大会上的讲话中强调指出，要"践行以人民为中心的发展思想，发展全过程人民民主"。[②]于检察机关而言，全过程人民民主就是要在检察工作中全方位落实以人民为中心的理念。因此，为了落实好全过程人民民主，最高检提出"检察听证，让公平正义可见可感"的工作要求。2020年，全国检察长会议还提出了"应听证尽听证"的要求，听证不仅要在所有业务条线、所有层级检察机关"全覆盖"，还要融入业务办案的全流程。检察听证拓宽了群众有序参与和监督司法的渠道，将原本封闭

[①]　习近平：《在庆祝全国人民代表大会成立六十周年大会上的讲话》，载《求是》2014年第18期。

[②]　习近平：《在庆祝中国共产党成立100周年大会上的讲话》，载《人民日报》2021年7月2日，第2版。

的由检察机关单向决定的工作扩展为涵盖听取当事人、利害关系人及公众意见的活动,用公正客观和公开透明的证据示证和释法说理等方法,将司法与民众、法意与民意有效连接起来,让原本隐藏在案件办理背后的检察履职,以看得见的方式呈现,为公民直接参与检察办案程序、作出公正理性的思考判断创造条件,充分保障包括当事人在内的人民群众对检察机关办案工作的知情权、参与权和监督权。同时,检察听证践行了广泛听取人民群众意见、保障人民群众参与司法的群众路线和坚持以人民为中心的发展思想,有利于促进和保障检察机关更好地落实"让人民群众在每一个案件中都能感受到公平正义"的要求,赢得了广大群众对检察工作和案件处理决定的理解和支持。①

其次,体现司法公正,提升检察公信力。司法是维护社会公平正义的最后一道防线。努力让人民群众在每一个司法案件中感受到公平正义,是检察工作追求的价值目标。随着中国特色社会主义现代化进程的推进,中国特色社会主义法治建设不断突破,人民群众的法律意识显著提高,对司法公开、公正、透明的呼吁和需求日益高涨。一方面,检察听证是检察机关尊重和保障人权的实践化和具体化。承办检察官在听证环节公开案件事实和证据材料、发表检察机关的拟处理意见、听取利害关系人的陈述、答复第三方听证员的质询及听取他们的意见建议,可以为群众合理表达诉求提供法律渠道,有效保障群众的知情权、表达权和申辩权,避免群众因表达意见途径的缺失而重复访、越级访、极端访。另一方面,检察听证是检察机关对公众追求公平正义需求的回应和保障。以听证会的形式进行审查,可以让不同利益主体充分参与到案件审查中,让当事人把事说清、听证员把理辨明、检察官把法讲透,以看得见、听得懂的方式,既解"法结"又解"心结",以公开促公正赢公信。近年来,全国检察机关深入贯

---

① 杨建顺、高景峰、鲁建武:《检察听证的理论依据与实践发展》,载《人民检察》2021 年第 1 期。

彻习近平法治思想,认真学习贯彻习近平总书记关于加强和改进人民信访工作的重要思想,积极探索开展上门听证,从源头息诉化解矛盾纠纷。最高检以上率下、示范引领,带头在辽宁、重庆等地开展听证工作,三级检察机关压实责任、探索创新,上门听证工作效果显著。2021 年 10 月 20 日上午,最高检还专门召开了以"检察听证让公平正义可触可感可信"为主题的新闻发布会,发布了 5 件检察听证典型案例,让更多人看到了检察机关在为民解忧、为民纾困方面所作的努力和坚持。

再次,汲取民智民意,兼顾情理法理。中国特色社会主义法治是保障人民当家作主的法治,新时代法治建设坚持为了人民、依靠人民的原则,法律是人民的法律,"刑法与其所保护之社会应保持观点一致"。然而普通公民与专职司法人员之间存在普遍的"断层",要解决司法能否合乎人民的期待、民众能否理解司法判决等重要问题,就需要在司法和社会两个实体之间搭建有效交流的桥梁[①],检察听证制度便属于这样一种桥梁。一方面,检察听证增强司法的民主性,促进阳光司法。司法活动严格遵循法律规定,然而立法活动滞后于社会实践,已有的法律明文规定无法解决全部法律与事实问题。在涉及需要结合专业判断和价值判断处理法律与事实问题的案件中,往往需要仰赖于承办人的个人经验进行专业和价值判断,但是可能因为种种主观因素造成案件处理的误差。而组织听证,就为了做到"兼听",广泛听取各方的意见,集思广益,避免出现"偏听偏信",尽可能减少承办人在案件办理过程中的主观因素,从而促进案件在决策过程中更加体现出民主,使案件的处理决定更加民主公正,同时有利于提高司法公信力。另一方面,检察听证能帮助提升承办人办理案件的内心确信。采用检察听证审查的案件,很多都是疑难复杂、社会影响较大的案件,承办人虽在案件审查中有自己的倾向性意见,但是还需要在听证各方

---

① 施鹏鹏:《陪审制研究》,中国人民大学出版社 2008 年版,第 94 页。

充分论证的基础上合理吸收听证意见,再作出更为公正恰当的决策,而且听证召开时邀请了听证员参加并提出听证意见,第三方的出现更有利于缓解法理与情理之间的矛盾,消除当事人内心疑虑,进而保障决策的科学性。

复次,借助居间力量,破解申诉困局。如何妥善处理重复信访、重复申诉事项一直是各项信访申诉工作的难点。实践中常有当事人不满检察机关的处理结论而重复申诉,甚至报复性缠访、缠诉,难以达到案结事了、息访罢诉的目标。从申诉人的立场来看,其不满情绪很大概率来自以下几点:一是认为反映意见的渠道不畅通,检察机关没有认真听取其意见;二是认为检察机关没有全面地收集、调取证据,仅根据有限的事实作出武断判断;三是认为检察机关不具有客观性、公正性立场;四是认为案件承办人的业务能力水平有限。检察听证制度的设立可以很好地解决上述问题,通过引入第三方,运用多方智慧,可以有效化解矛盾,以公开促公正赢公信。第一,检察听证打通了当事人反映意见的渠道,在检察机关、当事人、相关办案单位、第三方听证员之间构建起良性互动机制,让当事人有理能讲、有怨能诉、有惑能问;第二,听证会上进行证据的公开示证,让案件当事人更加了解司法机关办案过程和决策依据,避免因不了解案件办理过程和证据情况对司法结果产生怀疑,从而走上长期信访之路,甚至出现过激行为,严重影响社会稳定;第三,因为听证员作为与案件没有任何利害关系的"社会人",通过听证会与检察官一同开展释法说理工作,不仅能充分缓解其对立情绪,使当事人更易接受案件处理结论,还能在案件处理中融入社会意见,将法言法语化为民情民理,增强说理的可理解性、可接受度,有利于实现案件办理的政治效果、社会效果、法律效果的有机统一。

最后,开展普法宣传,强化法治观念。随着中国特色社会主义法治建设不断发展进步,当前已形成立法体系基本完备、司法系统运行高效的有利局面,法治的底层建设工作——让民众尊法学法守法用法也需全面跟进,加强法制宣传成为重中之重。对于可以公开举行的听证会,检察机关会对外发布听证公告,公众可以根据公告内容申请参加听证会的旁听。此外,最高检搭建了"检察听证直播网",公众也可以通过该网页观看听证会的直播或录播。这种以公开形式开展的检察听证工作,可以通过案情介绍、出示证据、释法说理、听取第三方意见等形式,向参加旁听的社会大众展示检察权运行和法律实施的具体过程,以点带面宣传法律政策,普及法治知识,推动法治建设进程。2022 年,最高检印发第二批上门听证典型案例,要求全国检察机关进一步加大上门听证探索力度,以检察机关依法积极履职促进源头治理。各级检察机关也纷纷按照"应听证尽听证"和谁执法谁普法的要求,积极开展上门听证工作,深入基层,把发生在民众身边的案件作为普法的生动素材,用更加通俗易懂的语言讲述法律知识,让民众更好地了解法律规定、增强法治意识,并很好地将普法与办案相结合,在办案的同时,严格落实谁执法谁普法责任要求,真正做到办案普法两不误。

第二节　重大疑难复杂案件听证问题和误区

刑事检察听证初创时是检务公开的重要工作内容,主要作为案件公开审查的探索形式加以推进,适用范围较窄。至 2012 年《公开审查规定》施行后,刑事检察听证成为独立的检察制度,不再附属于检务公开程序。[1]经过较长时间的实践,重大疑难复杂案件适用检察听证制度仍存在一定问题,需要在后续工作中加以完善和改进。

---

[1]　杨坤、万毅、刘亦峰、谢科:《听证在检察机关办案中应用问题研究》,上海三联书店 2021 年版,第 53 页。

一、重大疑难复杂案件听证存在的客观问题

（一）适用范围不明确

《听证规定》第四条规定了检察听证制度适用的案件类型包括有羁押必要性审查案件、拟不起诉案件、刑事申诉案件、民事诉讼监督案件、行政诉讼监督案件、公益诉讼案件、审查逮捕案件等。听证的适用范围包括案件本身事实认定、法律适用、案件处理等方面存在较大争议，或者若案件有重大社会影响，需要当面听取当事人和其他相关人员意见的，以及审查逮捕案件需要核实评估犯罪嫌疑人是否具有社会危险性、是否具有社会帮教条件的。重大疑难复杂案件普遍具有人身危险性大、主观恶性大、社会危害后果严重等特点，往往舆论关注度高，有重大社会影响，再加上案情复杂、证据存疑、法律适用存在争议等情形，本身与检察听证制度的适用范围十分契合，但实践中重大疑难复杂案件适用检察听证制度存在一定难点。重大疑难复杂案件在何种条件下可以适用检察听证，何种情况下不应适用检察听证，以及通过检察听证可以有利于处理哪些案件难题，如何通过检察听证处理案件难题等，均没有形成定论。比如重大疑难复杂刑事检察案件中，事实认定是以大量的证据为基础的，对于审查某些证据采纳与否，特别是庭审前不宜公开的证据是否属于公开听证的适用范围，存在着不同的论调。《听证规定》对检察听证制度适用范围的规定过于笼统抽象，缺少具体标准和执行细则，导致大多数重大疑难复杂案件检察听证适用范围不明确，大大限制了听证制度价值和功效的发挥。

（二）适用类别单一

基层检察机关还存在适用检察听证制度的案件类型单一的问题。出现这一问题的原因是多重的，一方面检察听证制度的适用范围不明确，另一方面基层检察机关长期面临案多人少的矛盾，导致在当前大力

推进听证工作的背景下，基层检察机关为了完成考核指标而大量开展同类案件的听证活动以减少实际工作量。这势必将一部分没有必要开展听证工作的案件纳入听证范围，而真正有必要开展听证工作的案件又因为承办人的畏难心理而被排除在外。司法资源投入的同时却看不到检察听证制度的实际效果，长此以往，还将影响检察听证制度的严肃性和公信力。

（三）听证员组成具有局限性

听证员结构单一也是检察听证制度普遍存在的问题。最高检明确规定，参与检察听证是人民监督员实施检察院办案活动监督的主要方式，当前各院大多邀请人民监督员作为听证人员，以及人大代表、政协委员、社区组织工作人员，听证人员多具有政府、事业单位工作背景，且缺少专门领域专家。具有相似社会背景的人员通常持有类似的价值观点，对同一问题的意见趋于一致。听证人员结构单一不利于检察机关通过听证程序听取不同意见、拓宽办案思路，不能完全发挥检察听证制度的功效。而在一些涉及专业知识领域的案件中，如果听证员没有相关领域专业知识，则检察机关难以通过听证程序获得具有参考价值的听证意见。另外，听证员的选任程序不完善，司法实践中一般是由检察官自行邀请或者由检察机关对外的相关部门负责邀请人大代表、政协委员、人民监督员等担任听证员，但这种方式并未事先征求过当事人意见，也没有设置当事人提出异议的程序，不利于确保听证员中无利益相关第三方。

（四）公开力度较小

听证公开力度不足是当前检察听证工作中普遍存在的问题。虽然听证制度天然具有公开性，但检察听证可以公开也可以不公开。《听证规定》第五条笼统地规定了一般予以公开的案件类型和一般不予以公开的案件类型，但缺少细则和具体规定，公开的范围仍然不明确。在当前实践中，重大疑难复杂案件受案件复杂、舆情风险等因素的影响，其检察听证一般不邀请除当事人、利益相关方、听证员之外的主体参与旁听,也不进行事前公示。①公开听证本身兼具普法宣传的功能,然而检察机关缺少听证前公示公告的平台,听证活动的信息无法向普通民众传达,民众对检察听证制度知之甚少,并不了解检察听证制度的具体作用。目前而言,基层检察院公开听证的公开方式以检察机关邀请媒体旁听、报道个别案件听证过程为主,公开方式单一,信息化程度低,宣传效果并不能达到预期。自最高检建立中国检察厅网后,有部分院已经开展"云听证""听证直播"工作,通过线上直播的方式实现听证过程的全公开②,但相关工作尚未普及,有待进一步推广。

(五)后续跟进工作不完善

《听证规定》第十七条规定了检察机关在听证会后依法作出的决定要向当事人、听证员告知、送达。而司法实践中,将结论告知听证员的情况并不多见,特别是当检察机关并未采纳多数听证员意见时。根据《听证规定》,若是承办检察官拟不采纳听证员多数意见的,应当向检察长报告并获同意后作出决定,但对后续跟进工作,比如向未被采纳听证意见的听证员释法说理等程序,则无相关规定。此外,对听证员的意见反馈收集分析不到位。实践中往往通过由主持听证活动的检察人员发放反馈表等文书,在个案听证活动结束后,听证员填写反馈意见,并将其与案件其他材料一同归档。采用这种反馈方式可能会使听证员碍于情面不愿意填写意见,无法最大限度反映听证制度中出现的问题。而主持听证活动的检察人员往往是承办案件的检察人员,只对个案负责,无法对听证员反馈的意见进行全面分析,不利于推动检察听证制度的进一步完善。

① 赵芮、张晓燕:《检察权视野下的听证制度研究——基于山西省临汾市检察机关听证工作实践》,载《中国检察官》2021 年第 1 期。

② 卢金增、徐魁:《检察听证成办案新常态》,载《检察日报》2021 年 7 月 16 日,第 6 版。

二、重大疑难复杂案件检察听证存在的主观误区

（一）弱化检察责任，以听证意见替代审查意见

司法体制改革后的一系列制度与法律探索使检察职权呈现明显扩张态势。认罪认罚从宽、精准量刑、少捕慎诉慎押政策使得检察机关在传统刑事诉讼职能领域的主导权进一步强化，公益诉讼、企业适法等工作的推广又使得检察机关在社会治理中承担重要角色。与此同时，检察责任必然随着检察职权的扩张而加重。为规避责任风险，有部分院倾向于开展检察听证，将疑难复杂的事实、证据、法律适用问题抛给听证员，依照听证员的意见反馈拟定处理结论，以听证代替审查，以听证意见代替检察办案分析意见，规避检察责任，弱化检察担当。

（二）听证意愿弱，听证积极性和主动性不足

听证程序不是案件处理的必经程序，且检察听证全流程所包括的事前审批、准备材料、组织召开、会后分析等事项占用较多时间成本。由于听证期限计入办案期限，案多人少矛盾长期突出的基层检察院往往不愿意适用听证或倾向于减少听证的频率。另外，开展检察听证，尤其是采取公开形式的检察听证存在一定办案风险，例如当事人情绪激动致使场面失控，或关注度高的案件处理不当可能造成巨大舆论压力，这些因素都可能降低检察听证工作的积极性。

（三）错误理解"应听尽听"，求量不求质

最高检在"十四五"发展规划中提出，全面推开检察听证工作要坚持"应听证尽听证"。部分院在开展落实时粗略处理"应听证"案件的范围，以罪名、刑期为标准进行"一刀切"，凡是涉嫌某项罪名或达到某一幅度量刑的案件全部进行听证；更有为完成指标任务、提高检察听证适用率，对原本争议不大、不需要进行听证的案件开展听证，只追求形式主义不考虑实际功效。

（四）追求形式主义，过程草率

一些检察人员对检察听证制度的作用认识不足，仍然倾向传统的办案模式，心理上将公开听证当作附加的任务，开展检察听证活动只是搞形式主义。随着检察听证适用率纳入基层院考核项目，部分院为完成一定量的听证活动任务，出现了专门挑选一类简单案件进行公开听证，走过场、搞形式以求数量的现象。这类案件数量多、案情简单，往往数起案件听证连续开展，又因不会提前将案件情况告知听证员，听证员对案件的了解只局限于听证会上主持人介绍的内容，其对案件情况并没有全面的认识，听证评议过程也被简单化，很难做到一案一评。整个公开听证的过程流程化、形式化，没有真正发挥检察听证制度的作用。

第三节　重大疑难复杂案件听证工作的完善建议

一、明确检察听证开展条件

虽然检察听证可以通过示证质证、听取意见、回应争议焦点等程序，针对案件事实、证据、法律政策等内容加以归纳总结，兼具收集信息、证据核实、事实确认的功能，但笔者认为，为最大程度提高听证效率、节约司法成本，检察听证工作应着重于收集并听取听证员意见，以及针对重大争议事项进行释法说理的独有价值功能，至于检察听证过程中的信息收集、事实确认工作，只是对前期案件审理过程中已经认定的事实和掌握的证据的进一步确认或查漏补缺。为最大程度发挥检察听证的价值功能，防止检察听证工作流于形式，笔者认为，有必要明确开展检察听证的条件，即只有已完成案件事实和证据审查工作，经评估确有召开检察听证必要的案件，才可适用检察听证。

（一）案件无继续侦查、调查必要，或补充侦查、调查手段已穷尽

检察听证是针对争议较大的事实认定、法律适用、案件处理等方面存

在较大争议的案件,以及有重大社会影响的案件听取外部意见的程序。笔者认为,此"意见"包括对检察机关拟处理结论的意见,也包括对检察机关其他工作开展的意见建议;但前者应当是听取意见的重中之重,也是开展检察听证程序的目的所在。所谓信息是决策的基础,听证员只有在全面了解案情的基础上才能结合自身的社会经验和专业知识发表具有听取、借鉴价值的听证意见。为提高听证质量、保证工作效率,检察机关在启动检察听证程序前应完成全部可开展的案件审查工作,对于尚未查清的案件事实和尚未调取的证据应当穷尽一切退回补充侦查、自行补充侦查的手段,保证在检察听证时通过检察机关的案情介绍、举证示证、意见分析,为听证人员呈现案件事实和证据的全貌,确保听证人员全面、客观地了解案情,充分发表意见。例外的是,审查逮捕案件、羁押必要性审查案件主要评估犯罪嫌疑人的人身危险性和妨碍刑事诉讼的可能性,仅需查明与评估事项相关的事实证据即可,不受上述限制。

（二）案件关键事实清楚、证据充分,已排除其他合理怀疑

根据听证规定,检察机关可以对拟不起诉案件、拟不批准逮捕案件开展检察听证,就相关处理结论听取意见,但笔者认为,开展检察听证的不起诉、不逮捕案件仅限于情节轻微或显著轻微的不起诉案件和不具有羁押必要的不逮捕案件,不包括存疑不诉、存疑不捕案件。根据刑事诉讼中的存疑有利于被告人原则,若案件关键事实、证据存疑,无法指控犯罪嫌疑人构成犯罪,或无法指控犯罪嫌疑人具有加重情节,应严格依据存疑有利于被告人原则认定其不构成犯罪或不具有加重情节,而对于相关案件是否符合存疑不起诉、存疑不逮捕的判断应当由检察机关案件责任人独立作出。在司法活动中,检察机关承担审查逮捕、审查起诉、法律监督的职权,在案件审查中应当以谨慎态度分析据以定罪量刑的证据是否已经法定程序查证属实,是否确信犯罪行为由犯罪嫌疑人所实施,这一审查过程便是在检察工作中具体适用刑事诉讼法所确立的"排除合理怀疑"的证

明标准。审判中心主义要求将"排除合理怀疑"作为整个刑事诉讼过程的最高标准,应由作为公权力机关代表的侦查人员、检察人员和审判人员,在相应的诉讼阶段根据客观证据和主观经验形成内心确信。①是否对涉案嫌疑人存疑不起诉、存疑不逮捕,应当由案件承办方独立作出,因为认定犯罪事实是否成立、证据是否确实充分是纯粹客观的逻辑推理和判断,不同意见不分优劣,只有对错。在纯粹客观判断的法律问题上,外部意见并不优于检察人员的专业意见,没有进行检察听证的必要。而检察机关作为国家的司法机关、法律监督机关,判断案件是否形成完整证据链、能否排除合理怀疑、是否指控犯罪嫌疑人构成犯罪是最为基础的检察职权,责无旁贷。因此,是否适用存疑有利于被告人原则采取相对不起诉、相对不逮捕的判断应当由检察机关独立作出。此外,判断犯罪事实和证据是否足以指控犯罪是司法机关的专属职权,检察听证并不具有陪审功能,听证员不能针对在案证据能否指控犯罪发表意见。若案件涉及专业领域问题,则可以通过收集专业意见、召开专家咨询会等形式针对案件涉及的专业技术问题进行专门的咨询探讨,无需进行检察听证。

(三)确有召开检察听证必要

如前节内容所述,检察听证制度是对传统自然主义和正当法律程序理论的超越和创新,具有诸多价值功效,但实践中,个别检察院为机械完成与检察听证适用的考核任务,对原本无需进行听证的案件开展听证,使检察听证制度流于形式,在增加司法成本的同时降低了司法效率。为正确理解和适用"应听尽听"原则,应当充分评估开展检察听证的必要性,最大限度发挥检察听证制度的价值功能,此处有关"必要性"的认定也应当采取动态标准。例如,对于因存在案件处理争议而需召开检察听证会听取不同意见的案件,若已出台明确的司法解释、指导性案例、上级指导意

---

① 杨宇冠、郭旭:《"排除合理怀疑"证明标准在中国适用问题探讨》,载《法律科学》(西北政法大学学报)2015 年第 1 期。

见等确定性规则,则无需再为相同原因对后续处理的同类型案件召开检察听证;或者虽未出台相应规则,但根据以往案件在检察听证环节收集的听证意见和处理结果反馈,极有可能准确预测后续处理的同类型案件的听证意见和听证结果时,也无继续开展听证的必要。再如,因具有法律宣传价值而对案件进行听证的,应充分考虑相关案件宣传价值的时效性、典型性、大众知晓度,避免对同一类型的案件进行跟风式检察听证,防止司法资源的浪费。

二、明确检察听证适用的案件类型

(一)存在情理与法理、逻辑与经验抉择冲突的案件

检察听证是搭建在司法与社会两个实体间的沟通桥梁,听证员的听证意见有助于检察机关汲取民智民意,帮助案件承办人拓宽思路,为案件处理工作提供重要参考。司法活动严格遵循现有的法律规定,然而立法活动滞后于社会实践,已有的法律明文规定无法为所有的法律和事实问题提供完美解答。存在情理与法理、逻辑与经验明显冲突的案件,在处理时往往仰赖于具体办案人员的个人经验和价值判断,很可能因为种种主观原因造成案件处理的偏差。一是由于司法办案人员在长期的法律专业训练中很容易对某一特定类型的问题形成固化的思维模式,忽略了社会实践的变化;二是因为法律教育具有明显的精英化特征,经过法律专业学习培训的司法人员更偏好以周密逻辑体系和抽象法律原理所构筑的法律与逻辑的思维对待具体案件,然而对建立在社会文化共识上的感性与经验的考量并没有同样的敏感度。因此笔者认为,对于情理与法理、逻辑与经验明显冲突导致处理存疑的案件,应当适用检察听证,通过收集、评估听证意见的价值观点,参考一般社会大众的经验认识,兼听则明。具体有如下几种常见情形。

首先是拟不起诉案件"情节轻微"与"情节显著轻微"的判断存疑的案

件。对存有争议的重大、疑难、复杂案件的拟不批准逮捕、拟不起诉处理意见进行检察听证,既有利于发挥检察听证的价值功效,又能够审慎落实少捕慎诉慎押的刑事政策,实现良好的协同效益。从法理上看,《刑事诉讼法》对法定不起诉之"情节轻微"、相对不起诉之"情节显著轻微"的规定予以高度概括,具体适用时需要综合考虑犯罪情节、危害后果、作案动机、嫌疑人主观恶性等具体情节,涉及诸多考量,尤其在缺少司法解释、指导案例、统一办案指引规定等适用标准的情况下,不同承办人可能得出不同结论。对此召开检察听证,听取有关各方对拟处理结论的意见,可以参考一般社会公众认知,拓宽办案思路,化解法律难题。此外,从政策上看,受当前少捕慎诉慎押的刑事政策导向影响,不起诉制度在司法实践中存在隐性扩张态势,检察机关对于不起诉的制度需求旺盛,但制度供给层面尚有缺失,无法满足日益增加的实践需求。[①]因此,一方面要巩固不起诉适用率稳步上升的阶段性成果,继续推进慎诉政策;另一方面要杜绝检察人员在具体适用不起诉制度时对自由裁量权的滥用,最有效的解决办法即对是否符合不起诉条件存疑的案件开展检察听证,依靠民智民声,推动公正司法。

其次是价值判断存疑的案件。规范性构成要件要素与概括性条款的适用在现代刑法条文中越来越普遍[②],这增加了刑法解释和适用的难度,因为涉及规范性构成要件要素与概括性条款的法律条文无法被直接适用,需要借由价值判断来具体阐释。刑法规范背后的价值并非总是清晰明确的,从不同学说、不同角度出发可能得出不同的解读结论,而即使在某一时段达成了一致意见,其内容指向也通常会随着社会生活与大众观念的转变而发生迁移。因此,价值判断的介入很容易造成刑法规范与具

---

① 赵兴洪:《酌定不起诉的时代命运》,载《中国刑事法杂志》2022 年第 2 期。

② 劳东燕:《刑事政策与刑法解释中的价值判断——兼论解释论上的"以刑制罪"现象》,载《政法论坛》2012 年第 4 期。

体案情的脱钩，无法通过三段论逻辑推导出确定的结论；^①尤其是在刑法解释缺失的情况下，许多疑难复杂案件都涉及疑难复杂的价值判断问题，不同的案件承办人可能持有不同的价值判断标准，很难区分对错优劣。因此，笔者认为，有必要开展检察听证，听取一般社会公众对检察机关的拟处理意见，由此既能对原有办案思路进行校验，防止偏听则暗，又能接收新的公众认知观点，为刑法理论与实践创新积累经验。

再次是拟处理意见可能与一般社会观念不符的拟制型犯罪案件。刑法中的法律拟制通常将 A 类型的犯罪行为评价为 B 类型的刑事罪名，法律拟制作为一种独特的立法技术具有填补立法真空、节约立法成本、实现立法价值等价值功能^②，但也在一定程度上超出了社会的一般认知，这既是法律理解与适用上的难点，又容易造成司法观点与普通民众之间的隔阂。笔者曾看到一则关于转化型抢劫案件的报道：犯罪嫌疑人胡某夜晚驾驶货车途经偏僻地段时突发犯意，潜入一农家鸡舍偷鸡，主人发现后大喊抓小偷并在鸡舍门口拦截胡某，胡某逃跑时推开堵在门口的主人逃回车里，致农舍主人摔倒后胳膊受伤，经鉴定构成轻伤。检察机关以抢劫罪提起公诉，但审判机关认为胡某的犯罪情节显著轻微，不构成犯罪。由此可见，即使是非常简单的案情，若涉及法律拟制，也可能成为难以定夺的疑难复杂案件，引发舆论关注和争议。笔者认为，检察机关在谨慎定夺拟处理意见后，有必要召开检察听证会，听取相关当事人和普通民众对案件处理的意见和看法，防止刑法理论与经验世界的脱节，让司法制度更贴近社会大众的正义观。

最后是嫌疑人具有特殊社会背景、个人经历、生理结构等主观方面因素的案件。犯罪嫌疑人的特殊社会背景、个人经历、生理结构特征等主观

---

① 沈琪：《刑罚适用中的价值判断》，载《杭州师范大学学报（社会科学版）》2010 年第 4 期。

② 周铭川：《论刑法拟制的本质、正当性及应有类型》，载《交大法学》2021 年第 1 期。

因素对主观恶性、人身危险性的影响重大,而社会因素在嫌疑人人身危险性形成中居于首要地位。[①]根据罪责刑相适应原则,犯罪嫌疑人的主观恶性和人身危害性极大地影响羁押措施、刑事责任承担方式、刑罚执行方式的适用。[②]实践中,常有犯罪嫌疑人因某些"情有可原"但"于法不容"的缘由实施犯罪,致使案件处理因情理与法理冲突严重而难以定夺。笔者认为,对涉及嫌疑人主观恶性和人身危险性之争议的案件进行检察听证,参考社会公众的观点,将更有利于检察机关作出既合情理又合法理的案件处理。例如,笔者曾参与一起抢劫案件的检察听证,案件中,年仅 19 岁的犯罪嫌疑人因患有混合型焦虑障碍而希望通过坐牢躲避社交场合。该嫌疑人实施抢劫后报警自首,到案后如实供述,并表示希望被检察院批准逮捕。该案嫌疑人受精神障碍困扰,作案动机十分特殊,其虽然实施了法定刑三年以上的暴力型犯罪,但未造成被害人的实际损失,且已得到被害人谅解,该案件存在较明显的情理与法理冲突。检察机关两次就该案召开检察听证,听取各方意见,参与人员均认为对犯罪嫌疑人不批准逮捕、相对不起诉更有利于其个人病症的改善和社会关系的修复,犯罪嫌疑人也在听证会上承诺今后不会再实施违法行为。检察官采纳听证员的听证意见,先后作出不捕不诉的决定,并联系社会工作者协会为其提供志愿者工作机会,目前此当事人已经回归正常社会生活,检察机关对该案的处理实现了法律效果和社会效果的统一。

(二)具有重要宣传意义的案件

中国特色社会主义现代化法治建设离不开法律宣传工作。当前,检察机关承担着社会综合治理的重要职能,需要不断完善和创新法律宣传工作的方式途径,积极推广法治理念,深入参与社会治理。检察听证制度作为连接司法机关与普通公民的桥梁,具有无可替代的法律宣传作用。

---

① 魏平雄主编:《犯罪学教程》,中国政法大学出版社 1998 年版,第 254 页。

② 代承:《人身危险性研究》,武汉大学 2010 年博士学位论文。

为最大程度发挥检察听证制度的优势,检察听证在普法宣传方面既应当传授法律知识、普及法律政策,体现法律的教育、指引、约束、惩罚作用,使司法走近民众,又要体现司法为民,让大众切实体会到司法机关为民做主的脉脉温情,使民众接近司法。笔者认为,下列类型的案件具有较高的宣传价值,应选取合适的角度,针对新法推广、法制教育、矛盾化解、释法说理、彰显检察担当等不同侧重点进行听证和宣传,充分发挥检察听证的制度优势。

首先是有利于新法新规推广的案件。法律随社会实践的变化而不断更新改进,随着我国经济发展、科技进步,社会生活日新月异,为了紧随时代变化,法律政策不断调整跟进,然而旧的社会观念存在惯性,新法新规从颁布到为人民大众所知晓、理解、接受,需要相应时间。在这段过渡期内,对新出现的、适用新法新规的案件以检察听证的形式进行社会面宣传,充分开展释法说理、以案说法的普法宣传,可以使社会公众尽快熟悉新的法律规范,提高法律实施的顺滑度。

其次是具有普遍性的预防、保护、教育意义的普法宣传案件。对于特定时期、特定地域中犯罪率高或被害人人数众多的普遍性案件,可以选择某件或某几件具有典型代表性的案件进行公开听证,通过案情介绍、释法说理等听证程序进行宣传,对相关犯罪行为起到遏制、威慑的作用,同时提醒广大群众保持警醒,注意维护自己的人身和财产安全,以犯罪预防代替犯罪惩戒,降低法治成本。

再次是体现检察机关积极履职、彰显司法公信力的案件。检察机关承担的法律监督职能范围不断拓展,层次不断丰富,内容不断加深,然而普通民众对于检察职能的认识和了解并没有同步加深,更有相当多数民众分不清检察院与公安、法院的职责划分,也不知晓通过求助检察机关可以切实维护自身与公共利益。对此,检察听证制度可以成为有利的"破圈"渠道,对于能够体现检察机关积极作为的案件进行公开听证,可以帮助社会公众了解检察机关业务领域和职能范围,树立检察公信。

最后是社会影响力大、关注度高的案件。随着信息网络普及,热点案件通过微博、短视频等新兴自媒体平台广泛传播,短期内即可获得大量的话题关注,民众对司法活动的知情意识和参与意识空前高涨。为回应社会大众的关切,保障公民的知情权,检察机关可借助听证程序公开案件事实证据,介绍检察机关办案情况,消除社会疑虑,自觉主动接受公众监督,保证检察权在阳光下运行。另外,某些案件可能因存在争议性问题而引发负面舆情,但案件本身已错过正向宣传的"窗口期",检察机关可尽快选取其他同类型案件进行检察听证及后续宣传,适时回应舆论争议,进行观点澄清或工作改进。

(三)利用检察听证促进息诉罢访的申诉案件

许多申诉案件当事人对原案件处理结果不满而持续申诉、上访,但因自身诉求不合理或客观证据不充分等原因维权失败。申诉人在长期维权过程中难免产生压抑、委屈、焦躁等负面情绪,不能理性对待检察机关的答复处理。此类案件的疑难复杂之处,不仅在于原案事实证据与法律适用争议,更在于如何与申诉人有效沟通,回应诉求,达到案结事了的效果。检察听证制度可以有针对性地进行矛盾化解疏导。一是为申诉人提供在正式司法活动中公开陈述自身观点诉求、与司法机关进行平等对话的机会,使其有理能讲、有怨能诉、有惑能问、有冤能伸。二是方便检察机关在兼听各方诉求、确认事实和证据的基础上积极回应争议焦点,结合各方当事人关注的事实认定、法律适用、政策实施等问题,对拟定的案件处理决定进行有效释法说理,充分答疑解惑。三是借助中立第三方的力量消除各方疑虑。处于居中地位的听证员在检察机关展示案件事实和证据、介绍案件办理逻辑和依据后,对检察机关的处理结论独立发表意见,对于案件当事人具有更好的说服力。四是为案件各方当事人搭建沟通平台,从根源上发现问题,化解矛盾。相当一部分案情复杂的民事、行政申诉案件往往存在诸多民行交叉的问题,检察听证的释法说理环节有利于促进各方消除意见分歧,达成共识,为进一步调解、和解工作打下基础,有效推动案结事了。

（四）借助公开听证形式推进源头治理的公益诉讼案件

检察公益诉讼是检察机关开展法律监督的重要途径,然而检察监督权只是一种程序性权利,检察机关既不能如审判机关那样作出实体性、终局性的裁决,又不能越权代替行政机关执法。公益诉讼检察职能的落实较为仰仗有关各方的协调配合,尤其是存在行政职能交叉、需要多部门联合整治,以及跨行政区域、司法管辖区域的公益诉讼案件,由于案涉时间与空间跨度大、违法主体多元、监管职责不明等,某些检察公益诉讼案件中的被监督对象存在抵触情绪,即使制发检察建议、提起公益诉讼,也依然不能达到治理目标。对此,可借助检察听证程序,在了解各方观点诉求、充分交流沟通后请听证人员进行专业解读、献计献策,既能提高被监督对象对公益诉讼监督的接受度、认可度,又能引起有关职责部门和社会舆论的注意,借助多方力量向被监督对象施加压力,督促行政机关依法履职,要求侵权行为人停止侵权,更加有效地维护公共利益。

三、完善公开听证原则的具体适用

（一）确立公开听证为一般原则

公开听证应当是检察听证的一般原则。从制度层面看,检察听证制度脱胎于检务公开。检务公开要求检察机关依法向社会公众和诉讼参与人公开与检察活动有关的活动或事项,检察听证作为检务公开的重要方面,应当以公开原则为内在必然要求。法律监督、刑事追诉等主要检察职权不具有对外性,长久以来检察官都采用书面审理的方式,遵循内心判断作出案件处理决定,而公开的检察听证可以将检察职权的行使过程展现给社会公众,让人民对公检法三家司法机关中最为陌生的检察机关的工作有更深的感性和理性认识,提高案件办理的透明度。①从功能层面看,检察听证制度所具有的体现司法公正、彰显检察作为、推广普法宣传、搭建司法与社会桥梁等价值功效都依赖于检察听证程序的公开进行。为实现制度功效最大化,应坚持公开听证为一般原则,合理确定不公开听证案件类型,并完善流程管理。

(二)合理确定不公开听证案件类型

在公开听证过程中,检察机关向社会大众介绍案件审查情况,给予不同意见表达的机会,同时允许其他个人和新闻媒体旁听,这种高曝光的工作模式伴随着一定程度的风险,因为案件承办人的工作态度、工作方法、工作风格被毫无保留地呈现在社会公众面前,稍有不慎便会引起社会公众的误解,这种误解很可能随着社交媒体传播而对检察机关造成一定的负面影响。②因此,在坚持公开听证的基础上应当进行合理有效的风险评估,防范公开听证可能带来的负面效应。除因涉及国家秘密、个人隐私、商业秘密的案件和涉及未成年人案件适用不公开听证,以及《听证规定》中明确规定以非公开方式听证的案件类型外,笔者认为,涉及宗教、民族、意识形态等敏感内容的案件,有社情舆论风险的案件,有激化群体间矛盾或诱发网络暴力风险的案件,也不宜进行公开听证。当然,司法工作不能一味迎合社会公众的偏好,因公开听证引发的负面效应的大小和持续时间也取决于司法机关消除信任危机措施的有效程度,不能因为案件公开听证存在风险便一味求稳。与此同时,社会公众对争议焦点的探讨议论,既是检察机关能够直接面对人民群众的批评建议、了解社会公众对司法切实期望的重要途径,又是进行检察工作反思、改进检察工作方法的契机。所谓预防森林大火的有效手段,是先放一把小火,在局势可控的范围

---

① 杨坤、万毅、刘亦峰、谢科:《听证在检察机关办案中应用问题研究》,上海三联书店 2021 年版,第 11 页。
② 李春燕:《中国公共听证研究》,法律出版社 2009 年版,第 90 页。

内测试哪些地方存在重大隐患。要实现司法与社会的双向沟通,不能只求共识,回避争议,而应当尽早发现问题,曲突徙薪。因此,是否选择公开形式进行检察听证需要考虑整体利弊,辩证取舍。

（三）完善公开听证流程管理

当前,检察听证程序启动后并没有可遵循的同一流程,尤其是听证的提前公示和结果评议工作的规范化程度有待提升。应加强各部门间的协调统筹,完善内部衔接机制,提高重要流程的规范化程度。

首先,提前公示听证信息。听证公开程度与事前公示的及时性、有效性密切相关,为提高公开听证流程规范性,检察机关应当完善和细化听证程序的事前公告工作。经内部审批流程确认进行公开听证的案件,应在听证召开前适当时间通过社交媒体官方账号消息推送、机关公告栏公示、当地受关注度高的媒体宣传等多种渠道向社会公告,对案件的听证时间、地点、案由、简要案情进行介绍,扩大听证程序的知晓度[1],接受有意愿参与旁听人员的报名登记,根据参与人数规模做好统筹协调。

其次,改善听证主体程序。《听证规定》第十五条规定了检察听证的必要步骤,包括介绍案情和听证问题,有关人员就听证问题做情况说明,听证员向当事人和办案人员提问,休会后听证员进行讨论,复会后听证员发表意见,当事人最后陈述,主持人进行听证总结。笔者认为,以下两点在实践中依然有改进空间。一是案情介绍中披露信息的范围把握存在改进空间,技术侦查过程、尚处保密阶段的案件侦查线索和证据,以及相关涉案人员的个人隐私不予披露;羁押必要性审查和不批准逮捕审查听证中,被审查对象的详细居住地不予披露,以此保证听证员处于"无知之幕"决策环境,增强听证意见的中立客观性。二是听证员就听证问题的讨论和意见发表环节依然有改进空间。当前实践中,听证员会当众依次发表

---

① 赵芮、张晓燕:《检察权视野下的听证制度研究——基于山西省临汾市检察机关听证工作实践》,载《中国检察官》2021年第1期。

意见,由于受从众心理驱动,或听证员之间可能存在利益相关性(如多个听证员来自同一组织系统,或存在广义上的上下级关系),听证意见发表的先后顺序可能影响最终的观点表达,并不具有完全的客观性。笔者认为,听取意见环节时可由听证员写下不匿名的书面意见,主持人收取后当众宣读,以保证听证意见的独立性、客观性。

最后,事后公示听证结果。虽然包括听证员在内的参与人员在检察听证程序中发表的意见仅作为检察机关处理案件时的参考,听证结果不会对案件决策产生实质影响,但检察机关仍然应当认真分析评估听证意见,对已召开的听证内容进行总结公示并向参与人反馈案件最终处理结果,以文字或视听资料的形式对听证过程、听证结果进行简要概述,辅以必要的释法说理或法律宣传。对于采纳听证意见的情形,应指出听证意见对案件决策的参考价值及相关依据,对于不采纳听证意见的情形,应当详细说明未采纳理由,进一步阐释检察机关办案所遵循的事实基础和法律依据。

(四)完善听证员选任机制

听证制度功能与价值的实现同听证员的听证意见具有高度关联性,完善听证员的选任机制也是改进检察听证工作的重中之重。检察机关以事实为依据、以法律为准绳提出案件处理意见,发表听证意见的听证员则作为无利害关系的第三方,在检察听证过程中根据个人的价值判断、道德良知、经验认识对案件拟处理结论发表意见。听证员的选任既要考虑案件的特殊性与听证员专业背景的匹配度,为不同案件类型选取具有不同专长的听证员,又要考虑听证程序对听证员的普遍要求,保证听证员的中立性、客观性、适格性。

一方面,区分不同听证类型,合理设置听证人员组成。一是存在情理与法理、逻辑与经验兼顾困难的案件,应确保占优势比例的未经过法律专业教育的听证员参加听证。此类案件之所以成为疑难复杂案件,很大原因是法律规定不具有明确性，现有法律规定与一般公众认知存在差距，站在案件承办人的角度无法就案件审理意见得出确定无疑的结论，因此需要借助民众智慧，集思广益，为司法工作提供参考。笔者认为，未受过专业法律培训的听证员发表的听证意见更有参考借鉴的价值，因为没有系统学习法律的听证员在发表案件处理意见时会采取合乎社会一般评价的观点，而不是根据法学规范、原理或逻辑进行推理，后者与承办人的观念几乎吻合，不具有特别的参考价值。特别对于涉及嫌疑人身份、经历、犯罪动机等特殊主观因素的个案进行听证时，在有条件的情况下，可选取有一定比例的与嫌疑人具有类似教育背景、社会经验、生活环境的听证员参加听证，兼顾听证人员的广泛性和代表性，更有利于检察机关针对案件特殊问题听取一般社会大众的意见。二是以听证形式答复申诉意见的案件，应确保占优势比例的经过法律专业教育的听证员参加听证。申诉案件的原案已经司法裁决形成终局性结论，当事人因不满原司法机关处理结论而提出申诉，希望扭转裁决结果。检察机关审理申诉案件时不仅需要对原案案情证据进行全面梳理，分析原裁决的合法性，还需要对办理原案的司法机关履职合法性进行同步审查；不仅涉及疑难复杂的实体法律问题，还涉及程序法方面的专门问题，最终，需要将所有问题一一拆解进行释法说理，对当事人予以答复，实现听证效果。此时，选取具有专业法律知识的听证员能够更加合理、客观、全面地理解原案件的实体问题和程序问题并发表意见，发表的听证意见更具有针对性、说服性，无利害关系的中立第三方的专业解答更容易劝导当事人接受处理结果，实现息诉罢访、化解矛盾争端。三是对于体现检察机关积极履职、彰显司法公信力的案件，应邀请人大代表、政协委员参与听证。人大代表和政协委员均有反映民情民意，对国家机关及其工作人员的工作提出批评和建议的职责和权利。人大代表参与检察听证的过程也是履行监督职责的过程，政协委员参与检察听证则是对司法活动进行民主监督。邀请人大代表、政协委员参与检察听证是检察机关主动接受监督的体现,更有利于开展检务公开工作,让检察权在阳光下运行。四是涉及专业技术问题的案件,应确保有一定数量的相关领域专长或从业经验的听证员参加听证。专业人员在许多细分领域的研究见解对于发掘案件事实、深入证据分析、辅助释法说理均有无可替代的重要作用。与其他身份的听证员相比,由专业人士担任听证员更有利于检察机关通过听证程序获得更具有参考价值的听证意见,提高检察机关办理案件的公信力。

另一方面,建立并完善听证员管理和选任制度。一是明确听证员适格标准,对拟任听证员跟踪动态评估。笔者认为,听证员适格性的考察应当包括年满18周岁、具有完全行为能力、有相当的社会生活经验、无前科劣迹记录、个人征信记录良好等基本条件。对于确定纳入听证员名单信息库的人员定期重新评估适格性,确认检察听证员的胜任度,由此既能保持听证队伍的稳定,强化与听证员的良性沟通,又能从严考察听证员的资质资格,保证听证员的独立地位。此外,听证员在正式参与检察听证之前应接受必要培训,保证有效履职。二是建立拟任听证员名单信息库,以抽签方式确立参与人员。检察机关可通过接受申请、经有关机构和组织推荐等方式面向社会各界征集有意愿作为听证员参与检察听证的人员,对其教育经历、专业专长、社会经验等基本信息进行收集、分类、整理,形成拟任听证员名单信息库。信息库由地市级检察机关进行统筹规划,各基层院间共享。检察听证召开前,以随机抽签模式从信息库中抽取听证人员,并对抽中人员进行利害关系审查,若不具有利害关系则将抽中人员确定为案件听证员,若具有利害关系则重新抽取并重复上述步骤。听证员名单公示后,若当事人认为听证员与本案有利害关系且能提供相应证据的,可申请重新抽取听证员。

(五)持续完善后续工作

一方面,定期收集、整理听证员对相关工作的建言献策,改进工作方式。听证员通过参与案件听证,对检察院工作流程、工作方式有更深入、直观的认识,可以利用已有的听证员联络机制,定期收集听证员对检察工作的建议和意见,充分发挥检察听证制度作为沟通社会公众与检察机关的纽带作用,为完善检察工作提供助力。另一方面,定期评估检察听证实施效果,改进制度设计。任何制度的实施与推行都需考虑投入产出关系,制度改进的方向应当是减少成本、提高功效。在检察制度适用期内,应探索科学的效益评估方法,了解检察听证制度的成效与存在的问题。笔者认为,可对有大量检察听证经验的基层检察官以匿名问卷的形式进行调研,获得检察听证制度的实践细节,作为后续决策的基础。

第七章　检察大数据赋能法律监督研究

党的十八届五中全会召开后,大数据战略上升为国家战略,大数据受到越来越多的重视,大数据研究也如雨后春笋,屡见不鲜。为落实国家战略,最高检着手检察大数据建设,提出"以检察大数据战略赋能新时代法律监督"的工作要求。基层检察机关深处检察办案一线,是"检察大数据赋能法律监督"成果的最终践行者,也是检察大数据与检察业务融合的切身感受者,有必要从问题导向、实践导向、工作导向出发,对"检察大数据赋能法律监督"开展专题思考。从中国知网反映的情况看,以往相关研究成果多以具体实务为主,从刑事检察、公益诉讼检察、民事行政检察、案件管理等某一方面出发,提出运用大数据的具体工作方法,研究深度有待加强。司法实践中,基层检察机关落实"检察大数据赋能法律监督"工作,既需要找准工作着力点、切入口,以实现重点突破带动全局跃升,为经济社会发展提供更高质量、更高水平的检察服务,又需要坚守法治思维,恪守创新的底线,做到履职不越位,维护广大人民群众的合法权益。

第一节　检察大数据赋能法律监督的基本概况

一、检察大数据赋能法律监督的概念厘清

（一）"大数据"的概念

2014年,我国将大数据首次写入政府工作报告。2015年,党的十八

届五中全会对实施国家大数据战略作了全面部署,国务院也印发了《促进大数据发展行动纲要》,提出"全面推进我国大数据发展和应用,加快建设数据强国"。2016 年,"十三五"规划纲要提出要实施国家大数据战略,工业和信息化部也印发《大数据产业发展规划(2016—2020)》,指出"我国对数据资源的采集、挖掘和应用水平不断提升,已成为产生和积累数据量最大、数据类型最丰富的国家之一"。2017 年,党的十九大报告明确要求"推动互联网、大数据、人工智能和实体经济深度融合"。同年,国务院制定了《新一代人工智能发展规划》,认为"无论人工智能处于何种环节,其必须在大数据的驱动下才能发挥作用"。[①]可见大数据对于其他科技发展的基础意义。2021 年,"十四五"规划纲要提出"加快建设数字政府"的目标。2022 年 10 月,党的二十大报告进一步明确指出要"加快建设数字中国","加快发展数字经济,促进数字经济和实体经济深度融合,打造具有国际竞争力的数字产业集群"。一般认为,大数据是由数量巨大、结构复杂、类型众多的数据构成的数据集合,具备数据规模的海量性(Volume)、数据处理的高速性(Velocity)、数据类型的多样性(Variety)、数据价值的低密度性(Value),以及数据复杂程度高(Complexity)的"4V + 1C"特征。所谓数据规模的海量性指数据体量巨大,一般使用 TB 或更大的单位来指称大数据的数据量。所谓数据处理的高速性,既指大数据形成的速度快,又指处理大数据的运算速度快。数据类型的多样性指大数据中的数据应当具有各种类型,包括结构化的数据和非结构化的数据。价值的低密度性,指一定数据量中蕴含的有价值信息的占比,一般来说,价值密度与总数据大小成反比,大数据规模越大,数据的相对价值就越小。数据复杂程度高则指基于数据规模的海量性和数据类型的多样性,这也意味着数据的挖掘、分析、运用往往较为复杂。

---

① 姚万勤:《大数据时代人工智能的法律风险及其防范》,载《内蒙古社会科学(汉文版)》2019 年第 2 期。

（二）"检察大数据"的概念

检察大数据是大数据在检察工作中的应用,是检察信息化建设的新阶段。我国检察信息化建设走过三十余年的发展历程。1991年,最高人民检察院设立自动化办公室,开启了办公办案信息化的步伐。2000年,检察技术信息研究中心成立,检察专网建成,标志着检察信息化建设迈入网络时代。2017年,全国检察机关开始使用统一的业务应用系统,检察信息化又发展到了电子检务时代。同年,最高检制定了《"十三五"时期科技强检规划纲要》和《检察大数据行动指南(2017—2020年)》,提出了"一中心四体系"的建设任务,即国家检察大数据中心,检察大数据标准体系、应用体系、管理体系和科技支撑体系,检察信息化建设又开始向检察大数据战略挺进。2018年,最高检印发《关于深化智慧检务建设的意见》,力求运用大数据、云计算、区块链、人工智能等数字技术最新成果,开辟一条以数字技术引领、助力检察工作高质量发展的新道路。时至今日,为适应发展需要,并全面落实"智慧检务""数字检务"部署,检察机关又研发上线了全国检察业务应用系统2.0、检答网、中国检察听证网等,跨部门数据共享和协同办案成效渐显。[①]关于检察大数据的概念,实践中认识不一。狭义说认为,检察大数据专指检察机关司法办案大数据,是检察机关在司法办案中的原生案件信息数据。[②]折中说认为,检察大数据指检察机关采集、存储和分析的数据,并不排斥检察机关在办案之外收集、存储和分析的数据。[③]广义说认为,检察大数据的数据源包括内外空间两类,内部数据指检察机关、公安机关、法院和其他行政机关不对外公开的业务信息、涉密的商业信息,外部数据指政府工作信息、商业活动信息、工农业生产信息、公

① 张昊:《检察"数字革命"以数据赋能法律监督——检察信息化三十周年座谈会侧记》,载《检察日报》2021年12月20日,第3版。
② 林竹静:《顶层技术架构:检察大数据》,载《检察风云》2017年第8期。
③ 马建刚:《大数据视野下智慧刑事检察探析》,载《中国检察官》2022年第3期。

民个人生活信息等不具有保密性、可以通过公开途径获取的公共信息。①

对此，我们认为，检察大数据应包括检察机关的所有数据，公法司三机关的刑事司法数据，以及重点行政执法机关的行政执法数据，可称为"限缩的广义说"。理由如下：

一是检察机关乃法律监督机关，为求检察机关充分发挥法律监督的职能优势，就必须保证可调用检察机关的所有数据资源，不仅包括办案数据，还包括管理数据。二是检察机关的法律监督权目前主要以诉讼监督为主，为保障检察机关诉讼监督权的有效行使，就不能将检察机关可调用的数据局限于检察环节所获取的数据，至少还应包括公安机关、人民法院、司法行政机关的刑事司法数据。三是为落实党中央、国务院关于刑事司法与行政执法相衔接的工作机制，推动检察监督工作的顺利开展，确保两法衔接，形成两法合力，就需要将重点行政执法机关的行政执法数据纳入检察大数据。四是从我国的现实看，不能将检察大数据视为无所不包的数据集合。一方面，检察大数据对接检察职能，而检察职能本身只是国家治理体系中的一部分，也需要恪守职能定位；另一方面，检察大数据作为检察机关的大数据战略，应当注重与检察机关的适配性，构建自身的特色和优势，而不是成为通用数据库。此外，现阶段将检察大数据范围定得过广，既无法锁定工作着力的方向，又为数据安全增加了难度，还可能与"数字政府"建设交叉重叠，实不可取。

要明确检察大数据的概念，还需要注意与如下概念的区别。一是与审判大数据的区别。审判大数据指人民法院构建的大数据，可分为审判、执行、管理、案例、文书大数据五类，具有客观真实性、可预测性、结果相对合理性、即时动态性的特点②，以公开的裁判文书大数据最为常见。而检

---

① 陶建平：《检察工作中运用大数据的价值》，载《人民检察》2018 年第 10 期。
② 大数据在司法审判中的融合应用研究课题组：《限度与深化：大数据在司法审判中的融合应用研究》，载《中国应用法学》2021 年第 2 期。

察大数据是检察机关构建的以检察工作为核心的大数据,二者在建设主体和数据内容上都有明显差异。二是与侦查大数据的区别。侦查大数据是侦查机关借助大数据技术进行采集、存储、利用,对结构化、半结构化及混合结构的数据反复进行价值挖掘的数据集合,数据来源多数是公安机关自我掌握的信息数据。而检察大数据由于采用了限缩的广义说,数据内容更为广泛。三是与法律大数据的区别。法律大数据指在立法、执法、司法等过程中形成或获取的,具备大数据通用特征和法律领域适配性、正确性和易变性需求的,必须结合法律领域特定算法与模型来实现辅助法律决策、优化法律过程目标的数据集。[①]可见,法律大数据是立法、执法、司法大数据的集合,与检察大数据相比,范围更加广泛。四是与大数据产品的区别。所谓大数据产品指在收集巨量用户数据的基础上,以特定的算法或人工处理、分析、整合后产生的衍生数据产品。[②]大数据产品既可以直接对接检察大数据,又可以是在检察大数据基础上挖掘的中期数据集或者最终数据集。二者虽存在一定的交叉,但并非基于同一标准建立的概念,而是不同层面的概念。

(三)"检察大数据赋能法律监督"的概念

"检察大数据赋能法律监督"是近两年检察领域的新提法、新概念,是"大数据+"思维与检察工作的有机结合。2021年6月,党中央出台《中共中央关于加强新时代检察机关法律监督工作的意见》,明确提出"加强检察机关信息化、智能化建设,运用大数据、区块链等技术推进公安机关、检察机关、审判机关、司法行政机关等跨部门大数据协同办案,实现案件数据和办案信息网上流转,推进涉案财物规范管理和证据、案卷电子化共享"。同年12月,最高检党组会专题研究了深化落实国家

---

① 王逯生:《论法律大数据"领域理论"的构建》,载《中国法学》2020年第2期。
② 李永明、戴敏敏:《大数据产品的权利属性及法律保护研究》,载《浙江大学学报(人文社会科学版)》2020年第2期。

大数据战略,充分运用信息化、大数据推进"四大检察""十大业务",提升法律监督质效的具体举措。①2022 年 1 月,时任最高检检察长张军在全国检察长(扩大)会议上强调,要以检察大数据战略赋能新时代检察工作高质量发展,以数字革命驱动新时代法律监督整体提质增效。同年 5 月,最高检党组理论学习中心组集体深入学习习近平总书记关于实施国家大数据战略和推动我国数字经济健康发展的重要论述精神,并围绕"以检察大数据战略赋能新时代法律监督,助力提升法治体系建设效能"进行学习研讨。

作为一个全新的概念,"检察大数据赋能法律监督"指检察机关以法律监督提质增效为目的,以合法适法的大数据技术为手段,通过树立大数据思维、汇集大数据资源、构建大数据模型、开展大数据分析的方法,运用大数据办案,依托大数据治理的工作模式。主要包括如下几个要素:一是检察机关开展大数据战略,必须明确检察大数据是充分发挥法律监督职能的倍增器,使法律监督在新时代条件下做得更好、效果更优。二是"检察大数据赋能法律监督"离不开技术支撑,包括大数据获取、储存、挖掘、分析等一系列技术,而且必须遵循技术伦理和司法伦理,既要防止陷入技术陷阱、算法黑箱,又要防止过程中侵犯他人合法权益。三是"检察大数据赋能法律监督"的路径就在于秉持大数据思维、破除数据壁垒、实现数据共享、建立数据模型、挖掘数据信息、开发分析工具、实现智能研判,从而在海量数据中发现有价值的数据,根据有价值的数据分析化解实务问题。四是"检察大数据赋能法律监督"的落脚点既在办案,又在治理,既要治已病,又要治未病,在源头治理上下功夫,从而使办案工作做得更好,治理工作效果更优,更能凸显赋能法律监督成效。

---

① 邱春艳:《"数据革命"赋能法律监督更高层次发展——最高检党组研究深化落实国家大数据战略、用好大数据推进"四大检察""十大业务"的举措》,载《检察日报》2021 年 12 月 30 日,第 1 版。

二、检察大数据赋能法律监督的时代意义

（一）大数据时代的必然要求

检察大数据赋能法律监督意味着检察机关应当顺应大数据时代的工作要求，不能适应大数据时代的检察工作必然被时代所抛弃。当今时代是一个信息化的时代，信息呈现海量化、多样化、碎片化特征，传统的法律监督模式在发现线索、分析研判、监督路径等方面的表现日趋乏力，大数据则为监督提供了新路径，体现为基于数据采集的实时监督机制，基于数据画像的业绩考核机制，基于知识图谱的证据审查机制，以及基于法律推理的偏离度预警机制，展现了全景式、预防性及算法上的特征。[①]同时，信息时代条件下，不仅是信息本身发生了变化，社会各类主体的权利种类和形态等也发生了变化，个人信息权、被遗忘权等新型权利不断生成，民生保护和民众诉求的范围不断扩大，检察机关需要更加切实关注这些民生保护和民众诉求问题，执法办案不但要符合法律条文的文本法，而且要符合人民群众感受的内心法[②]，让人民群众感受到公平正义就在身边，感受到党和政府的关怀就在身边，感受到司法的温情与检察机关的为民情怀就在身边，而保护民生需要发挥大数据的证据调查优势，回应民众诉求需要发挥大数据的信息汇集优势，执法办案也需要发挥大数据法律适用的智能推送优势。

（二）国家治理体系和治理能力现代化的重要内容

检察大数据赋能法律监督是国家治理体系和治理能力现代化的重要内容，要实现国家治理能力现代化，包括检察工作在内的国家治理工作就必须跟上大数据时代的步伐，在一定程度上说，国家治理能力现代化的重

---

① 王燃：《大数据司法监督机制研究》，载《湖南科技大学学报(社会科学版)》2021 年第 3 期。

② 王志远、陈昊：《深挖数字检察潜力 增强法律监督智慧》，载《检察日报》2021 年 11 月 12 日，第 3 版。

要基础就是国家治理的大数据化。当今社会,数据是至关重要的治理资源,检察机关要提升法律监督职能,就必须推进数字化改革,以"数字检察"助力国家治理能力现代化。①作为国家治理体系中的重要组成部分,执法办案是检察机关参与国家治理的主要手段。从规范监督和有效打击新型网络犯罪的实际需求来看,需要通过对互联网大数据整合、新技术应用和执法方式创新,规范刑事大数据证据的收集、提取和审查判断,提高刑事案件办理质量;优化侦查监督信息数据共享机制,使审查逮捕更加精准;实行公诉卷宗数据化,使出庭示证、质证更加便捷、高效,指控犯罪更加准确、更具有说服力。②同时,本着源头治理、预防为主的策略,除执法办案外,检察机关还需要在参与社会治理上下功夫,发挥大数据在社会治理领域的潜力和价值,充分运用大数据技术,输出大量的司法建议③,在犯罪预测、再犯风险评估、教育矫正和帮扶智能决策等多方面发挥积极作用。④

（三）检察工作高质量发展的重要抓手

新时期党和人民群众对检察工作提出了高质量发展的新要求,求数量更求质量,看过程更看成效,检察大数据赋能法律监督恰恰是实现这一目标的重要切入点。一方面,大数据在文书自动生成、文书自动纠错等领域的运用极大地提高了效率;大数据在类案推送、量刑辅助、偏离预警、判决结果预测等领域的运用提高了办案质量,促进了公平正义;大数据在证据方面的运用有效破除了数据壁垒,统一了公检法之间的证据标准,有力推进了以审判为中心的刑事诉讼制度改革。⑤另一方面,伴随着司法责任

① 贾宇:《"数字检察"助力治理现代化》,载《人民日报》2021年9月10日,第7版。
② 张俊杰、马晓怡、申爱民:《如何强化大数据在检察监督管理中的应用》,载《人民检察》2019年第13期。
③ 刘雁鹏:《中国司法大数据:实践、困境与突围》,载《岭南学刊》2022年第1期。
④ 付立华:《大数据与司法社会治理::应用及其伦理》,载《山东社会科学》2021年第4期。
⑤ 孙晓勇:《司法大数据在中国法院的应用与前景展望》,载《中国法学》2021年第4期。

制的落实,具有办案资格的检察人员锐减,案多人少的矛盾更加严重,检察官的办案压力更大,而认罪认罚从宽制度的推行,统一办案软件的填录,法律和司法解释的频繁修订,又对办案提出了更高要求。大数据可以有效缓解检察官信息掌握不全、精力有限的问题,从而有利于司法责任制的贯彻。[①]另外,将"大数据"思维贯穿于构建分案标准体系的全过程,依托全国检察机关统一业务应用系统,构建智能化案件难度判定体系、检察官办案能力评估体系,可以实现人案科学合理匹配,还有利于保证办案质量。[②]

第二节　检察大数据赋能法律监督的法理准据

就检察大数据赋能法律监督而言,如果说时代意义在于说明其必要性的话,那么法理准据则为其提供了理论可行性方面的论证。检察大数据赋能法律监督不但符合抽象思维下的"法律与时代"命题、宏观视野下的"社会治理"理论,而且,在作用范围上有"法律监督"理论的支撑,具备多层次的法理基础。

一、抽象思维下的"法律与时代"命题

法律应该尽量保持其安定性,不可朝令夕改,但法律也并非一成不变的、僵化的,法律还必须回应不断变化的社会现实。如果法律只求安定,而放弃对社会现实的回应,就可能使法律丧失对社会的规制机能,人们便开始寻求在法律之外解决社会矛盾的手段,最终必将危害法律本身,甚至动摇依法治国的根本。诚然,承认法律对社会现实的回应,并不意味着鼓

[①] 高祥阳、宋红伟、王宏:《运用大数据促进检察工作转型发展》,载《人民检察》2018年第4期。

[②] 刘国媛、闻洲:《"大数据"条件下检察分案机制之完善》,载《人民检察》2017年第21期。

励法律频繁变动,频繁变动的法律可能使司法者、执法者和守法者都变得手足无措,还会影响到法律的严肃性,最终也会危及好不容易树立起来的法律权威。综上,在法律与时代的命题中,需要找到法律的安定性与实践性的平衡点,或者可以称为相对安定性。即以坚持法律安定性为原则,以法律实践性为补充,在满足社会现实需要的前提下,法律可改可不改的,应坚持不改,尽量采用解释的方法,获得正义的结果;在采用解释无法满足实践需要的情况下,确有修法必要时,应当及时修订法律。如同法律与时代的关系一样,法律监督工作与时代的关系亦同。时代在变,法律监督工作也必须随时代而变,应当及时转变不能满足时代要求的法律监督模式。在信息时代,面对海量信息,立足个案办理的法律监督模式存在监督线索发现难、监督效果有限等问题,需要探索大数据赋能法律监督的新模式。

二、宏观视野下的"社会治理"理论

与以往的"社会管理"不同,"社会治理"强调多元共治、协同治理,而检察机关作为法律监督机关,显然是社会治理的重要力量,同时,立足检察职能,积极参与社会治理,也是新时代检察机关法律监督工作提质增效的着力点和切入口。当下,我国社会治理面临新挑战和新机遇。一方面,工业化、城镇化、信息化加速推进,社会结构和利益格局发生深刻变化,国家治理模式由总体性支配转向技术性治理。另一方面,以大数据为主的新兴技术手段,使得信息收集整合、分析处理、沟通交互的效率大为提高,为创新社会治理模式、应对社会转型、协调利益关系提供了重要的机遇性工具。①在大数据时代,社会治理所强调的主体多元化、过程互动性、手段科学化等都有了更强的技术支持和更广阔的实践空间,大数据在带动治

---

① 何晓斌、李政毅、卢春天:《大数据技术下的基层社会治理:路径、问题和思考》,载《西安交通大学学报(社会科学版)》2020 年第 1 期。

理体系"由碎片化向整体协同化转变"、推动治理过程"由单一行政向多元协商转变"、推进治理手段"由经验依赖向科学判断转变"、促进治理模式"由粗放型向精细化转变"等方面都发挥了不可替代的作用。①检察机关要在参与社会治理中发挥应有的作用,就必须依靠检察大数据赋能。如数字增益范式可以丰富线索、延伸个案,在办理窝案、类案中起增益放大作用;数字检验范式可以对某一领域进行数字体检,锁定线索,清除该领域的违法犯罪问题;数字预防范式可以通过改进法律和实施法律的方法,运用数字手段,预防违法犯罪。②

三、作用范围上的"法律监督"理论

检察机关是国家的法律监督机关,这是我国宪法对检察机关的明确定位,因此,要承认诉讼监督是检察机关法律监督工作的主阵地,也要清楚检察机关的法律监督工作不能仅限于诉讼监督,不能被诉讼监督捆住手脚。应当在法律监督的范围内,依照现行法律的规定,开展适当的拓展和探索,既包括已被行政法规所明确规定的刑事司法与行政执法衔接机制等,又包括已被高检院司法解释认可的社会治理检察建议等。如此,检察大数据赋能法律监督就不能仅仅停留在就案办案的层面,而有必要向两法衔接、参与社会治理等有法律或政策依据的领域延伸,这是检察大数据赋能的范围界限。同时,检察大数据赋能法律监督工作要取得突破,关键是"撬动"法律监督,既要让检察机关看到希望,又要让检察机关尝到甜头。要依托大数据破解制约法律监督的重大问题,通过抓"个案办理—类案监督—系统治理"的监督场景,推进法律监督模式重建,实现监督能力、监督质效的重大提升,从而促进检察机关开发大数据的深度应用。③

---

① 姜玉欣:《大数据驱动下社会治理面临的困境与策略选择》,载《东岳论丛》2020 年第 7 期。
② 钱昌夫、赵少岸:《数字检察范式的实践应用》,载《中国检察官》2022 年第 3 期。
③ 刘品新、翁跃强、李小东:《检察大数据赋能法律监督三人谈》,载《人民检察》2022 年第 5 期。

第三节　检察大数据赋能法律监督的中外探索

尽管"检察大数据赋能法律监督"这一概念是近两年才被提出和关注的,但在检察工作中运用大数据的做法早于上述概念。现分别对美国、法国等域外司法机关,以及国内检察大数据工作开展较早的贵州检察机关、检察大数据赋能法律监督最佳实践地浙江检察机关,及经济较为发达的上海检察机关的做法进行实证考察。

一、大数据赋能司法活动的域外考察

域外关于大数据的运用和研究均早于我国,据考证,数据应用最初可前溯至 1855 年《关于海洋的物理地理学》一书的出版。[①]就司法领域而言,英国于 1856 年开始探索犯罪统计数据的应用,以衡量英国刑法法典化改革的成效,为未来刑法的发展提供思路,此后,美国在刑事司法中运用数据的经验最为丰富,近期法国刑事司法领域也出现了一些新动向,受到广泛关注。

（一）对美国司法机关运用大数据的考察

美国司法机关运用司法数据较早,但主要是围绕全美犯罪报告和犯罪嫌疑人、被告人、罪犯的危险性评估两个核心问题而进行的。19 世纪中后期,为提高司法实践的效率和公正,美国开始对犯罪加以研究,因缺乏统一的刑法典,这一时期只能依赖官方的警务数据、司法审判数据和监狱数据,并认为警务数据最接近实际犯罪数量,但警务记录由于具有复杂性,也招致了公众的不信任。1930 年,国会授权国家移民局统计全美犯罪数据,其以警务数据为重点,以公民报告与监狱数据为补充,并辅以其

---

① 沈臻懿:《检察与大数据的邂逅》,载《检察风云》2017 年第 8 期。

他手段,构建了全国犯罪数据应用分析方法,但由于公民报告中仅有少数属于刑事报案,辩诉交易又降低了实际入监的人数,因此,上述分析方法仍不准确。20世纪中期,美国犯罪统一报告计划(UCR)启动,为找出公众所知但警方未记录的犯罪数据,首个被害者调查计划出炉,但因为只有通过刑侦找到佐证,具备"事实上的违法要件"的犯罪才会被录入UCR报告,故此举也未能解决管中窥豹的问题。2021年,国家事故报告系统(NIBRS)诞生,开始实施全美范围内的司法数据全样本采集,数据质量整体提升。系统收集了52项违法行为的整体数据,提供10项违规行为的地点、时间及背景的匹配,违法行为标签增多,可以据此分析出犯罪行为的诸多面相及非结构化因素之间隐藏的多重关联。通过对犯罪数据的深入挖掘,还可以勾勒出更为清晰的社会犯罪图景。然而,NIBRS的司法数据无法实现政治免疫,容易造成生态谬论。当前,为预防犯罪,美国警务部门启用智能警务预测系统,其构建的理论基础在于社会责任论和警务巡逻有效论,但反对者认为"先发制人"的警务预测变相地把未来的风险当作现实的危险,且预测无法做到准确灵敏。[1]

关于危险性评估,美国最早的智能风险评估软件是作为保释和假释的依据投入使用的,但现在更多的法院将风险评估报告作为重要的量刑依据。早在几年前,美国就利用大数据开发了COMPAS、PSA和LSI-R三种主要的风险评估软件,目前,美国已有一半以上的州利用这些软件来辅助法官量刑,其中,一些州使用模型开展社会危险性评估,以降低羁押率,精算模型和算法代替了法官的"直觉、本能和正义感",越来越深地介入刑事司法领域。COMPAS与LSI-R模型涉及犯罪的情况、人际关系、个性、家庭、社会排斥程度等五个领域,由于软件的专利性因素,更具体的考虑因素和计算权重不得而知。具体评估时,这些软件会先根据但不限

---

① 涂钒:《美国司法数据应用的过去、现实及争议》,载《科技与法律》2020年第1期。

于被评估者的历史数据作出风险评估,随后,对被评估者提出一系列问题,并从回答或犯罪记录中提取答案与历史数据进行比对。①智能风险评估软件的最大硬伤来自不透明的算法,甚至因此引发了"不能任由计算机把人们关进监狱"的反对浪潮。

(二)对法国司法机关运用大数据的考察

受美国刑事司法实践的影响,域外运用大数据开展辅助量刑工作一直是各国司法机关的惯常做法,虽没有明确的法律指引,但长期以来也为法律所默许。然而,近年来法国对此采取了积极的行动,引发了其他国家的关注。2019 年 3 月,法国立法机关颁布了 2019-222 号法律,其中,第三十三条规定禁止基于法官或书记官身份的数据分析、比较、评估与预测,由此将判决书大数据应用限制在相对有限的领域中,这是立法机关对法国司法裁判文书全面网上公开之后所可能引发的司法大数据应用的直接限制。主要禁止以下四种应用:一是一致性分析应用,即将不同法官办理类似案件进行大数据对比,从而分析同案不同判的状况;二是连续性分析应用,即将同一法官办理类似案件进行大数据比对,从而分析法官判决标准连续性的状况;三是适法性分析应用,即将同一法官办理的所有案件进行大数据挖掘,分析法官裁判是否合法的情况;四是预测性分析应用,即将同一法官办理的所有案件进行大数据挖掘,预测其在办案件可能的裁判结果。②

事实上,法国立法机关的态度并非空穴来风,而是体现了对法官尊重,对司法独立、司法权威、司法公正的捍卫。首先,一致性分析所得出的不同法官的偏好或者倾向,在法国可能涉及法官的隐私,为了保护法官隐私,需要对这种分析作出适当的限制。其次,连续性分析的初衷是希望法

---

① 李本:《美国司法实践中的人工智能:问题与挑战》,载《中国法律评论》2018 年第 2 期。

② 王禄生:《司法大数据应用的法理冲突与价值平衡——从法国司法大数据禁令展开》,载《比较法研究》2020 年第 2 期。

官作出前后一致的裁判,相当于以法官的先前裁判为模板,要求法官"依葫芦画瓢",有威胁司法独立的意味。再次,适法性分析意在对法官运用法律的行为进行程序法之外的合法性评判,相当于在法官适用法律之外,还存在一套高于法官的法律适用体系,从而违背了法官才是法律最终守护者的理念,损害了司法权威。最后,预测性分析力图通过对同一法官办理的所有案件进行大数据挖掘预测裁判结果,看似依据充分,但忽视了司法公正的实质内涵。正如世界上没有完全相同的两片叶子,也不存在完全一致的案件事实,即使承认事实完全一致,也难以排除数据陷阱、算法黑箱等问题。因此,预测裁判并不会有利于司法公正,反而可能使法官为求形式上的公正而牺牲实质公正。

此外,关于大数据运用中隐私权保护的问题,美国与法国的做法也不尽一致。美国采取实用主义立场,充分利用既有法律身份和监管机制进行隐私保护,特别倚重消费者权益保护机制。与之不同,法国在欧盟框架内,秉持理想主义立场,创设了"数据主体"这一身份,并赋予其一系列权利,试图提升自然人对其个人数据的控制,具有明显的理想性和前瞻性。①

总之,国外就大数据治理领域的研究早于我国,其中,著名未来学家阿尔文·托夫勒就在《第三次浪潮》一书中,将"大数据"生动地比作"第三次浪潮的华彩乐章"。域外更形象地将"大数据战略"视为"未来的新石油",表示一个国家拥有数据的规模、活性及解释运用的能力,将成为综合国力的重要组成部分。甚至有学者认为,对数据的占有和控制将成为陆权、海权、空权之外的另一种国家核心资产。直到如今,欧美国家在大数据治理研究方面依然处在世界先进列,关注领域非常广泛,包括通过利用数据识别来预防和降低污染能耗,运用大数据识别促进创新创业,通过

---

① 刘泽刚:《大数据隐私的身份悖谬及其法律对策》,载《浙江社会科学》2019 年第 12 期。

大数据分析合理配置教育资源,通过大数据整合为弱势群体提供服务帮助,通过大数据规划加强公共设施的维护利用,通过大数据分析研判实现安全防范的预警、预知、预判、预防等。从上述域外的情况看,至少有如下几点启示:一是大数据的运用领域十分广泛,除司法领域外,既包括安全防范预警等社会领域,又包括预防和降低污染等工业领域。二是犯罪报告是大数据在司法领域运用的典型例证,而犯罪报告的目的在于通过对犯罪特点的呈现来追寻犯罪预防对策的科学性和精准性,在我国这已经属于社会治理的工作。三是无论是犯罪报告,还是危险性评估,域外的实践中都不乏反对之声。四是司法领域中运用大数据比较普遍的做法即辅助量刑,但这在部分国家也受到了限制,辅助量刑必须尊重司法规律,这一点越来越受到重视。

二、检察大数据赋能法律监督的本土探索

从国家层面看,早在 2014 年检察业务应用系统 1.0 上线运行时,检察机关即完成了从"纸上办案"到"网上办案"的跨越,截至 2021 年,该系统上线案件 5 100 余万起,生成法律文书 1 亿余份,初步奠定了检察大数据的数据基础。自检察业务应用系统 2.0 运行以来,该系统又集成了案卡填录、自动编目、量刑辅助、出庭辅助等 20 多类 60 余款智能化办案辅助工具,并预留了 260 余个开放式接口,为后期信息系统集成做好了准备。①具体各地的探索情况如下文所述。

(一)最早实践省份:贵州——办案辅助与数据集成模式

2016 年,贵州被国家确定为国家大数据综合试验区,贵州省检察机关发挥这一优势,在全国率先开展了"检察大数据赋能法律监督"探索。

首先,依托全国检察机关统一业务应用系统,运用犯罪构成知识图谱

---

① 苏德悦:《大数据挖掘分析人工智能辅助办案——"数字检察"能力全面提升》,载《人民邮电》2021 年 11 月 8 日,第 3 版。

和证据标准指引,探索建设了"大数据司法办案辅助系统""案件智能研判系统"和"大数据分析服务系统",促进办案质量和效率的双提升。其次,对"大数据司法办案辅助系统"进行迭代升级。这一系统利用快速模式和普通模式,实现案件繁简分流;通过案件要素智能采集,为审查案件提供智能指引、类案推送、风险评估、法条推送、文书生成等辅助;通过建立量刑计算模型,按照智能采集的要素进行初步量刑,并与类似案件量刑进行对比分析,从而辅助决策,提高量刑建议的精准度和采纳率;通过嵌入证据标准指引,将达不到证据标准的案件和不具有证据资格的证据阻拦在审查环节;通过建立罪名要素体系,加强对要素偏离度和量刑偏离度的监督,提升司法公信力。最后,依托统一业务应用系统,加快推进电子检务工程建设和贵州检察大数据资源中心建设。一方面,利用电子检务工程,将检察工作数据化,形成检察大数据的最初数据集;另一方面,利用大数据共享交换平台,打通各单位之间的数据壁垒,加快数据集聚,建设贵州检察大数据资源中心。2017 年,贵州省检察机关大数据资源中心就已梳理数据标准 11 052 个,提炼形成数据资产 191 个,发布数据服务 22 个。[①]

(二)最佳实践省份:浙江——场景应用与数据集成模式

2019 年,浙江入选国家数字经济创新发展试验区,浙江省检察机关抓住这一机遇,成为全国检察大数据赋能法律监督的最佳实践地,走出了一条"数字赋能监督、监督促进治理""个案办理—类案监督—系统治理""数据共享和实战推进同步抓"的新路径,获得了高检院的肯定。主要做法如下:一是抓好顶层设计,出台指导意见和建设规划,并做好制度建设,制定本省数据管理办法,体系化、规范化推进检察数字化改革。二是建设"浙检数据应用平台",连接省大数据局公共数据平台和省委政法委政法云数据中心,收集检务数据、政务数据、政法数据、社会数据等四大类数据

---

① 杨承志:《运用大数据引领贵州检察事业创新发展》,载《人民检察》2017 年第 20 期。

资源,着力推进执法司法信息共享。三是牵头推进政法一体化办案系统建设,推动政法办案数据共享,在全国率先创新嵌入式法律监督格局。2022年,34万余起案件已完成线上办理,99%的刑事案件实现全数字化单轨制线上移送,浙江成为全国唯一在省域范围内开展单轨制线上协同办案的省份。①四是建设检察大数据法律监督应用,为数字办案提供体系支撑;发布数字办案指引,探索"场景创新";建立数字检察办案指挥中心,强化组织支撑。五是2020年9月上线"啄木鸟"数据巡查系统,自动推送待处理瑕疵数据,提高案卡填录准确性,提升数据质量。已集成数据瑕疵校验规则176条,至2021年5月已纠正数据瑕疵5万余项。②

　　从浙江省内各市的情况看,2021年2月,杭州市检察院成立全国首家检察信息情报中心,借助"数智魔方"平台,对全国检察业务应用系统、司法、行政、卫星遥感、互联网等大数据进行收集汇总。同时,立足杭州"数字第一城"优势,联合市公安局,在"城市大脑""健康码"等大数据技术基础上,研发使用了刑事诉讼非羁押人员电子监管系统"非羁码",对1 607名犯罪嫌疑人进行监管,无一脱管,逮捕率大幅下降,不批准逮捕率大幅上升。以西湖区为例,"非羁码"实施后,不批准逮捕率由原来的22.88%上升为44.51%,并有持续上升的空间。③2021年12月,湖州市被浙江省委政法委确定为全省执法司法信息共享试点市,42家市级部门主动共享数据,实现政法类、执法类、管理类数据全面汇聚,56类1 850万条数据已完成归集,截至2022年3月底,另建立法律监督模型52个。④另外,绍兴市检察机关自主研发了"民事裁判文书智慧监督系统",通过"上

---

① 陈东升、王春:《浙江检察:大数据助力法律监督》,载《浙江人大》2022年第5期。

② 劳伟刚、吴小倩:《精准研判　数据赋能——新时代检察业务数据分析研判"浙江模式"解析》,载《人民检察》2021年第12期。

③ 陈海鹰、刘波、桑涛:《运用数字监控手段降低审前羁押率——以浙江省杭州市检察机关实行"非羁码"为视角》,载《人民检察》2020年第23期。

④ 范跃红、钱聪:《数字赋能监督　监督促进治理——浙江湖州:大数据赋能法律监督产生"乘数效应"》,载《检察日报》2022年4月29日,第1版。

下一体"的类案挖掘机制、"人机结合"的类案监督方法、"以社会治理为目标"的类案监督方式,重点对民间借贷、劳资纠纷、交通事故责任赔偿和婚姻财产等领域开展类案监督,并取得了一定成效。[①]

（三）立足本地考察:上海——流程再造与数据集成模式

上海检察机关在破除数据壁垒、打通公检法三机关数据孤岛方面做了大量工作。2017年,为推进以审判为中心的刑事诉讼制度改革,中共上海市委政法委承接了中央政法委的改革任务,组织上海市公检法三机关研发刑事案件智能辅助办案系统（又称"206系统"）,用来解决司法实践中长期存在的证据标准不统一、办案程序不规范等突出问题。该系统的落地,打通了公检法数据流转通道,将统一的证据标准指引、证据规则指引嵌入刑事办案系统中,做到证据同步校验、瑕疵及时提示、流程智能卡控,确保提请审查逮捕、移送审查起诉的案件事实证据经得起法律检验,促进政法机关跨部门业务协同,提升办案质量和效率,有效防范冤错案,减少司法任意性。截至2018年年底,"206系统"建设应用已基本实现了三个100%的目标,即完成102个全国常见罪名的证据标准指引,全国常见罪名证据标准指引的完成率100%;完成71个上海地区常见罪名的填录,常见罪名系统填录完成率100%;要求一线办案人员都能熟悉适用该系统,一线承办人员使用率100%。据统计,截至2020年年底,上海地区常涉罪名已实现从立案、侦查、报捕、起诉、审判均在"206系统"内运行,系统累计录入证据材料2 400万余页,提供证据指引54万余次,提示证据瑕疵4.8万余个,公安录入11.5万余件,检察院审查起诉5.8万余件。

"高效办成一件事"是上海"一网通办"改革的一项制度性安排。近年来,对照这一安排,上海检察机关以一件事大应用,同步推进业务大系统、数据大平台建设,进而完成全流程全息在线办案体系的建设,取得初步成效。2021 年,上海市检成立了数字化工作领导小组,上海检察大数据中心开始实体化运作,抽调全市业务骨干,完成了 173 类案件全量办案行为的梳理,厘清了线上、线下行为和数据流向,为分段、分步实现全流程全息在线办案画好了"施工图"。2022 年,上海市检正式印发《上海检察全流程全息在线办案综合平台总体规划》,力求将线下办案行为全面线上化,让检察业务全面数字化,让办案行为真正从数据备份行为成为数据生产行为。同时,上海检察大数据中心组建了"1 + 1 + X"的数字检察办案团队,即一个主办检察官办案组、一个临时检察官办案组、一个全市数字检察办案人才库,共同进行监督线索的审查及初步调查核实,再由临时检察官办案组中的抽调人员带回本部门或本院继续办理。

除上述地方外,其他地方检察机关也开始了"检察大数据赋能法律监督"的探索工作,例如甘肃省兰州市人民检察院于 2018 年创建"公益诉讼大数据应用平台",由市院部署,市、县两级院共用,包含大数据、指挥调度两个中心,涵盖数据采集、智能分类、分析研判、协同办案、知识资源五大平台,共汇集互联网数据、24 家行政执法单位数据 67 万余条,收录通用性及地方性法律法规 200 余部,行政执法单位权责清单 2 600 余项,直接提供预警线索 5 000 余条。①综上可见,目前的实践主要呈现如下特点:一是均以数据汇集为基础,这也是大数据的应有之义。二是聚焦司法办案与聚焦社会治理并存,贵州的辅助量刑和上海的流程再造属于前者,而浙江的场景应用更多属于后者。三是在聚焦司法办案的问题上,贵州的辅助量刑的目的在于追求司法公正、方便办案人员,而上海对照地方"高效办成一件事"的工作要求开展流程再造的目的更多在于提高效率、方便群众,二者并不完全一致,可以说走了两条不同的路。

---

① 金石、张运良:《数字技术助力公益诉讼检察的实践探索》,载《中国检察官》2022 年第 3 期。

第四节　检察大数据赋能法律监督的困境成因

当前,全国各地检察机关都开始了"检察大数据赋能法律监督"的探索工作,探索的着力点基本在智能辅助办案、数据归总汇集、场景应用创新、政法协同办案等环节。对比工作目标来看,实践效果仍然存在不小的差距,存在大数据收集共享成效有限、大数据建模质量水平不高、大数据分析研判的能力弱、大数据治理能力意识不强、大数据办案配套制度不全、大数据赋能检察界限不清等问题。其原因在于政府管理体制的羁绊、复合型人才储备不足、软硬件保障设备缺乏、传统思维定式的束缚、制度化顶层设计阙如等。

一、检察大数据赋能法律监督存在的问题

（一）大数据归集共享成效有限

检察大数据赋能法律监督工作的基础和前提在于"大数据池"的构建,必须建立具有足够数量的、种类多样的、质量有保证的海量数据底座。这就意味着必须开展数据汇集、数据整合、数据共享,倘若数据不能在更大范围内实现融合,其意义的发挥便相当有限。然而,现实情况是"数据孤岛"现象仍然严重,数据归集的规范、原则、程序等制度化规定不足,即使是"两法衔接"工作机制,也存在数据信息共享不到位的问题,跨部门、跨区域、跨层级的数据归集共享面临体制、标准、技术上的困难。[1]实践探索往往是靠政法委协调或者各部门间两两进行双边商议的方式进行,但有些部门以涉密为由拒绝信息共享的情况也时有发生。一方面,在体制上,从联系最为密切的政法数据整合情况看,各政法机关均有自上而下的

---

① 赵龙、刘艳红:《司法大数据一体化共享的实践探微——以破除"数据孤岛"为切入点的逻辑证成》,载《安徽大学学报(哲学社会科学版)》2019年第6期。

独立办案系统,且各系统之间不兼容,导致数据资源共享方面存在壁垒。从上海力求建立政法协同办案系统的实践看,形式成效大于实质,没有形成对现有办案系统的替代或者嵌入效应。另一方面,在标准上,数据标准异构化使归集的数据难以整合,没有发挥大数据应有的优势。在各地探索中,有的制定了数据管理规定,有的成立了数据情报中心,都力求实现数据的同构化,但效果尚未显现,即使从政法系统内部看,数据不兼容、聚合度低的问题也仍然存在。

（二）大数据建模质量水平不高

检察大数据具有"4V＋1C"的通用特性,要在海量、可变、复杂的数据集之中提取高质量的有效数据是一项高难度的挑战性工作[①],既需要确保数据本身的纯净度,又需要建立科学的数据挖掘模型,但目前这两个部分都存在质量不高的问题。一方面,就数据本身的质量而言,全面、准确、纯净的数据是检察大数据分析的基础[②],但从既有检察大数据的现状看,检察大数据整体质量不高,主要表现为数据准确性不高与结构化水平不够。[③]同时,无论是裁判文书网的数据,还是检察内部的数据,都可能存在表象性问题,实践中所采用的实质信息并没有以文字的形式表现出来,使用者也就不可能从大数据挖掘中发现真实有用的信息。[④]另一方面,抽取要素、运用算法、搭建模型,以实现绝对客观和精准并非易事,尤其是面对疑难复杂案件,要实现实质正义的大数据输出,难度可想而知。[⑤]在搭建模型的过程中,还可能存在算法歧视问题,即虽然决策者使用了客观中立

[①]　翟凯、何士青:《论大数据质量的法律保障:困境、变革与新塑》,载《青海社会科学》2020年第2期。

[②]　刘雁鹏:《论大数据建设的现状、困境与对策》,载《中国社会科学院研究生院学报》2019年第5期。

[③]　高鲁嘉:《人工智能时代我国司法智慧化的机遇、挑战及发展路径》,载《山东大学学报(哲学社会科学版)》2019年第3期。

[④]　左卫民:《AI法官的时代会到来吗——基于中外司法人工智能的对比与展望》,载《政法论坛》2021年第5期。

[⑤]　马长山:《司法人工智能的重塑效应及其限度》,载《法学研究》2020年第4期。

的数据,但这些客观中立的数据经过大数据整合后可能产生歧视性后果。例如将民族、性别、户籍地作为要素进行运算后,可能造成一部分并无违法犯罪风险的人员被划入风险人员的范围,从而造成对部分地区少数民族男性的歧视。实践中,这类算法歧视主要表现为偏见代理、特征选择、大数据杀熟三种类型。①

（三）大数据分析研判的能力弱

目前,检察大数据已经粗具规模,主要是全国检察机关统一业务应用系统产生的业务数据、统计数据、电子卷宗、电子法律文书、执法记录仪视频、提讯视频等结构化和非结构化的数据,这些海量的数据只有通过专业的研判分析,才能获得对检察工作有价值的信息。②然而,当下的统一业务应用系统中还存在着案件统计项目不够全面、及时,案件数据挖掘利用不够深入,分析研判的功能模块开发不足,未能充分发挥为领导决策提供有力支撑作用等薄弱环节。③实践中,对检察业务数据的分析研判主要是采用统计分析等传统方法,很少采用大数据的分析方法,对业务态势的分析研判广度不够、浮于表面。一方面,没有充分运用检察大数据资源,对一类犯罪或者一地犯罪态势、成因进行全面、精准、有效的分析,形成更为客观的结论和更为科学的对策。④另一方面,没有打造基于案件大数据的线索发现模型,发现有价值的线索;没有引入多维度的数智分析系统,对"案、人、事、财"进行精准画像;没有使用信息时代条件下的全排列多边形、回归分析等多种分析方法,实现分析结论的科学化;没有开发大数据分析软件,对数据进行深度挖掘分析。

---

① 郑智航、徐昭曦:《大数据时代算法歧视的法律规制与司法审查——以美国法律实践为例》,载《比较法研究》2019 年第 4 期。
② 周媛:《渐进与跨越:大数据时代检察工作革新》,载《中国司法》2016 年第 8 期。
③ 冯孝科:《大数据视角下检察统一业务应用系统的完善和利用》,载《中国检察官》2020 年第 23 期。
④ 邹莹莹、胡秀红:《检察大数据与案件管理职能之关系——以海峡两岸司法大数据应用比较为基础》,载《人民检察》2018 年第 22 期。

（四）大数据治理能力意识不强

检察机关赋能法律监督，数据是基础，但法律监督需求是关键，是工作推动的动力源泉。然而，现实情况是，尽管法律监督工作的提质增效需要检察大数据的赋能，但很多一线业务部门忙于办案、忙于考核、忙于行政工作，难以提出大数据的准确需求，使得大数据建设受限，既无法确定打破数据割据的突破口，又没有办法确定数据建模的方向，更谈不上实实在在的成效。检察业务部门需要经历从"大数据"出发，到"大数据能产生价值"，到"从大数据中找到价值"，再到"有效使用大数据产生价值"的认识过程，目前还有很长的路要走。①需要说明的是，虽然破除传统的僵化思维、树立检察大数据意识极具积极意义，但也不宜过度神化、过度沉迷、过度依赖，认为大数据可以替代检察官进行自动办案，这实际上是对大数据、对技术的一种盲目非理性的崇拜。至少在相当长一段时期内，检察大数据还只能处于辅助性地位，尽管大数据与人工智能相结合，一次次打破了人们对传统技术认知的界限，但司法有其自身特有的规律，大数据的运用需要尊重司法规律，而不是以技术理性代替司法规律。至于人机共处的方案，即将简单案件和事务性工作交由大数据支撑的人工智能处理，将疑难、复杂案件交由人类裁决，也未尝不是一种务实方面的探索。②

（五）大数据赋能配套制度不全

在检察大数据赋能法律监督的过程中，难免需要收集和储存大量当事人性别、肖像、住址、职业、收入等隐私数据，这至少增加了公民个人信息或隐私的泄露和滥用风险。③尤其是在归集共享侦查数据时，由于侦查机关具有资源和技术优势，如果缺乏行之有效的法律规制和工作监督，则

---

① 张浩：《大数据在检察工作中的应用研究》，载《物联网技术》2017 年第 9 期。

② 王文玉：《司法人工智能的可能空间、内在限度与前景展望》，载《东北大学学报（社会科学版）》2022 年第 3 期。

③ 张永进：《人工智能辅助检察办案的应用与展望》，载《河南财经政法大学学报》2022 年第 3 期。

完全可能存在通过侵犯公民个人信息的方式而获取的数据。就立法而言,目前并没有针对大数据侦查的法律规制体系,学者们所主张的以公民基本权利保护为核心、构建合法性原则和比例原则的立法完善建议并没有转化为立法实践。[①]就工作监督而言,出于侦查破案的导向和压力,公安机关的内部监督与检察机关的侦查活动监督尚没有对大数据侦查予以足够的关注。甚至有观点认为,受压力型考核指标等非理性因素的影响,以及权力本身具有"弥散性",大数据侦查侵犯公民个人信息权的问题会不可避免地发生,且传统检察监督无法有效识别违法收集的个人数据信息,检察监督手段刚性不足也会削弱监督效果,检察机关侦查权的部分行使还容易受公安机关反制,因此,不应给予检察监督过高的期待。[②]从理论界对大数据侦查的讨论中,不难得出这样的结论,即检察大数据赋能法律监督工作除了考虑赋能之外,还必须在制度上对公民个人信息权和隐私权予以保护,既要防止过度收集与滥用,又要防止数据泄露。

(六)大数据赋能检察界限不清

检察大数据与法律监督工作的连接点在于"赋能",而不是"代替",这就意味着尽管检察大数据能力巨大,还是需要遵守一定的界限。首先,从司法规律和价值追求来说,尽管检察大数据在辅助剪裁事实、量化经验、约束偏狭等方面具有优势,但毫无边界地运用也会消解司法的实质理性,威胁公平公正[③],导致法官主体地位被削弱、司法改革目标被替代和司法改革结果失控。[④]其次,从技术的有限性角度而言,技术不是万能的,不可能超越理性计算范畴,不可能脱离自身条件而发展,不可能超越既定历史

---

① 胡铭、龚中航:《大数据侦查的基本定位与法律规制》,载《浙江社会科学》2019 年第 12 期。

② 刘小庆:《从"权力监督"到"权利制约":大数据侦查法律规制的理性之维》,载《重庆大学学报(社会科学版)》2022 年第 2 期。

③ 郑骅:《司法大数据应用的理性化悖论及制度破解》,载《北方法学》2022 年第 2 期。

④ 王禄生:《司法大数据与人工智能技术应用的风险及伦理规制》,载《法商研究》2019 年第 2 期。

条件而创新，司法的不可计算性、动态博弈性、主动创新性也决定了技术的客观有限性。①再次，研究表明，大数据背后隐藏了人类的主观偏好，它并非像人们想象的那样客观公正无偏。②最后，技术对司法的影响并非都是可接受的，从法国的禁令看，司法对技术的接受必须以尊重司法本身价值为先。总之，由于存在数据割据、数据壁垒、数据瑕疵、算法黑箱、算法歧视等问题，以及司法工作追求实质正义等特点，司法理性与技术理性之间的矛盾难获弥合，司法者的主体性与智能技术的应用难以平衡，有必要为其设定应用边界。③然而司法实践中，检察大数据赋能法律监督工作尚处于初创阶段，其运用的范围和介入的深度尚未划定清晰的界限，实践中也常常出现有关技术过度依赖的观点。

二、检察大数据赋能法律监督的问题成因

（一）政府管理体制的羁绊

实践中之所以存在数据割据、数据壁垒等数据孤岛，而且消除割据、破除壁垒的难度不小，主要原因在于政府部门实行条块管理，在纵向和横向上都没有数据信息共享的相应制度安排。"数据壁垒"是数据格式差异化导致的联通障碍，"数据割据"则是因部门保护、制度设置等致使部门数据不能互联互通而形成的割据化现象，上述两种"数据陷阱"都与数据汇集共享的理念不符。④政府部门大多只考虑本部门的需要，并且建立了本部门的业务数据系统，系统建立之初就没有考虑数据共享交换的问题，因而普遍存在信息孤岛现象。同时，由于数据共享标准的制度性规范不健

---

① 陈敏光：《司法人工智能的理论极限研究》，载《社会科学战线》2020 年第 11 期。

② 马磊、林森苗、包莹：《社会科学大数据与社会治理：主要应用与实践反思》，载《黑龙江社会科学》2020 年第 6 期。

③ 陈灵峰：《司法人工智能的技术效应与应用边界》，载《求索》2021 年第 6 期。

④ 王佳云：《司法大数据与司法公正的实现》，载《吉首大学学报（社会科学版）》2020 年第 2 期。

全,各部门在具体管理过程中所收集、储存的数据之中,哪些可以共享、共享的标准是什么等都没有得到规定,开展数据共享探索的地方往往是原生数据的导入环节,造成数据不兼容、数据结构不匹配等多种问题出现,影响了检察大数据赋能法律监督的效果。①

(二)复合型人才储备不足

检察大数据赋能法律监督工作的开展中,人才是关键,不但需要具备信息技术知识的人才,而且需要法律方面的人才,最理想的情况是具备一批既懂技术、又懂法律的复合型人才,而且这种复合型人才应当对信息技术和法律适用达到相当熟练的程度。当前,迫切需要解决技术与法律之间的代沟问题。司法人员与技术人员之间的"隔行"问题非常严重,不是技术人员不懂司法业务,就是司法人员不懂技术原理,导致很多司法需求难以被理解、被转换成技术方案。②目前检察机关在复合型人才培养和信息技术型人才储备上都存在明显短板,实践中往往采用需求汇总、技术外包的方式,或者采用抽调检察骨干与外包技术人员组成联合研发团队的方式解决。从工作开展的情况看,上述两种方式都存在一定的问题。前者中,技术外包既可能造成研发主动性、参与性、及时性上的欠缺,又可能导致项目研发的过度依赖;后者中,抽调检察骨干与外包技术人员联合研发,看似解决了主动性、参与性和及时性方面的问题,但往往对检察人员提出了更高的要求,占用了检察人员相当的精力和时间,加剧了基层人案矛盾,还影响了检察官个人的绩效考核,致使抽调人员积极性不高。

(三)软硬件设备保障不足

检察大数据建设不仅需要人才,还需要一定的物质基础,这种物质保证并非一次性的投入,而可能是长期的物质投入。在当前经济形势下,检

---

① 王宇航、王西:《论大数据在政府监管应用中的法律障碍与完善》,载《河南社会科学》2020年第5期。

② 季美君等:《大数据时代检察机关遇到的挑战与应对》,载《人民检察》2017年第15期。

察大数据的软硬件保障都不容乐观。目前,检察大数据的应用取得了一定成效,主要应用于辅助性活动中,距离大数据赋能还有不小差距,而且这种成功多源于通用大数据的发展,如"非羁码"的应用就离不开"行程码"的成熟应用,多数大数据应用难以发挥作用的原因是多方面的,但投入的资金不足是一个重要因素。[①]抛开统一业务应用系统这一国家层面的平台不论,就上海地区来说,一方面,硬件投入不足,目前只有市检建立了大数据中心,实现数据共享的大数据平台还没有建立,大数据汇集共享的效果还不明显;另一方面,从软件方面来说,场景化的落地项目还不多,绝大多数还停留在建模的初步设计阶段,距离具体的应用还有相当远的距离,研判分析软件的开发还停留在初始阶段,进一步研发升级工作有待推进。

（四）传统思维定式的束缚

检察大数据赋能法律监督的核心在人,人的关键在思维。[②]受传统思维定式的影响,基层检察机关对于大数据赋能法律监督缺少积极主动探索、大胆创新尝试的意识。主要体现在:一方面,就案办案的思想仍然存在,由于基层检察机关人案矛盾突出,加之司法责任制改革后,具有办案资格的人员锐减,而办案要求越来越高,系统填报的事项越来越多,人案矛盾更加突出,就案办案思想在基层不同程度地存在。另一方面,通过分析类案可知,参与社会治理的检察履职新模式在基层还没有普遍确立,对采用大数据技术挖掘类案、分析类案的需求并没有达到预期迫切的程度,因此,检察机关对于探索大数据赋能法律监督没有积极性。此外,检察机关执法办案长期存在"传帮带"的传统,而大数据赋能法律监督作为一种

---

① 左卫民:《从通用化走向专门化:反思中国司法人工智能的运用》,载《法学论坛》2020年第2期。

② 钱建美:《在日前举行的第十六届环太湖检察论坛上,与会代表表示——数字赋能让新时代检察监督更具活力》,载《检察日报》2021年11月19日,第3版。

新出现的法律监督范式,容易在"传帮带"的业务传承模式中被忽视。

（五）制度化顶层设计阙如

无规矩不成方圆,目前,侦查大数据、检察大数据、审判大数据工作已经在各地展开探索,但相关法律没有对上述工作予以规定,其中,问题最突出的就是侦查大数据。就检察大数据而言,缺少制度化的顶层设计主要表现在:一是最高检仅出台了《检察大数据行动指南(2017—2020年)》,并无其他专门的规范性文件。二是省级层面,只有浙江省检察机关制定了本省的数据管理办法,以推进检察数字化改革,但规范性文件的层次还不高。即使是上述两个方面的规定,对于公民个人信息或隐私权的关注程度也都不够,这就恰恰可以解释实践中检察大数据赋能工作忽视公民权利保护的问题。

（六）研究的深度广度不够

"检察大数据赋能检察监督"是近年来才出现的新提法,是检察工作与大数据相结合的新产物,是检察工作适应信息时代作出的工作方式方法上的创新。这就意味着针对这一新概念、新理念,以往缺乏研究,尤其是缺乏体系化的研究。当前,在改革探索过程中,随着工作的推进,虽有一定数量的研究成果,但研究视角多限于具体的工作、具体的领域,广度和深度不足。从广度上看,检察系统内几乎没有对美国、法国等域外刑事司法实践中运用大数据的利弊进行考察的研究成果;从深度上看,对于大数据与司法特性的适配性尚没有形成正确的认识,这就使得大数据与司法工作相结合的负效应容易被忽视。

第五节　检察大数据赋能法律监督的创新路径

对基层检察机关来说,具体如何开展工作是研究的出发点和落脚点,也是未来谋划工作的起点。针对实践问题,建议结合检察业务工作,采取数据归集创新、数据建仓创新、数据研判创新、数据治理创新等路径,瞄准检察业务工作中的难点、痛点、堵点,采取重点突破带动整体跃升的思路,开创检察大数据赋能法律监督的新格局。同时,创新要有边界思维,要守住权利保护底线、法治思维底线、数据安全底线。为推动检察大数据赋能法律监督工作的持续化,应建立常态化的组织保障和人财物等制度保障。

一、检察大数据赋能法律监督的路径

（一）数据归集创新

建设检察大数据的关键在于汇集海量数据,具体建议如下:一是建立检察履职一体化的工作机制,以刑事检察为龙头,挖掘民事、行政、公益诉讼监督线索,加强"四大检察"内部信息共享和运用,实现检察监督机制转变、制度重塑、流程再造。①二是以持续推进"206 系统"迭代升级为契机,打通公检法司四机关的执法办案系统,共享执法办案数据,并统一数据结构标准、证据指引、法律适用指引、典型案例推荐等,打通该系统与全国统一业务应用系统的数据关联,实现办案一张网。三是以持续推进两法衔接工作机制为突破口,将重点行政执法机关纳入两法衔接平台,共享执法办案数据,并打通两法衔接平台与全国统一业务应用系统之间的数据通道,实现监督线索的网上跨平台移送。

（二）数据建仓创新

应当就海量的检察大数据建立数据仓库,作为数据归集储存的平台。具体建议如下:一是针对归集数据可能存在标准不兼容、不匹配,制约数据挖掘效能的问题,根据"206 系统"中统一的数据标准,设计数据清洗模块,使非结构化数据转化为结构化数据,强化数据仓库的数据标准化。二是针对统一业务应用系统中数据质量不高、精准性不够的问题,建议定制

---

① 江波均:《强根基、创场景、破壁垒,扎实推进数字检察》,载《检察日报》2021 年 7 月 28日,第 11 版。

自动流程监控模块,功能类似浙江省开发的"啄木鸟"系统,确保数据填报质量。同时,将数据质量的填报要求纳入流程监控管理和巡查,以实现人机并用。三是以项目化方式提高建模质量和水平,由区院结合不同种类的业务工作,定期确定数个大数据法律监督需求项目,组建技术骨干与业务骨干相结合的双骨干建模小组,集全院之力开发大数据模型,确保建模质量。四是针对算法歧视,应根据司法领域的特性,构建司法领域内算法运用的司法伦理规范,使技术理性、形式理性更符合司法规律、司法特点。在构建算法过程中,还需要避免算法黑箱,从算法公开的角度讲,至少应当向决策者和使用者公开算法。

(三)数据研判创新

检察大数据赋能法律监督的关键在于研判,对于海量数据的分析研判不能简单采用传统的统计分析方法,建议以智慧检务建设为抓手,在"智"上做文章,构建检察大数据的智慧大脑。具体如下:一是抓紧研发大数据研判分析软件,实现对海量数据的深度挖掘,提高分析研判的能力。二是采用统计分析、全排列多边形、回归分析、综合评价指数等分析模型,实现对海量数据的随机抽查,以验证分析软件的研判结果的准确性,确保决策依据真实、可靠。三是运用多维度数据智能分析等办案模型实现"案、人、事、财"的数据画像,实时反映上述案、人、事、财的变动情况。[①]四是打造多种类的业务地图,包括地区犯罪地图、某一类犯罪的时空分布图等,为犯罪预防策略提供切实可行的数据支持。

(四)数据治理创新

检察大数据的落脚点和归宿在于法律监督,而法律监督工作中最需要检察大数据支撑的部分即社会治理。具体建议如下:一是将检察大数据赋能法律监督工作与社会治理类检察建议工作相结合。检察机关是国

---

① 项金桥:《数字检察的实践背景与深化路径》,载《中国检察官》2022年第9期。

家治理体系中的重要组成部分,其通过发挥检察大数据的优势,可以更准确地定位社会治理中的问题,更好地提出高质量的检察建议,从而放大执法办案的效果,提升参与社会治理的成效。二是将检察大数据赋能法律监督工作与企业适法监督评估工作相结合。企业适法是高检院近两年推出的一项重要改革举措,第三方监督评估及检察官对第三方监督评估结论的审查是其中的重要环节,检察机关利用检察大数据,可以为第三方监督评估提供更加客观、多元的企业画像,也有利于辅助承办检察官对第三方评估报告开展审查。三是树立减量化的辅助办案理念。以发挥技术优势为一线办案人员减负为重点,推动辅助办案真正落地生效;以市检全息办案平台构建为契机,将高频办案行为全部纳入线上运行,对权利义务告知、换押等线下行为试点线上运行,既方便了诉讼参与人,又有利于提高办案效率。

二、检察大数据赋能法律监督的限度

(一)权利保护限度

检察大数据的归集和共享,可能涉及公民个人信息及隐私权,尽管"公共利益豁免"理论可以为数据归集和共享提供正当性,但仍然需要树立依法保护公民个人信息和隐私权的意识。[①]首先,检察机关的执法办案活动难免要收集公民个人信息,有的案件甚至涉及公民隐私、企业商业秘密等,从而为依法公正处理案件奠定基础。在检察大数据赋能法律监督工作的大背景下,检察机关归集办案活动中收集的公民和企业信息,目的在于赋能法律监督,具有维护公共利益的正当性,应当承认其合理使用的权力,只是为防止权力滥用,应当对权力行使作相应的规制。[②]其次,建议将刑事司法保障人权的理念与大数据以人为本的理念深度融合为技术赋

---

① 钟明曦、陈淑珍:《大数据侦查之法律困境与应对》,载《海峡法学》2022 年第 1 期。

② 潘星容、黄紫妍:《论大数据背景下隐私权的法律保护》,载《行政与法》2020 年第 8 期。

权的理念。①即检察大数据赋能法律监督工作的具体展开应以"是否有利于保障和发展公民权利"为判断标准,从而使检察大数据在根本理念上与司法的价值追求保持一致。再次,建议在制度上明确合法原则、比例原则、责任与救济原则等基本原则。②即检察大数据的收集、运用、储存、分析、使用应当符合法律规定,为公共利益需要而使用公民个人信息数据的应当遵循比例原则,违反合法原则和比例原则侵犯他人合法权益的应当承担相应的责任,被侵害方有获得救济的权利等。最后,通过数据和算法的适度公开,构建与传统正当程序理论精神相一致的技术正当程序理论。根据传统正当程序理论,被告人有获知指控证据和指控理由的权利,相应地,检察机关在运用检察大数据得出的分析结果,并采纳这一分析结果的情况下,至少应当向利益相关方,尤其是向不利的一方,适度公开使用的数据和算法。在确有必要的情况下,考虑到数据算法风险、功能异化风险、司法规律抵牾风险等,甚至可以对其应用场景加以限定。③

（二）法治思维限度

既然检察大数据本身存在难以克服的缺陷,而司法活动又有其本身的规律,那么检察大数据赋能法律监督工作中就应该为具体"赋能"的展开设定界限。一方面,在法律监督的范围上,应当确保检察机关依法独立行使检察权,以防止对检察权行使的不当干预。另一方面,在介入的深度上,应当明确检察大数据处于辅助地位,以确保检察官在法律监督工作中的主体地位。具体理由在于:一是司法活动不仅仅是经验判断,更是价值判断。法律不只是法律文本,还承载着社会认可的积极价值取向,检察机关适用法律就是要重申这一价值取向,而且经验往往意味着无法对新类

---

① 李训虎:《刑事司法人工智能的包容性规制》,载《中国社会科学》2021 年第 2 期。

② 董少平、左喻文杰:《大数据侦查的法律规制原则》,载《武汉理工大学学报(社会科学版)》2021 年第 2 期。

③ 蔡立东、郝乐:《司法大数据辅助审判应用限度研究》,载《浙江社会科学》2022 年第 6 期。

型的案件作出合适的判断,也无法适应不断变化的法律本身。二是司法活动不仅是形式判断,还是实质判断,无论是我国的四要件体系,还是德日的三阶层体系,对犯罪行为的判断都是一种包含了形式的实质判断。我国的犯罪论体系建立在社会危害性概念之上,自然属于实质判断,德日的三阶层体系下的违法阶层,也是实质判断的典型例证。但目前检察大数据只能是一种形式判断,还无法承担实质判断的重任。三是尽管司法活动是一种理性活动,但我国对司法活动还有更高的要求,人民司法应适当融入更接地气的表达,要有执法为民、为民司法的情怀,要用老百姓听得懂的语言释法说理,要让人民群众在每一个案件中感受到公平正义。检察大数据作为智能运算的结果,天然具有一副冰冷的面孔,显然在这方面存在先天不足。

(三)数据安全限度

所谓数据安全指通过采取必要措施,确保数据处于有效保护和合法利用的状态,以及具备保障持续安全状态的能力。检察大数据的归集共享,虽有利于法律监督工作的赋能,但也对数据安全提出了更高的要求。共享数据的一个重要方面就是确保数据安全,数据安全是检察大数据的底线,如果因为共享数据造成数据泄露,其结果不仅不利于法律监督,反而可能损害检察权威。建议认真落实《中华人民共和国数据安全法》的要求,建立全流程数据安全管理制度,具体开展如下工作。一是明确检察大数据管理机构,负责数据安全和日常管理,落实数据安全保护责任,确保专人负责、责任到人。二是开展数据安全教育培训,强化数据安全意识,确保数据的收集、存储、使用、加工、传输、提供、公开等依法进行。三是加强技术安全保护措施,打造高质量的技术防火墙和加密存储手段,防止黑客攻击、信息泄露。四是加强数据安全风险日常监测预警,定期开展数据安全风险巡查评估,发现数据安全缺陷、漏洞等风险时,应当立即采取补救措施。五是建立数据安全应急处置机制,一旦发生数据安全事件,立即启动应急处置措施,并第一时间向上级单位和有关主管单位报告,数据安全事件处置完毕后,要及时评估数据安全损失,并向上级单位和有关单位反馈。

三、检察大数据赋能法律监督的保障

检察大数据赋能法律监督是新时代检察工作实现高质量发展的前瞻性、基础性工作,需要做好相应的体系保障。第一,建立常态化的组织保障。工作的推动必须落实到人,这就需要有专门的机构负责这一工作,建议在目前大数据办案团队的基础上,由各基层院成立大数据赋能领导小组和办公室,与现有的信息化领导小组和办公室合并,纳入"一把手"工程推动和管理。第二,加强复合型人才保障。建议通过人才引进、委托培养、院内培训等多种方式,培养一批熟悉检察业务和大数据实践经验的复合型人才,参与大数据赋能办公室的工作,具体负责大数据平台的建设、大数据办案模型的设计、大数据智能软件的研发、大数据安全的保障,以及日常管理等工作。第三,做好相应的物质保障。制定大数据赋能法律监督工作规划,分步骤有序推进工作开展,并结合工作推进进度,做好相应的预算工作,支持数据共享平台和智能软件开发。第四,树立大数据思维意识。结合国家大数据战略和最高检大数据行动指南,加强检察人员教育培训,明确新时代检察大数据赋能法律监督的意义、使命,熟悉检察大数据赋能法律监督工作具体开展的原则、方法,使基层检察人员明白"为什么""怎么干"两个基本问题。第五,制定系统的管理办法。从浙江省的经验来看,建议先期由各省级检察机关建立专门的数据管理办法,对数据的收集、共享、挖掘、分析、安全保障等环节,以及大数据的构建原则、适用范围、结果运用、考核激励等予以规定,尤其是要划清合理使用的边界,树立依法维护公民权利的意识,注意将司法伦理融入算法构建、将司法规律融入大数据结果应用,待时机成熟后,由最高检制定全国性的数据

管理规定并予以试行,全面积累经验后再出台正式的数据管理规定。第六,加强针对性的实践研究。检察大数据赋能法律监督是一项实践性很强的工作,即使在检察应用理论研究中也处于边缘地位,未来还需要进一步结合不断变化的司法实践增加研究资源的投入。

新时期,检察机关改革举措频频,重点工作任务项目多、要求高,在这些众多改革举措和重点任务项目中,检察大数据赋能法律监督工作发挥了基础性作用。不仅智慧检务建设需要以检察大数据为底座,社会治理检察建议、企业适法第三方评估与审查也需要检察大数据提供数据支持。此外,检察大数据建设应与检察履职一体化举措相契合,检察大数据建设要先统合检察机关各部门的数据资源,检察大数据也可以为检察履职一体化提供线索来源,从而有利于部门之间协同办案,提升法律监督整体质效。

第八章　检察公益诉讼专门立法模式研究

自 2017 年检察公益诉讼制度全面实施以来,其在办案规模、保护成效、社会效果等方面都取得了长足的发展。但当前涉及检察公益诉讼的各类条文散见于不同的规范之中,具体规则也较为粗疏,对检察公益诉讼制度的可持续发展产生了一定的制约。考察当前的司法实践,无论是行政公益诉讼,还是民事公益诉讼、检察公益诉讼,其模式构建均采用了在程序法中嵌入特别条款的模式,即"嵌入式立法模式"。而后,以《民事诉讼法》《行政诉讼法》的特别条款为基础,《中华人民共和国英雄烈士保护法》《中华人民共和国未成年人保护法》《中华人民共和国个人信息保护法》等单行法进一步拓宽了检察公益诉讼制度的具体适用领域。此外,为规范检察公益诉讼的司法实践,最高检、最高法也陆续出台了若干关于检察公益诉讼司法应用的司法解释,如《人民检察院公益诉讼办案规则》(以下简称《办案规则》)、《最高人民法院、最高人民检察院关于检察公益诉讼案件适用法律若干问题的解释》(以下简称《两高公益诉讼解释》)等。总体上,当前检察公益诉讼的司法规范中司法解释占比较多,法律规定占比较少。尽管此种分散模式具有灵活便利的优势,但随着检察公益诉讼的快速发展,其复杂性与独特性开始呈现。作为指向宽泛的全方位创新,其程序设计、诉讼实施、体系衔接都不同于传统诉讼。①过往公益诉讼制度

---

① 巩固:《公益诉讼专门立法必要性刍议》,载《人民检察》2022 年第 6 期。

取得的丰富成果证明了公益诉讼专门立法的可行性,根据当前公益诉讼制度的发展情况,应先针对检察机关这一诉讼主体制定一部专门法。①当然,由于最终公益诉讼立法面向的是三大诉讼主体,因此在检察公益诉讼的立法过程中须将检察机关与其他两大主体的衔接关系考虑在内,构建良性互动模式。简言之,基于检察机关作为法律监督机关的定位,检察公益诉讼在诉前监督、审理裁判、判决执行等方面呈现出不同的特点,现有条文难以满足实践需求。《十四届全国人大常委会立法规划》已将制定"检察公益诉讼法(公益诉讼法,一并考虑)"列入第一类项目,针对当前规则供给不足等现实情况,有必要针对诉前、诉中、诉后三阶段程序所涉的核心疑难问题进行深入研究,为检察公益诉讼专门立法提供理论支撑。

第一节　检察公益诉讼诉前程序立法问题研究

一、民事公益诉讼诉前程序的立法完善

民事公益诉讼因其确立较早,在程序规范、实践做法等方面更加成熟。然而,考察当前的司法实践,除了存在此前的共性问题外,仍然有部分专门问题需结合民事公益诉讼诉前程序的特点在立法上予以完善。

（一）民事公益诉讼诉前程序的程序价值

当前法律层面,检察机关介入民事公益诉讼主要依靠直接起诉与支持起诉两种途径,其中诉前程序作为分流两者的桥梁,对于民事公益诉讼的程序运行具有重要意义。诉前程序指在诉讼阶段论下,于进入诉讼程序之前的制度设计。在公益诉讼领域,诉前程序具有一定的特殊性;在民事公益诉讼领域,诉前程序则体现为检察机关在提起民事公益诉讼之前,采用多种方式督促、支持法律规定的机关和有关组织提起公益诉讼的程

---

① 张嘉军:《尽快推进检察公益诉讼专门立法》,载《人民检察》2023 年第 11 期。

序设计。诉前程序的程序价值主要体现在保证检察机关行使权力的谦抑性与节约司法资源等方面。对于前者,由于社会性非诉讼监督的存在,检察机关行使公权力时应当保持中立、谦抑,避免对私权利的过度干预。这体现在诉前程序是检察机关直接起诉前的必经程序,当存在检察机关以外的适格主体提起诉讼时,检察机关便不能行使其诉权,也无法以共同原告的身份参与诉讼。换言之,诉前程序确保了检察机关参与诉讼的补位性。对于后者,诉前程序的存在也有助于积极督促相关机关、组织及时介入,通过民事公益诉讼保护公共利益。无论是通过行政机关履职,还是社会组织诉讼,都对节约司法资源而言具有积极意义。

(二)民事公益诉讼诉前程序的现存问题

首先,适格主体较为模糊。根据《民事诉讼法》第五十八条第二款、《两高公益诉讼解释》第十三条等规定,检察机关提起公益诉讼前应当进行公告。然而,条文本身并未明确界定"法律规定的机关和有关组织"的范围,实践中公告的面向对象、检察机关应督促的主体等也较为模糊,使得诉前公告程序流于形式,难以实现诉前程序激活社会自我救济恢复能力的应有目的。

其次,程序适用范围不甚清晰。当前对于检察机关可提起民事公益诉讼案件范围的规定散见于不同条文中,但不同条文对诉前程序的范围与检察机关可提起民事公益诉讼的范围的规定并不统一,对统一诉前程序适用造成障碍。如根据《民事诉讼法》及相关解释的规定,检察机关可起诉的案件范围为"破坏生态环境和资源保护、食品药品安全领域侵害众多消费者合法权益等损害社会公共利益的行为",而《两高公益诉讼解释》进一步扩展了受案范围。尽管当前检察机关正积极进行"等"外领域探索,但基于不同条文间的效力不同,此类"等"外案件是否可适用诉前程序的范围并不明确。这在一定程度上制约了检察机关督促适格组织履职的效能,也不利于支持起诉职能的发挥,为民事公益诉讼程序的运行带来一定负面影响。

最后,具体规则尚待细化。就具体条文内容而言,现行法律法规对诉前程序规定得较为粗疏,对于公告、支持起诉等方面仅有原则性规定,为具体实践操作带来了一定的阻碍。一方面,关于公告程序,《两高公益诉讼解释》第十三条仅对公告期限作出规定,并未对公告发布的形式、应当具备的内容、覆盖的范围等予以说明,不利于司法实践的统一,至于如何确保相关组织能够及时获知从而确保公告的实效性也存在一定的疑问。另一方面,关于检察机关应如何支持起诉,立法未作出相应规定。从《民事诉讼法》等条文的表述来说,检察机关支持起诉的条款属任意性条款,且支持起诉工作如何开展、如何适用等均未得到明确规定。

(三)民事公益诉讼诉前程序的立法完善

第一,明确起诉主体及顺位。对于起诉主体,立法可根据不同领域案件的类型进一步明确"法律规定的机关和有关组织"的具体内涵。如针对海洋环境保护,《中华人民共和国海洋环境保护法》明确规定"有关海洋监督管理部门"可以代表国家对责任者提出赔偿请求,其他常见公益侵权案件亦可参照此类规定,明确相关起诉主体,以免出现"责任分散"现象,导致起诉主体履职积极性不高。而关于起诉顺位,根据现行制度规定,民事公益诉讼原告资格顺位通常为社会组织优先于检察机关。如何理顺检察机关与社会组织的诉讼关系是公益诉讼立法中值得再次思考的问题。[1]一方面,诉讼能力与诉讼顺位不匹配。社会组织诉讼能力、诉讼经验相较于检察机关明显偏弱,但在制度设计上被赋予了优先顺位;检察机关诉讼能力强、办案经验丰富,但排在靠后顺位。另一方面,民事公益诉讼原告资格顺位的设置造成办案周期长。实践中极少有社会组织在公告期间认领案件向审判机关提起诉讼,绝大多数公告制度近乎程序性空转,导致办

---

[1]　湛中乐:《公益诉讼立法破局关涉的六个基础性议题》,载《人民检察》2022年第7期。

案周期长、司法成本上升。在民事公益诉讼中,从检察机关和社会组织均代表社会公共利益这一角度来看,理论上可探索赋予二者同等顺位的诉权。从目前民事公益诉讼的司法实践角度来看,检察机关提起的民事公益诉讼占多数,其诉讼能力更强,对公益保护力度更大。故在专门立法中,检察机关和社会组织享有同等顺位的诉权是未来立法的目标,现阶段可以通过缩短公告期等方式逐步向远期目标靠近。

第二,简化诉前公告程序。鉴于实践中社会组织受限,其提起民事公益诉讼的积极性有限,而在修复公共利益要求快速反应的背景下,长达30天的公告期限在一定程度上影响了及时、有效地保护社会公益或修复受损的社会公益。同时,诉前公告程序应落脚于支持起诉,其关注的重点应是公告的实效性。为避免公告程序虚置,浪费大量司法资源,一方面,根据《办案规则》第四章第二节第九十一条第二款的规定,公告应当在具有全国影响的媒体上发布;另一方面,从高效保护公益、节约司法成本的角度来看,建议适当缩短公告期限,除具有全国性影响的重大公益诉讼案件外,可以在省级媒体上公告,公告期可以缩短至十五日。关于检察机关支持起诉的具体程序,则可以进一步明确规定检察机关可采取的举措,如案件线索分享、协助取证、诉讼指导等。此外,针对刑事附带民事公益诉讼的公告,由于实践中,民事公益诉讼的公告期严重拖慢刑事案件的办案节奏,而且绝大多数公告制度近乎程序性空转,没有相关社会组织认领案件。建议条件成熟时,取消刑事附带民事公益诉讼公告,或者部分缩短公告期,如缩短至七日。

第三,明确诉讼管辖规则。建议民事公益诉讼案件诉讼管辖下放,与立案管辖保持一致。一方面,大量的刑事附带民事公益诉讼起诉、审判实践表明,基层人民法院具备办好普通民事公益诉讼案件的能力。另一方面,基层检察院立案管辖民事公益诉讼案件移送同级法院审理会更高效便捷,基层人民法院审理案件更方便,必要时可以实地调查。至于重大、疑难、复杂的民事公益诉讼案件,可以提级由中级人民法院受理。

二、行政公益诉讼诉前程序的立法完善

行政公益诉讼是检察公益诉讼的重要组成部分,诉前程序则是提起行政公益诉讼必经前置程序,较之诉讼程序具有更为鲜明的监督性、协同性、独立性、从属性,在实践中发挥着巨大的价值功能。

(一)行政公益诉讼诉前程序概况

第一,关于行政公益诉讼诉前程序特性。行政公益诉讼诉前程序是行政公益诉讼案件提起诉讼之前的审查程序,以向行政机关制发检察建议为核心,并以此作为诉讼的必经前置程序。较之诉讼程序,诉前程序具有自身特性。一是监督性。检察机关作为国家的法律监督机关,依法监督行政机关公权力的运行是其职责所在。在行政公益诉讼中,检察机关通过磋商或者制发检察建议等方式,督促监督行政机关依法全面充分履职。二是协同性。行政机关是公共利益第一顺位的代表,其不仅具有保护公益的法定职责,还有能力和资源保护好社会公益。[1]公益诉讼诉前程序的特性与诉讼程序鲜明的对抗性形成显著对比,诉前程序体现了中华传统文化"和"的思想与实质性解决问题的务实思维。三是独立性。诉前程序包括立案、磋商、制发检察建议,公共利益的实质性保护完全可以在诉前阶段完成,并非必须进入诉讼程序。四是从属性。诉前程序的设立在法理基础上从属于诉讼程序,诉前程序的关键环节即制发检察建议,要与诉讼请求相衔接。上述特征是同一个问题的不同方面,统一于公益保护中。

第二,关于行政公益诉讼诉前程序的价值功能。诉前程序有助于行政机关主动履职,节约司法资源,提高效率。诉前程序已成为办理行政公益案件的主力军,绝大多数公益损害案件都在诉前得到解决。2017 年 7

---

① 胡卫列:《国家治理视野下的公益诉讼检察制度》,载《国家检察官学院学报》2020 年第 2 期。

月至 2022 年年底,全国共制发公益诉讼诉前检察建议 58.4 万余件,行政机关诉前阶段回复整改率达到 99.8%。[①]2023 年 1 月至 9 月,检察机关在行政公益诉讼案件中提出诉前检察建议 9.6 万件,98.4% 的案件在诉前得到解决。[②]

(二)行政公益诉讼诉前程序的困境

首先,诉前磋商制度尚待细化。诉前磋商虽然不是检察公益诉讼案件办理的必经程序,但在发现行政机关未能依法履职、造成公共利益受损后,检察机关制发检察建议、提起公益诉讼的成果效率很大程度上依赖于诉前磋商程序的评估结论。因此,诉前磋商工作的扎实与否关系到检察积极履职能否真正落实。较之检察建议,诉前磋商以柔性的监督方式,与行政机关形成公益保护合力。《办案规则》第三章第一节第七十条简要规定了磋商制度。引入磋商机制是对制发检察建议单一路径的补充[③],丰富了诉前程序保护公益途径。磋商更加强调与行政机关的沟通互动,避免检察建议单向、无互动的缺点,大幅度降低行政机关的对抗情绪,以柔性方式创造平等对话的平台,体现了检察权的谦抑性,既发挥监督职能又不过度干预,同时完善了行政机关对检察监督的异议制度。[④]磋商形式简洁高效,从而推动问题的快速实质化整改。从效果上来看,诉前磋商也可作为一种调查手段,提高监督的专业性、规范性,以此助推诉前监督的权威性,帮助检察人员与行政人员平等对话,分享对案件证据、事实认定、法律适用的认识,全面了解掌握公益保护的专业行政知识。诉前磋商还可

[①] 《5 年来,公益诉讼检察取得这些发展》,载新华社客户端,https://baijiahao.baidu.com/s?id=1758971858668516356&wfr=spider&for=pc,2023 年 11 月 20 日访问。

[②] 《最高检发布今年前三季度全国检察机关主要办案数据 "四大检察"法律监督质效稳步向好》,载中华人民共和国最高人民检察院网,https://www.spp.gov.cn/spp/xwfbh/wsfbt/202310/t20231025_631714.shtml#1,2023 年 11 月 20 日访问。

[③] 马超:《行政公益诉讼诉前磋商机制》,载《华南理工大学学报(社会科学版)》2021 年第 4 期。

[④] 方颉琳、冯庆俊:《通往行政公益诉讼诉前程序实质化之路——以检察机关和行政机关良性互动为视角》,载《行政与法》2022 年第 7 期。

以起到将案件繁简分流的作用,对于案情简单、公益受损程度低、行政机关愿意积极整改的案件,可以适用磋商制度。然而,当前立法对于行政公益诉讼的诉前磋商制度仅作了较为原则的规定,不利于发挥制度的应有作用。

其次,检察建议存在单向性难题。作为非强制性法律监督方式,检察建议具有更多的谦抑性、替补性。为行政执法"查漏补缺"、加强检察权与行政权合作互补应当是检察建议制发的首要目标,也可以说是诉前程序的核心。但考察当前的司法实践,不难发现检察建议依然客观面临着单向性难题。通常,行政公益诉讼诉前检察建议以命令式行政色彩为主,呈现出决定主体的单一性,行政机关表达异议的渠道也十分有限。①相较于保护公益第一顺位的行政机关,在专业性较强的领域,检察机关对问题研究理解的深度往往不足,据此制发的检察建议的科学性、精准性有待提高。这种单向性难题,可能有损检察机关的法律监督者权威和检察建议的公信力,也会导致行政机关整改困难或者对不切实际的检察建议产生对抗情绪,可能拒不整改或整改不到位,最终使得保护公益的价值追求难以实现。

最后,行政机关履职标准不明。根据《行政诉讼法》第二十五条的规定,检察机关提起行政公益诉讼的前提是检察机关对负有监督管理职责的行政机关违法行使职权或者不作为提出检察建议后,行政机关仍不依法履行职责。然而,现行法律规范中并未明确"依法履行职责"的含义,加之不同案件的具体情节纷繁复杂,加大了认定依法履职的难度,由此对检察机关提出了更高的要求。一方面,认定标准仍未达成一致。换言之,究竟是采取形式标准,只要行政机关采取措施便可认为履行了职责,还是采取实质标准,需要受损的公共利益得到恢复,无论是理论界还是实务界都

---

① 秦天宝、杨茹凯:《论行政公益诉讼中检察权与行政权良性互动之路径建构——以诉前程序的改良为视角》,载《江苏行政学院学报》2023 年第 4 期。

仍然存在分歧。另一方面,在履职期限上,法律规定的一般履职期限为两个月,而该期限应认定为回复期限还是履行职责期限同样未能得到明确。

(三)行政公益诉讼诉前程序的立法完善

首先,强化检察建议刚性。一是进一步确定举证责任限度。在当前实践中,检察建议制发的证明责任通常较高,我们认为,与诉讼环节证明责任不同,检察建议只需达到盖然性证明标准,即检察机关只需认定行政机关的违法行为与公众利益受损存在高度可能性,就可向行政机关制发检察建议。[①]若检察机关承担的举证责任过重,则会与诉前程序的灵活性、快捷性功能目标相悖。二是精准认定被建议单位性质。由于公益损害案件往往涉及范围较广,对行政机关监管责任划分较为复杂,因此当被建议单位怠于履职引发公众利益受损时,检察机关应当先确定执行具体行政行为、承担行政职责的机关单位,明确监督对象,找准监督要点。三是检察建议的具体内容应当是具有相当的针对性和操作可能性的具体措施,不能过于笼统。针对侵害公共利益的具体行为特性,应提出具体明确、具有实操性的措施。如针对个人信息保护领域的公益损害案件,可以建议负责管理的行政机关采取加强信息安全、建章立制、堵塞漏洞、建立系统安全等措施。在提出针对性建议的基础上结合"以点带面"的方式,对其他可能存在问题的方面进行同步提点,但应注意详略得当,重点突出具体性措施建议。四是建议根据诉前检察建议的性质进一步细化规范建议的主要内容,且应强化行政机关的回复义务,同时规定检察建议的内容应与诉讼请求相衔接。

其次,优化磋商机制衔接。建议专节规定诉前磋商制度,以柔性前置增强后续检察建议的刚性。第一,具体细化明确磋商的启动条件、程序。第二,明确"以诉前磋商是制发检察建议的必经前置程序为原则,以直接

---

① 胡婧、朱福惠:《论行政公益诉讼诉前程序之优化》,载《浙江学刊》2020 年第 2 期。

制发检察建议为例外"。如对于安全生产重大隐患等情况危急的公益案件,可以不经诉前磋商,直接制发检察建议。第三,磋商内容以会议纪要等形式记录并签名,同时明确磋商的效力,对经磋商仍未全面充分履职的行政机关,可以规定一定的保障措施。如向同级人大报告,向同级纪检监察机关通报,或通过上级检察机关向上级主管机关通报。第四,专门立法还需明确磋商的整改回复期限,可以设置弹性回复期限。如根据案情及磋商情况,协商确定 15 天以上、3 个月以下的整改期限。

最后,明确行政机关履职标准。当前,检察机关衡量行政履职标准的通说共有"行为论""结果论""综合论"三种,我们认为以最后一种作为衡量个人信息保护方面行政执法履职完善与否的标准最为合适。为明确判别标准,可采取以下三步进行分析:第一,审查侵害公共利益的违法行为是否已经停止;第二,评查被违法行为损害的公共利益是否已经获得保护;第三,若上述评价结论均为否,则确认行政机关是否主动、积极履职;第四,若上述结论均为否,且案件不存在受损公共利益无法恢复的客观不能的情况,则应当提起行政公益诉讼。通过确立判断是否履职的四步法,有助于及时、准确地提起行政公益诉讼。而对于履职期限,我们认为应该采取多元说,根据具体的案情结合实际损害情况,合理评估期限内检察机关是否依法履职。

第二节　公益诉讼审理程序立法问题研究

一、公益诉讼起诉条件

（一）现存问题

对于行政公益诉讼案件,其是否提起诉讼多依照《行政诉讼法》第二十五条的规定,而该条对于起诉条件的规定较为明确,因此实践中对于起诉条件的适用疑难多集中于民事公益诉讼领域。同时,对于民事公益诉讼案件,其是否提起诉讼仍主要参照了《民事诉讼法》第一百二十二条等一般规定,在一定程度上缺乏针对性。尽管近年来公益诉讼的快速发展证实了这一模式的实效是基本令人满意的,能够保证公益诉讼监督过程中绝大多数有必要进入司法裁判环节的案件都能分配到适当的司法资源,但检察机关在办案过程中,仍然遇到了一些需要通过公益诉讼单独立法来进行调整的有关起诉条件的问题。我们认为主要有以下两点较为突出:一是公益诉讼在立案时对诉之利益大小的必要性界定存在不确定的情形;二是我国现行法律对公益诉讼的立案与诉前程序衔接的规范仍有较大提升空间。

(二)立法完善进路

一方面,民事公益诉讼虽然与民事诉讼在诉讼主体、诉的利益实现等方面存在诸多相似之处,但公益诉讼的目的是保障特定或不特定多数人的公共利益,与民事诉讼中的代表人诉讼还是有着显著差别的。公益诉讼的诉的利益经常存在大小不确定的特点,比如在环境公益诉讼中,虽然有环保部门和相关学科的相关指标加以辅助判断,但仍然很难量化当事人污染环境的违法行为带来的危害结果,进而在判断是否达到立案标准时遇到困难。当然,环境公益诉讼还可以通过施以惩罚性赔偿的方式进行救济,但要进入这一救济途径仍然绕不开估量危害结果这一前置环节。这一问题在其他类型的公益诉讼中同样存在。简言之,关键在于理清如何在法律的层面上严谨地判断"公共利益之大小",而不是单纯依靠法官的自由心证。

对于这一问题,一种可以进行讨论的思路是在立法时借鉴统计学和社会学的相关知识和规律,在立法时为提起公益诉讼的检察机关设计一种量化的、可统计的公共利益大小衡量体系,该体系有相应的数据和案例支持,能够从时间、空间等维度相对精确地对违法行为对公共利益的破坏是否达到公益诉讼立案标准作出相应的判断。如环境公益诉讼中的水污染问题,可以从受影响的人数、被污染的水域面积、水资源恢复的时间长短等方面按比例、按系数进行计算,从而对污染行为作出相对具体的判断,从而避免在判断公益诉讼的立案条件时出现混乱。当然,这一体系的建立需要经过步骤严谨的论证,在总结实践经验的基础上不断完善。

另一方面,从公益诉讼的起诉条件与诉前程序的衔接上来看,应当认识到,私益诉讼与公益诉讼的主要差别之一就是公益诉讼的提起必须以穷尽救济手段或是达到某种必要性标准为基础要件,否则会造成司法资源的浪费,进而引起社会公众的质疑,可能带来不必要的负面社会效应。因此,公益诉讼立法时应当考虑到这一问题,我们建议将是否充分履行诉前程序作为立法时的考量因素。这里的"充分"既是形式上的又是实质上的,法律条文应当对检察机关在诉前程序中的履职尽责进行细化和确定化,从而保证法律程序的运转能够有章可循。①

二、公益诉讼案件的受案范围

（一）现存问题

考察司法实践,可以说公益诉讼的受案范围仍处在拓展之中。自2015 年 7 月全国人大常委会授权试点以来,检察公益诉讼实践从无到有、从萌芽到蓬勃发展,公益诉讼受案范围也从最初的生态环境和资源保护、食品药品安全领域,拓展至妇女权益保护、无障碍环境建设等领域,从"抓末端、治已病"拓展至"抓前端、治未病"。根据相关法律规定,检察机关可以在生态环境和资源保护、食品药品安全、国有财产保护、国有土地使用权出让及英雄烈士保护等领域开展公益诉讼。随着经济社会的快速发展、检察公益诉讼工作的深入推进,全社会公益保护需求越来越突出,党的十九届四中全会明确提出要"拓展公益诉讼案件范

---

① 秦天宝、杨茹凯:《系统论视角下检察权与行政权良性互动的实现——以行政公益诉讼诉前程序为场域》,载《学术研究》2023 年第 6 期。

围",《上海市人民代表大会常务委员会关于加强检察公益诉讼工作的决定》也明确指出,"检察机关遵循积极、稳妥、审慎的原则,可以围绕上海'五个中心'建设和经济社会发展,依法探索开展城市公共安全、金融秩序、知识产权、个人信息安全、历史风貌区和优秀历史建筑保护等领域的公益诉讼工作"。

随着检察机关公益诉讼业务的日趋成熟,公益诉讼涉及领域越来越广,已经形成"4+9+N"的格局,案件类型不断丰富拓展,呈现出多样化特点。以上海市检察机关为例,据统计,2020年7月—2023年5月,上海市检察机关立案办理公益诉讼案件 7 380 起,发出诉前检察建议和公告 4 084 件,向法院提起诉讼 400 件,可谓成果丰硕。①不过,当前公益诉讼的受案范围的法律规范呈现分散性特点,除《民事诉讼法》《行政诉讼法》两部程序法列明外,其余均由制定或修订单行实体法拓展公益诉讼的办案领域,具有明显的分散性。②伴随着公益诉讼由顶层设计到实践探索的发展路径,相关法律规范天然地形成了该特点。截至2023年9月,已有22部现行法律规定了检察公益诉讼条款,涉及14个法定领域。③以单行法列明的方式增加公益诉讼法定受案范围,对公益诉讼的高质量发展具有重大意义,体现了"稳妥"开展公益诉讼的要求,但"积极"全面保护公益

---

① 施俊:《打造公益诉讼的上海样本——本市贯彻实施关于加强检察公益诉讼工作的决定情况综述》,载《上海人大月刊》2023年第7期。

② 公益诉讼受案范围的法律规范及施行日期:《中华人民共和国民事诉讼法》(2024年1月1日)第五十八条、《中华人民共和国行政诉讼法》(2017年7月1日)第二十五条、《中华人民共和国英雄烈士保护法》(2018年5月1日)第二十五条、《中华人民共和国未成年人保护法》(2021年6月1日)第一百零六条、《中华人民共和国军人地位和权益保障法》(2021年8月1日)第六十二条、《中华人民共和国安全生产法》(2021年9月1日)第七十四条、《中华人民共和国个人信息保护法》(2021年11月1日)第七十条、《中华人民共和国反垄断法》(2022年8月1日)第六十条、《中华人民共和国反电信网络诈骗法》(2022年12月1日)第四十七条、《中华人民共和国农产品质量安全法》(2023年1月1日)第七十九条、《中华人民共和国妇女权益保障法》(2023年1月1日)第七十七条、《中华人民共和国无障碍环境建设法》(2023年9月1日)第六十三条。

③ 《以习近平法治思想为指引 加快推进检察公益诉讼立法》,载中华人民共和国最高人民检察院网,https://www.spp.gov.cn/spp/zdgz/202310/t20231020_631175.shtml,2023年11月19日访问。

的效率稍显不足。为优化检察机关公益诉讼履职工作，可通过上位法对受案范围作进一步明确。

（二）立法完善进路

从宏观上说，扩大起诉范围是我国检察公益诉讼制度发展的必然趋势。这既是我国治理体系与治理能力现代化的要求，又是维护公众利益和以检察工作现代化服务中国式现代化的本质要求，是以人民为中心发展思想的一个重要表现。目前，我国检察公益诉讼的受案范围扩大具有主体多元化、扩展形式多样、扩展边界模糊等特点。在充分肯定扩大检察公益诉讼受案范围重要性的同时，也应对此予以适当限制，并在实体与程序两个层面加以限定。在实体上，要对法定主体的扩张进行规制，对其范围进行合理界定，并对两者之间的界限进行准确划分。在程序上，应对其提起附带条件进行限定，并对其进行形式审查和实质审查。只有在实体层面和程序层面对其进行适当的限定，才能防止对其受案范围进行不正当扩张，使其制度功能得以最大限度地发挥。①

在具体操作层面，建议采取"重点列举＋概括兜底"方式②，明确检察机关对生态环境和资源保护、食品药品安全、国有财产保护、国有土地使用权出让、未成年人保护、军人地位和权益、安全生产、个人信息保护、特殊群体合法权益保护、无障碍环境建设等领域损害国家利益和社会公共利益的行为，可以提起公益诉讼。我们认为，可在前述模式的基础上建议增加"及其他法律规定的领域等"，充分吸收现行已制定或修订法律的成果，亦可避免难以穷尽列举的难题，并为未来审慎严谨地动态调整公益诉讼法定领域预留空间；同时，基于全面保护公益的精神，对行政公益诉讼作"等"外规定的适用，概括兜底。

---

① 高瑞：《检察公益诉讼受案范围拓展研究》，载《石河子大学学报（哲学社会科学版）》2022年第2期。

② 段文龙等：《检察公益诉讼专门立法问题研究》，载《人民检察》2023年第8期。

三、公益诉讼案件的管辖

（一）现存问题

首先，集中管辖的适用不清。一是集中管辖这一概念并不明确，却被任意运用。在民事公益诉讼中，与基层人民法院相比，初审案件由中级人民法院直接受理，即属于提级，也可以说是垂直的集中管辖，或者是在一个地区的水平上的集中管辖。但是，集中管辖在行政公益诉讼中的具体含义，却没有明确的界定。到现在为止，我国的《民事诉讼法》和《行政诉讼法》已经多次修订，但是我国的《民事诉讼法》和《行政诉讼法》中都没有"集中管辖"这一提法。二是集中管辖的方式比较混乱。具体实例包括在上海铁路运输中级法院基础上加挂牌子设立的全国首家跨行政区划的上海市第三中级人民法院、对江苏全省环境资源案件实行集中管辖的江苏省南京环境资源法庭、长沙铁路运输法院、郑州铁路运输中级法院，以及一些省在全省范围内的所有区域或部分区域实行流域管辖。实践中往往出现多种方式，不仅是法律职业共同体之外的人士，哪怕是实务中的法律工作者，也难以完全把握各个地区的具体情况。三是据《两高公益诉讼解释》规定，一些案件的初审可被提级到中级人民法院进行审理，但在实际操作中，部分中级人民法院将这一类型的案件直接委托给基层人民法院，由此产生了法律规定的空转，案件在中级人民法院和基层人民法院之间来回往返。四是我国在行政诉讼管辖上的改革，既存在遵循提级管辖、交叉管辖和相对集中管辖原则的情形，又包括"多轮行政诉讼管辖权改革的副产物"——集中管辖、与行政区划分离的相对集中管辖、专门法院的排他管辖等。在探索不同管辖模式的过程中，存在着较一般行政诉讼更多的管辖难题。从字面意思来看，很容易让人产生混淆。另外，上述改革面临一个共同的问题，即缺乏足够的法律基础。

其次，跨地域管辖的实践疑难。管辖制度的"乱"，还部分体现在突破了传统的地域管辖模式,使法院在受理案件时存在诸多不确定因素。而在此过程中,检察机关必须与管辖法院相对应,在一定程度上处于弱势地位,从而给其原本的组织体系和权力行使秩序带来了一定的实践疑难。比如,同样是省级行政区域,北京市四中院集中管辖的公益诉讼案件只能由市检察院对应的分院提起诉讼,上海市三中院集中管辖的该类案件也只能由市检察院对应的分院提起诉讼。但是,两地实际发生的地区(县)检察院虽与其所在的中院在同一座城市,却没有直接起诉的权力。这一模式强调的是要有相应的层级才能起诉,所以检察机关采取了提级起诉的方式,而区(县)检察院虽然有立案和调查取证的方便,但因为级别不同,没有权力起诉。相对地,南京市中级人民法院借鉴经验,将管辖范围扩大到南京市以外的区域,而相关检察机关作为与南京市中级人民法院同等级别、同在一个城市的机关,却没有管辖权。虽然南京市中级人民法院与泰州、南通、常州三个城市的检察院并不属于同一个管辖范围,但这些司法机关不但可以进行立案、调查、取证,而且可以在南京市中级人民法院进行跨地区诉讼。这一模式兼顾了案件发生地检察机关的立案、调查和起诉的方便性,将起诉权移交给异地检察机关,而没有考虑到管辖法院所在地的检察机关的方便。[①]这两种模式暴露出的问题在于,北京和上海都是由同一城市的同级检察院向相应的法院提起诉讼,江苏则是由同一省份的同一城市的检察院向相应的法院提起诉讼。此时便产生了一个问题,即在省级行政区之间,是否可以由检察院进行跨地区起诉。而且,如果是跨省管辖,那么一个省的各级检察院是否可以对其他省的各级法院提出诉讼呢?事实上,通常情况下,民事公益诉讼基本是由基层检察机关立案调查后,再在当地的基层人民法院提起公诉,也可以突破地域限制,在不同级别的法院提起公诉。但是,法院在不同地区实施各种提级管辖和集中管辖,

---

① 刘艺:《行政公益诉讼管辖机制的实践探索与理论反思》,载《国家检察官学院学报》2021 年第 4 期。

检察机关在这一点上与法院严格相对应时,不可避免地会把立案、调查、起诉和审理分开,导致有立案、调查、起诉便利的检察机关不能起诉,起诉的检察机关也没有立案和调查的便利,还需要对案件再行审查。而在行政检察领域,为突破地域保护主义、本土"必胜客"等消极效应,各地探索开展的跨地域管辖情形颇为复杂,如何加强检察机关在起诉时与法院之间的协调配合,已成为一个极大的难题。应当说,我国立法对各种特别管辖权的规定,是为了满足个案的特定需求,但是,在实际操作中,又以特别管辖权为基础,对案件进行了全面的审理,这似乎违背了设立特别管辖权的立法本意。

最后,协作协调与依法独立行使职权的合理调和。检察机关不得跨地域、跨层级起诉,案件的立案、侦查、起诉等都要依赖配合。为优化协作协调效果,最高检已经着手开展这方面的工作。同时,许多地区纷纷设立了司法管辖权协调机制。宪法对于检察机关所确立的一个基本的司法原则是,检察机关必须依法独立地行使检察权,不得受到任何行政机关、社会组织或个人的干预。故关键在于,为了实现检法在层级和地域上的对应,在处理大量的案件时,需要在不同层级、不同地域的检察机关和国家机构或组织之间进行复杂的合作和协调,并确保不受到行政机关、社会团体和个人的干预。

(二)立法完善进路

要想破解上述三个层面的疑难之处,关键在于解答检察机关提起公益诉讼过程中的三个问题:一是基层或下级检察机关是否能够纵向跨越行政区域,向上一级或更上一级检察机关的相应法院起诉? 二是同一行政区域内的检察院是否可以在地域上进行横向交叉,并将其移送到其他地区的各级法院? 三是在公益诉讼中,公诉方的地位与普通民事诉讼和行政诉讼中的原告到底有什么不同?[①]如果这些问题都得到了解答,那么

---

① 刘松山:《检察公益诉讼中检法对应关系之改造》,载《政法论坛》2023 年第 6 期。

在公益诉讼过程中,检察机关与管辖法院之间的关系,就可以得到很好的解决,与之有关的一切程序问题,也都可以迎刃而解。我们认为,对于第一个问题和第二个问题,在公益诉讼立法时,应当基于检察一体化理论,在案件办理流程和案件管辖的顶层设计中着重考虑线索移送和监督系统与管辖问题的互动,结合"异地用检"等制度,引入联合办案组等形式,在不违背现行法律的前提下,对目前公益诉讼案件的管辖问题进行有效回应。对于第三个问题,公益诉讼中的公诉方不仅需要在公益诉讼全过程中对公益进行保护,还需要在这一过程中对相关的行政机关进行监督,这一点亟须在公益诉讼立法中得到体现。而对于更为普遍的级别管辖问题,在一般情况下仍然应当以管辖层级相对应为原则,确保公益诉讼管辖与抗诉、执行等环节的衔接流畅。同时,构建公益诉讼管辖权下放制度,便于相关案件调查取证等,适应当前办案需要。①

四、公益诉讼的调查取证

(一)现存问题

在公益诉讼实践中,取证工作的开展十分重要,完善调查取证权具有强烈的实践需要。证据的重要性不言而喻,诉讼领域一直有"打官司就是打证据"的说法,办理公益诉讼案件需要依法、客观、全面地收集证据。但公益诉讼办案实践中,检察机关面临取证难度大、证明标准高、举证责任重等困难,故需要进一步完善调查取证权。

首先,公益诉讼案件领域分布广、专业化程度高、新问题新类型多、线索反映的信息少,取证难度大。如公益受损发生地的"最后 500 米"问题。检察人员排查梳理公益办案全息辅助系统案件线索时,时间可能在夜晚(光污染问题),地点可能非常偏僻,地图导航往往仅能帮助解决涉案点位

---

① 孙佑海、张净雪:《检察公益诉讼专门立法的理论基础和法律框架》,载《国家检察官学院学报》2023 年第 3 期。

500 米范围内的位置,相近点位未出现公益受损情形时,检察人员自行寻找的难度大,可能面临公益受损点位"看似近在眼前、实则远在天边"的困境。此时若举报人或附近熟悉情况的居民提供精确信息,则将事半功倍。将《办案规则》中调查方法(如询问相关人员及配合调查义务)优化上升至法律层面,对助力检察机关解决取证难问题大有裨益。

其次,公益诉讼案件证明标准高。刑事案件的证明标准要达到"排除合理怀疑"。民事诉讼的证明标准要达到"高度盖然性"。我们认为,公益诉讼的证明标准介于二者之间。较高的证明标准需要相应的调查核实权与之匹配。

再次,在检察公益诉讼办案实践中,检察机关承担的举证责任重。无论是作为客观诉讼的行政公益诉讼案件,还是作为社会公共利益代表的民事公益诉讼案件,无论是在对符合法定条件和履行诉前程序的内容承担举证责任时,还是在诉讼过程中,"检察机关实际承担了较重的举证责任"[①]。

最后,增强检察建议刚性的需要。既然诉讼请求与检察建议相互衔接,证据体系在制发检察建议时就应力争达到"事实清楚、证据充分"标准,这也对公益诉讼的调查取证提出了更高的要求。

可以说,在公益诉讼过程中,检察机关采取什么样的调查方式,既决定了公益诉讼证据收集的结果,又是对其理论合理性的一次重要考验。这是关系到公益诉讼检察制度能否良性运行的一个重要课题。公益诉讼的何种调查取证模式,指检察机关依据何种职权、采取何种方法和程序对所搜集的证明材料进行调查。不过,考察现行制度规范可知,检察机关实质上能够采取的调查核实手段十分有限,诸如查封、扣押、冻结等强制措施手段均没有得到法律授权,《人民检察院提起公益诉讼

[①] 林仪明:《我国行政公益诉讼立法难题与司法应对》,载《东方法学》2018 年第 2 期。

试点工作实施办法》赋予的调查取证权也没有明显的强制性。对于这一问题，学界存在着不同观点。有观点认为，公益诉讼中检察机关的调查取证以自然的民事取证方式为主，不具备一般性。在这一背景下，我国检察机关应当确立自己特有的公益诉讼证据收集方式，并对其进行规范。另一种观点则是，"调查"已经成为我国刑事诉讼程序中的一项法律证据。《两高公益诉讼解释》赋予了检察机关"调查权"的功能，而我国现行的检察调查与取证模式则是一个良好的起点。也有观点认为，在我国，为了解决这一特定的问题，应该以法律的形式给予检察机关更多的强制执行权。例如，赋予其相当于刑事侦查职权的权限来解决这一难题。实践中，检察机关利用民事取证权，或者以共同执法的方式，借助行政"调查权"进行全方位的侦查取证，加重了"检察调查取证困难"。在刑事附带民事公益诉讼中，检察机关在调查过程中采取了附带性的做法，强化了取证方法的强制性，导致公益诉讼取证方法的正当性存疑。目前，我国对公益诉讼调查取证模式的认识尚不统一，实务中缺乏规范性，已成为制约我国检察权力合理分配、促进公益诉讼检察制度建设的重要因素。[①]这三种证据收集方式，在某种程度上可以推进检察机关的工作进程，实现其法定义务，但也有可能破坏公共权力的均衡，甚至背离法律监督的目的。因此，必须对不同于民事、行政和刑事的调查取证方式进行调整。换言之，公益诉讼调查取证的应然模式，既要坚持检察机关作为法律监督机关这一基本性质，又要坚持其应有的规范和程序，兼具公权力的性质，构建一种区别于民事、行政和刑事诉讼的不同的调查取证方式。

（二）立法完善进路

党的二十大在推动国家治理体系和治理能力现代化方面，明确提出

---

① 徐欢忠、徐本鑫:《调查核实权:公益诉讼检察调查取证模式的反思与调适》，载《昆明理工大学学报（社会科学版）》2023 年第 5 期。

要以"中国式现代化全面推进中华民族伟大复兴"①,以及"中国式法治现代化与全面推进依法治国战略一脉相承,与中国式现代化的本质要求息息相关"②。从法治现代化的角度来说,公益诉讼无疑是高水平实现中国式现代化进程的重要组成部分。而取证工作的开展,将直接影响到公益诉讼案件的审理过程与结果。检察机关采取什么样的调查取证方式,不仅关系到公益诉讼个案的审理结果,还与我国检察公益诉讼制度的总体成效密切相关。当前,我国在立法上尚未建立起一套完备的公益诉讼证据收集模式,更多的是注重加强检察调查取证的强制性,而在司法实务中,相关做法也并不一致。对此,应当加以统一明确。具体而言,《办案规则》第二章第四节专门规定了调查核实与证据收集方式,为办理公益诉讼案件、收集证据提供了指引;同时,《办案规则》起草和施行的过程,亦为完善公益诉讼检察调查核实权提供了参考文本和有益实践探索。如关于调查中是否可以采用查询金融财产的方式,《办案规则》起草过程中已有讨论,但因有意见认为检察机关在办理公益诉讼案件时查询金融财产缺乏明确的法律依据,《办案规则》作为司法解释难以做到明确规定③,故立法时可直接吸收该调查方式。

在立法中完善调查核实权时,一方面应吸收《办案规则》等规范的有益成果和经验,并将其提升至立法高度,另一方面应根据检察公益诉讼案件办案阶段,分阶段确定调查核实权的内容,特别是诉中调查取证权的保障措施。检察调查呈现"立案前初查—诉前调查核实—诉中调查取证—诉后调查核实"的阶段性特征。④调查核实权在立法中也应根据不同阶

---

① 习近平:《高举中国特色社会主义伟大旗帜 为全面建设社会主义现代化国家而团结奋斗》,载《人民日报》2022年10月26日,第1版。

② 胡明:《以中国式法治现代化全面推进法治中国建设》,载《政法论坛》2023年第1期。

③ 胡卫列、解文轶:《〈人民检察院公益诉讼办案规则〉的理解与适用》,载《人民检察》2021年第18期。

④ 徐本鑫、徐欢忠:《公益诉讼检察调查核实权的阶段性运行规则建构》,载《太原理工大学学报(社会科学版)》2022年第5期。

段,细化规定不同调查方式和强制程度。立案前初查与立案后的诉前调查核实需明确区分,立案后的诉前调查核实方式的丰富度、手段的强制性需明显高于立案前初查,进入诉讼程序之后的调查取证方式最丰富、强制程度最高,而诉后调查方式的丰富度、强制度相应降低。如在诉中调查取证时可以采取必要的强制性保障措施,对妨碍或拒绝协助检察机关调查的行为,根据情节轻重采取罚款、训诫等强制措施。此外,有关检察机关公益诉讼办案全程可采取限制人身自由或者查封、扣押、冻结财产等强制性措施的观点,我们认为值得商榷,但必要时可以采取证据保全措施,证据保全的决定机关则有待进一步研究。

五、检察民事公益诉讼案件的庭审模式

（一）现存问题

相较于行政公益诉讼,双方均为公权力机关的诉讼架构,检察民事公益诉讼因涉及私主体,而更易产生诉讼双方攻防失衡的问题,由此也对于检察民事公益诉讼案件的庭审模式构建提出了相应的要求。在民事检察公益诉讼中,检察权的行使是一项民事公诉权能,具有鲜明的权力表象。在这种情况下,检察公益诉讼的启动与刑事程序的启动具有相似之处,或多或少地具有国家公共权力对私人主体的不法行为进行强制性规制的色彩,这使得公权力很容易以公共利益的形式来约束私人权利。但是,相对于刑事诉讼中的公诉权而言,检察机关具有法定的诉讼责任基础,其诉讼资格实际上来自国家或者公共权力,这一权利在本质上属于国家或者社会大众。同时,作为公诉权之源的法律监督,也不是直接构成检察机关公益诉讼的实体。[①]所以,检察公益诉讼之于公诉,其首要目标不是为了实现"公"之义务,而是为了维护"公",即国家利益与社会公益之对象。也就

---

① 韩波:《论民事检察公益诉权的本质》,载《国家检察官学院学报》2020年第2期。

是说,检察公益诉讼之所以具有"公"的性质,是因为它以维护公益为宗旨,在此过程中不可避免地要运用公权力;其带来的限制也不能超出其保护公共利益的基本任务。

从广义上讲,公益诉讼之"公益"相对于"私益"之区分,使得公益诉讼案件中的受规制主体(被告人)对于公共利益的制约程度有别于刑事案件。因而,作为民事公益诉讼之一的检察公益诉讼,虽然从表面上看不能完全摆脱公权力的性质,但是其权利性质是显而易见的。准确地说,这是一种很难从私法中挣脱出来的"桎梏",至少从目前的司法实践来看,这还是一种借用民间纠纷解决机制的方式,也是检察机关的公益诉讼仍然属于民事诉讼范畴的原因。两者最根本的不同之处在于,虽然两者都属于公诉权,但"公"有其不同之处。这一点可以从以下几个方面来理解:一是从检察机关本身公益权能的性质来看,这是它的监督权力性质所决定的,也是促进公益诉讼发展、探索和建设国家治理体系和治理能力现代化的实践需要。二是从审判结构的角度来看,尤其是对法官来说,检察化后的检察权在经过加强后,在以规则三角结构为主要特点的民事审判过程中,将会对法官对诉讼结构均衡状况的控制能力产生更大的考验。法官居中裁判,当事人双方按照一定秩序进行攻防,这是一种较为理想的法庭诉讼状态。但是,在检察机关强有力的干预下,在目前的民事诉讼架构中,一方是公共权力行使者,另一方则是以私人主体为主的民事主体,法院在保持诉讼程序的基本结构均衡方面将承受一定的压力。在此情形下,如果继续推行"职权主义",则可能破坏民事诉讼的平衡。因而,在我国民事检察公益诉讼案件审理中,作为权力源泉的国家权力性质,对民事检察公益诉讼权利产生了潜在的影响,且该影响难以彻底消除。如何调节双方的权力关系,构建"一元中立"的审判机构角色,是探讨我国民事检察公益诉讼庭审模式的重点。

（二）立法完善进路

民事检察公益诉讼本身的特点要求保持司法机关的中立权威,使两种对立的力量处于均势状态,因此与职权主义相对应的对抗式庭审模式应运而生。从维护社会秩序和保护公众利益两个目标出发,世界各国的刑事审判模式都经历了从传统的以权力为中心的纠问型到以当事人为中心的对抗式庭审模式的转变。①那么,在与公益诉讼相比"更像公诉"的刑事诉讼体系中盛行的庭审方式,是否也会对相对薄弱的民事检察公益诉讼制度起到积极作用呢? 或者说,在民事公益诉讼中,原告方是否也有其适用的空间? 我们认为,对抗式庭审模式对于检察公益诉讼的建设存在促进作用,主要体现在以下三点:一是在立法尚未明确拓展受案范围的情况下,我国检察公益诉讼的受案范围较小,民事公益诉讼的受案范围尤甚。在民事公益诉讼中,因受到起诉范围和诉前程序的筛选,只有很少一部分案件进入裁判环节。与此同时,为加强对公益诉讼的审理,法院也出现了针对公益诉讼的"三合一"审理模式,即"三位一体"的公益诉讼模式。所以,在数量有限的情况下,采取对抗式庭审模式,将审判人员集中起来,具有一定的可行性。二是民事检察公益诉讼制度在一定程度上弥补了当事人诉讼成本高、诉讼迟延等缺陷。由检察院提出公益诉讼,自然不用再为诉讼成本发愁。而在公益诉讼中,因受诉讼类型的限制,被告往往是在环境案件中的大公司或者是消保行业的制造商和销售商,因此,相对于以个人为主体的民事诉讼,其支付能力也具有一定的优势。并且,与普通的诉讼主体相比,检察机关作为国家机构,其权力更大,对诉讼拖延的容忍度也更高。所以,在检察公益诉讼制度中,当事人主义模式的弊端很容易被弥补。②三是

---

① 易延友:《对抗式刑事诉讼的形成与特色——兼论我国刑事司法中的对抗制改革》,载《清华法学》2010 年第 2 期。

② 李双:《"以审判为中心"背景下的我国刑事诉讼模式改革》,载《湖北民族学院学报(哲学社会科学版)》2015 年第 5 期。

在诉讼结构中,当事人的主体地位受到了充分的重视。基于检察机关具有较强的诉讼权能,法官可以采取更加中立乃至被动的态度,而不同于职权主义构建下的"主动性",这也是法官尊重和保障被诉人合法诉讼权利的制度依据。只有这样,才能使被起诉方更好地达到与检察机关对等的地位,进而提高当事人的诉讼参与度。基于这一点,公益诉讼的对抗性得以进一步深化,当事人之间的冲突也从目前的相对对立发展到了诉讼和实体权利的全方位对峙。这样,就可以更好地挖掘出有指导意义的公益诉讼案例,使整个庭审的进程更加精细,使判决的结果更容易被当事人,乃至广大人民群众所理解和接受,有助于完善我国的公益诉讼制度。

综上所述,我们认为在公益诉讼立法过程中,引入对抗式庭审模式有助于更大限度地发挥公益诉讼的功能并保障公权力机关和当事人的诉讼权利,在实质审判的基础上保护公益、定分止争,进而避免司法裁判后出现一系列衍生问题,从而将"公益诉讼守护美好生活"的理念真正落到实处。

第三节 检察公益诉讼执行立法问题研究

一、公益诉讼裁判执行的现状考察

探索建立检察机关提起公益诉讼制度,是党的十八届四中全会作出的一项重大改革部署,也是我国以法治思维和法治方式推进国家治理体系和治理能力现代化的一项重要制度安排。2015 年,全国人大常委会授权检察机关开展公益诉讼试点工作,而后 2017 年《民事诉讼法》和《行政诉讼法》修订,为检察公益诉讼制度提供了规范基础。可以说,我国检察公益诉讼制度的建立经历了从顶层设计到实践试点再到立法实现的层级式递推演进过程。自立法确立检察公益诉讼制度后,理论界与实务界对检察公益诉讼中疑难问题的讨论多集中于公益诉讼中检察机关的职能定位、诉前程序的完善细化、庭审程序的具体构建、惩罚性赔偿的规则设计

等,对于诉前、诉讼程序的探讨较多,却鲜少涉及公益诉讼的执行监督。公益诉讼制度的最终效果主要体现在通过追究行为人的违法侵权责任,使受到侵害的公共利益得到维护,且基于司法裁判的教育性与扩散性功能,起到预防其他社会公共利益受损的作用。得到胜诉判决并不是公益诉讼制度的终极目标,侵权者是否付出应有的赔偿、受损的公共利益是否得到及时有效的修复,才是衡量公益案件办理质效的关键标准。但考察当前司法实践可知,检察公益诉讼的裁判执行情况仍有较大提升空间。

（一）民事公益诉讼裁判执行现状

当前民事公益诉讼案件的执行完成率和资金使用率低已是全国各地公益案件办理过程中的普遍性问题,这也折射出民事公益诉讼在执行阶段的实践困境。比如从环境民事公益诉讼案件来看,安徽省检察机关于2017年至2021年办理生态环境损害赔偿案件共586起,诉请赔偿金合计3.9亿元,已审结案件中法院判决支持549件,判决支持金额2.42亿元,已执行到位9 428.32万元;2022年,人民法院生效裁判确定的生态损害赔偿金额合计1.37亿元,实际执行到位的仅4 587万元。从民事公益诉讼案件执行资金的使用情况来看,安徽省2018年至2022年执行到位的环境损害赔偿资金合计1.73亿元,其中直接用于生态环境修复等事项的金额总计为5 720万元,仅占总金额的33%。客观上,民事公益诉讼存在个案标的额较大、违法行为人履行能力不足的情况,但当前裁判执行的现状也反映出执行情况不佳背后可能存在共性原因。

（二）行政公益诉讼裁判执行现状

在行政公益诉讼中,"执行难"的情况同样较为突出。在行政机关败诉的案件中,行政机关未依法执行的情况较多,被执行主体不完全执行的情况也不少见。行政公益诉讼判决履行情况在很大程度上取决于行政机关的配合意愿。行政机关履职具有专业性,难以通过替代履行等方式予以执行,加之行政公益诉讼判决执行往往周期较长,若行政机关配合意愿较低,则裁判执行效果无疑会大打折扣。实践中,案件进入诉讼程序,通常说明在诉前阶段,行政机关并没有对检察机关的检察建议给予足够的重视,也没有对受损的公共利益及时采取整改措施,此种怠于履职的态度往往会延续至执行阶段,行政诉讼案件近三成的终本率也侧面折射出这一困境。此外,基于不同的行政裁判类型,实践中还存在判决内容不具体、执行内容不明确等情况,客观上影响了行政判决的执行效果。根据《两高公益诉讼解释》第二十五条的规定,给付判决在检察公益诉讼中缺乏适用空间,实践中判决类型主要集中于履行判决。[①]然而,当前履行判决呈现原则化、笼统化特点,因未对行政机关履职作具体要求,在履行期限、方式、标准上都存在较大的模糊空间,继而影响裁判执行效果。同时,虽然当前检察机关针对行政机关的监督管理职责或不依法履行职责的行为可依据《办案规则》第七十一条等规定进行调查,但针对行政公益诉讼执行仍然缺少可依据的条文,对于裁判执行的监督力度还有待加大,对规避、逃避执行行为的制约也有待加强。总体上,当前民事、行政公益诉讼的裁判执行情况都不甚理想。生效裁判未能得到完全执行意味着公共利益仍处于受损状态,检察公益诉讼的制度目的未能实现。

二、公益诉讼执行检察监督成效不佳的原因分析

(一)检察机关角色属性模糊

民事公益诉讼的执行效果不佳与检察机关的角色属性模糊存在较大关联。对检察机关在民事公益诉讼中的身份地位,学界一直存有争议。最高法和最高检联合发布的《两高公益诉讼解释》规定,人民检察院以公

---

① 谭达宗、王蕾婷:《行政公益诉讼裁判的实证分析——以代表性裁判文书为样本》,载《湖南警察学院学报》2023 年第 3 期。

益诉讼起诉人的身份提起公益诉讼。"公益诉讼起诉人"是专门为检察机关提起公益诉讼所设置的新类型诉讼主体称谓,既与其他具有民事公益诉权的诉讼主体不同,又与传统民事诉讼中的原告相区别。

检察机关的定位为法律监督机关,履行宪法所规定的监督职能,但为了保护国家和社会公共利益,检察机关被法律赋予了起诉人的资格。之所以会有如此规定,一方面是因为传统诉讼理论从实体法出发考量当事人是否适格,强调诉讼当事人与实体主体的统一性,私法中尚可以凭此完成救济,公法中却常因为公益受损时找不到相应的主体而无法通过诉讼完成救济。另一方面,传统的民事诉讼无法适应新型社会纠纷的解决需求,民事诉讼起诉资格从直接利害关系转变为以诉的利益为基础,诉讼机能的扩张为检察机关提起诉讼提供了可靠的制度环境[①],因此检察机关在诉讼中具有起诉人与法律监督者的双重角色。

在双重特性的作用下,检察机关在公益诉讼中也有其自身的困境。首先,"公益诉讼起诉人"的称谓并没有对检察机关的定位施加实质影响,只是在程序法层面上赋予其起诉资格。[②]其次,根据《两高公益诉讼解释》第四条规定,检察机关在诉讼中的权利义务依照《民事诉讼法》与《行政诉讼法》的规定,言下之意即作为公益诉讼原告的检察机关与普通诉讼的原告并无不同,两者的诉讼地位、权利义务都是一致的;但《两高公益诉讼解释》第六条又规定,检察机关为办理案件调查收集材料时,有关行政机关及其他组织、公民应当配合,这显然赋予了检察机关一定的额外调查能力。因此《两高公益诉讼解释》对检察机关身份定位的规定太过抽象,既试图创设出检察机关与普通原告平等的诉讼构造,又无法在具体规定中规避检察机关的特殊身份,造成其在诉讼过程中扮演的角色属性模糊,导

---

① 赵福刚、张乾:《检察民事公益诉讼的理论之维》,载《北京社会科学》2023 年第 6 期。

② 梅傲寒:《"法律监督者"与"原告"之间的二重奏——论民事公益诉讼中检察机关"公益诉讼起诉人"的角色定位》,载《河南社会科学》2022 年第 10 期。

致民事公益诉讼程序面临制度空转的风险。最后,诉讼阶段检察机关定位不明的缺陷影响了其在执行阶段的职能履行,检察机关应当以何种身份参与执行,以及如何在执行程序中平衡法律监督者与诉讼参与人之间的关系是亟待解决的难题。

这一困境在行政公益诉讼中同样存在,检察机关在诉讼中基于法律监督职能和公诉职能而兼具监督与诉讼两种身份,但由于现行条文较为原则性而司法解释相对不足,对于检察机关不同角色所承担的权利义务并未明确界定,因此也导致司法实践中存在冲突。《两高公益诉讼解释》未能反映检察机关提起"公益诉讼"的特殊性[①],对诉讼权利义务的设置和程序安排也未涉及两种角色间的协调,对于行政公益诉讼自身的程序特征回应不足,继而影响了执行监督的效果。

(二)责任承担执行规定仍待细化

当前对于民事公益诉讼的相关规定主要针对案件审理,规制裁判执行相关的条文则较为原则性、概括性。对于民事公益诉讼案件,我国司法实践中判决的执行方式可根据不同的责任承担方式分为预防性责任承担、恢复性责任承担、赔偿性责任承担和人格恢复性责任承担等。[②]但现行执行程序及强制执行规范更多地反映了民事诉讼私益保护的特征,难以完满地适用于检察公益诉讼。

预防性责任承担是民事公益诉讼领域的首要责任承担方式,常见于消费公益诉讼、环境公益诉讼、英雄烈士人格公益诉讼中,其预防特性决定了法院需要在实质的损害结果发生之前就提前介入公共利益的救济,利用司法手段将可能造成的危险予以排除,执行阶段可运用的救济措施为先予执行。民事公益诉讼案件中,尤其是较大规模的环境污染、食品药品安全事故中,维护公共利益的首要任务就是管控风险、阻止受损范围和

---

① 谢鹏程:《论法律监督与公益代表》,载《国家检察官学院学报》2021 年第 1 期。

② 张嘉军:《公益诉讼法》,中国检察出版社 2022 年版,第 328—334 页。

程度的恶性扩大,这时候采取先予执行的方式是法院的最优选择。现行法律规范框架下,先予执行的适用较多出现于司法解释的规定中①,但立法上仍将先予执行默认为私益诉讼的特有制度,在需要先予执行发挥重要作用的民事公益诉讼场域内,先予执行的具体规范依旧处于待探索状态。

恢复性责任承担可以分为不可替代责任的执行与可替代责任的执行。不可替代责任要求恢复原状的履行主体必须是特定主体本身,不可替代责任指行为实施人不会对行为效果产生实质性影响。可替代责任的替代性修复分为主体的替代性与客体的替代性。主体的替代性指人民法院可以在被执行人不履行义务时委托第三人代为履行。代履行手段的问题在于需确定法院依职权启动代履行程序的公共利益受损程度。在对公共利益遭受的损害进行修复缺少明确的认定标准的情况下,代履行机构对修复标准的把握也有待提高。客体的替代性指修复区域的非对应性,部分或全部无法原地原样恢复原状的,可以准许采用异地替代修复的方式。②异地替代修复的问题在于,原公益受损地无法恢复原状原样的判断标准难以确定,异地修复的方式和范围的选择也缺乏统一标准。

赔偿性责任承担指侵权人用金钱赔偿的方式补救其造成的公共利益损失,这同样是民事公益诉讼中运用较为广泛的责任承担方式。赔偿性责任的成效落实不仅在于被执行人钱款的缴纳,更在于赔偿金的管理与使用。以环境公益诉讼为例,我国赔偿金使用管理模式存在的

---

① 《最高人民法院关于审理环境公益诉讼案件的工作规范(试行)》规定,坚持注重预防的原则,依法及时采取行为保全、先予执行等措施,预防环境损害的发生和扩大;《最高人民法院关于全面加强长江流域生态文明建设与绿色发展司法保障的意见》规定,在审理有关湿地生态系统保护的案件过程中充分发挥先予执行措施的作用;《最高人民法院关于充分发挥审判职能作用为推进生态文明建设与绿色发展提供司法服务和保障的意见》规定,在损害环境的案件中要充分发挥预防作用,及时采取先予执行措施。

② 石菲、邓禹雨、高赫男:《环境民事公益诉讼中生态环境修复义务的判定与执行——以38份裁判文书为样本》,载《贵阳市委党校学报》2017年第4期。

问题有：第一，生态环境损害赔偿金的收取人不明。对于检察机关收取赔偿金的情形，法律并未明确规定具体的收取主体，是直接交予检察机关还是另外的相关政府部门，实践中也没有定论。第二，赔偿金的具体使用路径不明。赔偿款的缴纳一般是由赔偿义务人凭财政缴款书交至当地财政局，归入公共财政统一收支管理，其性质便由个案的生态环境损害修复款变为国有财产，具体使用路径的缺失导致其无法顺畅地被用于生态环境修复。第三，赔偿金的使用流程缺乏公众监督。赔偿金的管理与使用流程透明度不足，公众无法及时了解和监督，在一定程度上贬损了生态环境保护的教育与警示意义，不利于赔偿金发挥其节约资源、保护生态的本质作用。

人格恢复性责任承担是侵权人通过认错、赔礼道歉的方式向受害人表示歉意的责任承担方式，多适用于生态环境诉讼、消费公益诉讼和英雄烈士公益诉讼中。赔礼道歉之于公益诉讼的必要性，不仅在于前者是一种责任承担方式，更在于前者蕴含深厚的道德内涵，具有弘扬正确价值观、预防环境违法行为的重大功用。但需要说明的是，赔礼道歉在民事公益诉讼中仍存在着地位边缘、责任认定随意和执行效果欠佳等问题。[1]地位边缘体现于，赔礼道歉的诉请在原告诉讼请求中的优先级往往不高，且法官通常不会对被告承担赔礼道歉责任的理由进行深入论证；责任认定随意体现于，司法实践中对支持赔礼道歉责任承担的判定标准不一，包括是否造成实际损害结果、被告是否具有主观故意等；执行效果欠佳体现于，部分被告拒不履行责任，法院一般以判决书全文登报的方式作为强制执行措施，但公示判决书无法反映被告的悔过与歉意，难以实现赔礼道歉应有的作用。此外，私益诉讼中的赔礼道歉指向的是被害人的人格权，但公益诉讼中的赔礼道歉多面向公众，在功能、性质上存在一定的差异。[2]

---

① 孙佑海、杨帆：《赔礼道歉：如何在环境民事公益诉讼裁判中正确适用？——基于对112份判决书的实证分析》，载《中国政法大学学报》2023年第5期。

② 邓可祝：《论环境公益诉讼中的赔礼道歉——基于性质界定与功能优化的视角》，载《辽宁师范大学学报（社会科学版）》2021年第1期。

（三）执行监督体系还需完善

公共利益的维护最终还是要落脚于生效裁判文书的有效执行,相应地,完备的执行监督体系不可或缺。当前,公益诉讼执行监督存在检察监督、法院监督和社会监督等多种路径,但考察当前司法实践可知,相关执行监督体系还需要进一步完善,监督力度也尚待加强。

检察机关作为法律监督机关,对民事案件的执行程序有监督权。根据最高检《办案规则》第九条规定:"人民检察院提起诉讼或者支持起诉的民事、行政公益诉讼案件,由负责民事、行政检察的部门或者办案组织分别履行诉讼监督的职责。"办理公益诉讼案件的为公益检察部门,履行监督职责的为民事检察部门或办案组织。存有的不足是,即使是在执行程序中,也需要监督机关对案件事实有足够的了解与掌握,实践中却无法保证民事检察部门对案件的及时跟进,因而监督的成效也有待加强。

法院监督则是法院作为审判机关,对裁判内容及执行结果进行监督的手段。法院回访监督方式的局限性体现在,当涉及公共利益特别是生态环境损害时,不仅修复持续周期长、修复情况复杂多变,还会涉及一定的专业知识。换言之,一方面,法院回访监督在较长的修复周期内无法找到合适的时间点,加重了法官的办案负担;另一方面,法官大多不具备评判修复成果的专业知识,只为了形式监督而进行评价的话很容易造成错判误判,破坏案件裁判的公平公正。

社会监督指国家机关以外的社会组织或公民对法律活动进行的监督,主要形式包括公民监督和社会团体监督。对民事公益诉讼执行程序的社会监督规定暂时处于空白状态。公民监督应当如何挑选合适的人员、具体的监督流程应当是怎样的,社会团体监督是否需要法院或检察院进行监督的委托、是否需要衡量社会团体是否具备专业资质,社会监督所产生的费用由谁负担,监督者具体的权利义务有哪些,这些规定的缺失都会导致社会监督难以发挥作用。

（四）执行监督刚性尚显不足

行政公益案件的执行是败诉的行政机关拒不履行已生效的行政公益诉讼判决书的内容时，人民法院依法采取强制措施，使判决书所确立的权利义务得以实现的活动。但由于行政公益诉讼制度在我国实施时间不长，相关法律规范内容仍较为原则，加之现有强制执行措施保障不足，这些因素导致当前行政公益诉讼案件执行监督刚性尚待提升。

检察机关对于行政公益诉讼案件进行执行监督的依据主要来源于《行政诉讼法》第十一条规定。《行政诉讼法》第一百零一条也明确规定了人民检察院对行政案件执行的监督，该法没有规定的，适用《民事诉讼法》的相关规定。但考察行政诉讼相关的法律规范及《民事诉讼法》的相关规定可知，监督途径、手段等核心问题仍缺乏规则供给。如前所述，进入诉讼程序的案件一般具有以下两个特点：一是案件本身疑难复杂，牵扯的行政机关较多，执行难度大；二是行政机关对案件重视程度不够，怠于履行职责。因此，即使在胜诉之后，作为这类案件被告的行政机关也难以及时且完全地履行人民法院的生效判决，而监督措施的不足无疑制约了执行监督的刚性。

此外，在行政公益诉讼中，也存在强制执行措施保障不足的困境。根据现行规定，检察机关对于行政案件的执行监督主要针对人民法院。《行政诉讼法》第九十六条明确规定，行政机关拒绝履行判决、裁定、调解书的，第一审人民法院可以采取划拨、罚款、公告、司法建议、拘留或是追究刑事责任的方式来督促行政机关履行判决。但考察实际效果，上述强制执行措施仍然存在不足。比如在强制措施的效力方面，缺乏直接强制措施的规定；在罚款数额方面，未根据具体情况区分数额的不同，现有罚款数额规定威慑力不足；在司法建议方面，未明确其是否具有强制执行力，以及行政机关对司法建议的处理期限和方式。对强制执行措施的保障不足加强了裁判文书内容履行的执行难度，弱化了对相关机关和人员的拘束力,也影响了行政公益诉讼制度目的之实现。因此,强制执行措施的强制性有待加强,保障执行措施的常态化制度亦有待完善。

三、公益诉讼执行制度完善建议

（一）明确检察机关角色定位

在检察民事公益诉讼中,检察机关在诉讼阶段被称为"公益诉讼起诉人",其在执行阶段的角色理应延续维护公共利益的身份职能。司法程序对社会公共利益的保护包括诉讼与执行两个阶段,诉讼程序的功能是确定公益损害所产生的法律责任及其承担,只有执行程序顺利开展,检察机关的法定职责才算真正落实到位。具体而言,第一,对需要强制执行的民事公益诉讼采取移送执行的执行方式并不意味着申请执行人职能的缺位,检察机关仍应当承担起申请执行人的应有职能。《最高人民法院关于审理环境民事公益诉讼案件适用法律若干问题的解释》第三十二条明确规定:"发生法律效力的环境民事公益诉讼案件的裁判,需要采取强制执行措施的,应当移送执行。"移送执行只是意味着民事强制执行程序由人民法院依职权启动,若人民法院未移送执行或执行活动违反法律规定的,人民检察院可以向同级人民法院制发检察建议。第二,检察机关垫付了案件必要费用支出,则理应充当申请执行人。民事公益诉讼案件办理过程中,为防止公益受侵害或受侵害的程度加深、范围扩大而支出的合理费用,为查清案件事实而支出的调查核实、鉴定评估等必要费用,都被涵盖于检察机关向侵权人请求的赔偿费用之中。若检察机关先前垫付了这部分费用,则检察机关应被视为实质当事人,以申请执行人的身份受领相应的给付。

除此之外,按照传统的民事强制执行原理,能够强制执行的裁判文书一般需要满足以下两个条件:裁判文书载有明确的给付义务,以及义务人在确定的履行期届满时仍未履行该给付义务。同时满足这两个条件时,权利人才可以向法院申请强制执行。但公益诉讼不同于传统私益诉讼,其给付对象事实上为不特定群体,一般情况下由人民法院代为受领,与审判部门相比,执行部门在接受侵权人履行给付义务方面更为专业熟练。因此,若侵权人未完全履行义务,即使仍在履行期内,审判部门也应当及时向执行部门移送执行。①

综上,检察机关作为受损公共利益的代表,有充分的立场与依据参与到民事执行过程中来,守好维护国家利益和社会公共利益的最后一道防线的最后一关。司法解释只是规定检察机关形式上无须启动执行程序,但作为被侵害利益的权利代表人,检察机关实质上仍然处于申请执行人的地位,拥有申请执行人的权利。

（二）分类健全执行机制

根据不同分类的责任承担方式,可对执行机制采取针对性的健全措施。具体而言:

一是替代性修复方式是在现实执行遭遇困难时结合现状进行灵活变通的重要体现,也是保护国家和社会公共利益的多样化探索手段。被执行人的可替代性行为执行过程中,对于代履行人的选定,可以根据执行行为内容的不同进行区分。若该执行行为需求较强的专业性,则应当通过招标的方式,选定具备一定资质的专业机构来制定并实施环境修复方案;若该行为技术含量较低,如种植树木、清理污染物等,则可以由法院直接选定第三方实施。②

二是关于赔偿金的管理与使用。按照现阶段的通行做法,赔偿金最终都会直接或间接地上缴国库,被纳入地方财政管理,其缺陷不仅在于无法满足该款项用于生态环境损害修复的专款专用的需求,还在于地方财政资金的使用都具有严格的程序性,从预算到执行的审批流程较长,可能

---

① 黄忠顺:《检察民事公益诉讼的基本界定》,载《国家检察官学院学报》2023年第3期。
② 王慧:《环境民事公益诉讼案件执行程序专门化之探讨》,载《甘肃政法学院学报》2018年第1期。

难以保障生态修复的及时性。因此设立损害赔偿基金专用账户,并配备专门的损害赔偿基金管理机构,由专业的部门、人员对基金进行统筹管理,一方面可以使赔偿权利人与义务人明确钱款去向,保证赔偿金的统一收取与管理,另一方面可以确保赔偿金的专款专用,具体落实弥补公益损害任务。此外,相关政府部门、检察机关、监察机关、社会机构或公民个人均可以对赔偿金的使用进行监督,基金管理机构负责人也要定期将损害赔偿金的使用及结余情况向社会公布,确保损害赔偿金及时有效地投入公益修复项目中,提高修复的质量与水平。

三是赔礼道歉责任方式兼顾法律和道德层面的要求,其优化对增强被执行人公益保护意识、引导社会公众保护公益具有重要作用。就赔礼道歉的地位而言,司法机关应当将其与停止侵害、赔偿损害等责任承担方式置于相同地位,强化认可赔礼道歉裁判请求的理由论证。对社会公众精神利益造成损失的公益案件中,检察机关应当提出赔礼道歉的诉讼请求,并且明确赔礼道歉的媒体层级和履行期限。[1]就责任认定而言,赔礼道歉的适用应当以造成实质性损害结果为前提,仅有公共利益的损害风险难以使公众对违法事实和损害后果形成认知。被告的主观过错是判定承担赔礼道歉责任的重要因素,若被告认错态度诚恳、积极赔偿损失、有效修复生态环境,则法院在综合考量下可以豁免其赔礼道歉的责任。就执行效果而言,法院既要动之以情、晓之以理,为被告悔过提供正当机会,又要提高判决的可接受度,使其真心实意地赔礼道歉,同时加强对公益诉讼被告认真悔改、依法执行的相关报道,提升赔礼道歉责任方式的社会关注度。

此外,对于民事公益诉讼执行案件,可考虑构建先予执行制度。具体而言,立法规范层面,《民事诉讼法》应当将公益诉讼列入适用先予执行的

---

[1]　李爱年、张小丽、张小宝:《检察机关提起环境民事公益诉讼之诉讼请求研究》,载《湖南大学学报(社会科学版)》2021年第5期。

法定案件范围,为先予执行提供坚实的法律规范基础。具体操作时,先予执行的启动主体应基于公共利益的特性而进行扩张,不仅公益诉讼起诉人可以提出先予执行的申请,法院也可以依职权启动先予执行;为了及时救济受损的公共利益,避免损害范围的扩大与程度的加深,先予执行的申请时间可不局限于诉讼过程中,诉讼开始前也可以向法院申请责令侵权人立即实施或停止实施某种行为①,法院结合起诉人提交的证据材料审核决策;先予执行申请提出时,案件的诉讼审理程序还未结束,为了避免法官审查申请时对案件事实产生先入为主的判断,审查先予执行的法官与审理裁判案件的法官不应是同一人,可由执行庭的法官负责审查先予执行,保障程序的公正与效率;民事公益诉讼的执行不要求申请人提供担保,被申请人对裁定不服的,可以申请复议一次,若裁定有误给被申请人造成损失的,申请人或作出裁定的人民法院应当赔偿损失。

而对于行政机关的强制执行措施,立法应当对其执行规定进行具体与丰富:对于罚款,应当结合行政公益案件的执行情况,以及行政机关的配合程度综合考量,在已有基础上适当调高罚款数额;对于公告措施,应当将行政公益诉讼判决内容、行政机关的法定监管职责、履行判决的情况、未履行判决的原因等完整案件情况作为公告内容,发布公告的平台既包括现有的司法信息公开网站或者其他互联网平台,又包括报刊、电视等传统媒体平台;对于检察建议,应当明确行政机关对检察建议进行反馈的法定期限,以及未反馈所要承担的责任。

（三）完善执行监督机制

检察机关对于民事诉讼执行程序的监督,需要健全办案部门与监督

---

① 诉讼前的先予执行申请,与"临时禁令"在本质上是一样的。参照《中华人民共和国海事诉讼特别程序法》,临时禁令指海事强制令,是海事申请人向海事法院提出书面申请,责令被请求人立即实施或停止实施某种行为的强制措施,法院根据法定条件裁定作出海事强制令或驳回当事人申请。

部门的信息互通互享机制,加强部门间的沟通协作,避免信息不对称的现象出现。从内部来讲,公益诉讼裁判案件生效后,公益检察部门应当及时将案件情况全面告知民事检察部门,并且移送全部文书材料以供查阅,民事检察部门也应当建立起完善的执行监督机制,在接收案件信息之后第一时间跟进了解,督促执行事宜的规范开展。从外部来讲,不掌握具体执行信息就无法对执行过程开展全方位监管,因此法院内部执行机构应当就执行案件关键节点信息与民事检察部门共享,疏通民事检察监督的主要干道,促进公益诉讼执行程序规范化。

法院对于审判终结的民事公益诉讼案件,应当通过回访制度检验审判效果,确保公共利益保护成果,法院的回访监督主要通过承办人、庭长直接实地回访或者通过电话等间接回访方式进行。为了减轻法院的监督压力、提高司法办案成效,对于法院回访监督的案件,被执行人应当根据实际情况制定合理科学的履行计划,具体包括履行的内容、阶段性成果、期限和最终目标等,法院应当按照履行计划书的内容安排回访时间点与确定结果评价标准。

此外,社会监督的引入有助于提升执行监督的效果,确保判决的执行效果。[1]对此,应相应构建规范化机制,畅通公众参与监督的途径。对于社会监督的探索可先在法院的指导下进行,对于履行监督职责的公民的挑选可以参照人民陪审员的条件,由多位符合条件的公民组成监督小组共同完成监督事宜。履行监督职责的社会组织应当是基于非营利性目的进行监督的非政府机构,这样才能使其与执行程序维护公共利益的主旨相契合。进行监督的社会机构或公民不必须具备专业资质,但涉及专业鉴定事项时,仍有必要委托专业机构辅助监督。对于监督过程中产生的必要费用,应当由被执行人来支付;对于必要费用的确认与核实,被执行

---

① 吴勇:《检察公益诉讼审判与执行的理念及特殊规则》,载《人民检察》2023 年第 21 期。

人可与相关社会组织达成一致后交由法院审核。针对行政公益诉讼执行案件,检察机关作为法律监督机关,也应参与其执行阶段,对行政案件执行活动进行全过程监督。针对人民法院执行裁定、决定违法及不履行或怠于履行执行职责等情形,应根据《人民检察院行政诉讼监督规则》第七章的相关规定,向同级人民法院提出检察建议,确保行政案件执行合法适法。此外,可探索与监察机关的协作机制。检察机关与监察机关负有一致的执行监督职责,应共同维护司法权威,保护国家和社会公共利益。为了加大对诉讼执行阶段的监督力度,可以将检察与监察机制相互衔接①,在检察监督无法有效解决问题时,检察机关可将案件移交监委,加大监督力度。对于办案过程中行政机关人员渎职、失职的案件线索,应及时移送纪委、监委进行处理,涉及刑事犯罪的应依法追究刑事责任。

---

① 庞新燕:《环境行政公益诉讼执行制度之探究》,载《环境保护》2019 年第 16 期。

图书在版编目(CIP)数据

基层检察工作若干实践问题研究 / 郭箐著. -- 上海 ：
上海人民出版社，2025. -- ISBN 978-7-208-19337-6

Ⅰ. D926.32

中国国家版本馆 CIP 数据核字第 2025US6035 号

责任编辑　冯　静　宋　晔
封面设计　一本好书

基层检察工作若干实践问题研究

郭　箐　著

出　　版　上海人民出版社
　　　　　（201101　上海市闵行区号景路 159 弄 C 座）
发　　行　上海人民出版社发行中心
印　　刷　上海商务联西印刷有限公司
开　　本　720×1000　1/16
印　　张　15.5
插　　页　3
字　　数　196,000
版　　次　2025 年 2 月第 1 版
印　　次　2025 年 2 月第 1 次印刷
ISBN 978 - 7 - 208 - 19337 - 6/D·4454
定　　价　80.00 元